汽车电路图识读
从入门到精通

彩色图解 ＋ 视频讲解

主编

化学工业出版社

·北京·

内容简介

汽车电路图识读能力越来越成为汽车维修必备技能之一。本书以汽车电动化、网联化、智能化系统电路图为核心，从电气系统及高低压电器元件的认识，到各品牌汽车电路图识读的具体方法和步骤，深入浅出、图文并茂地进行了讲解。全书共 5 章，具体包括汽车电气系统组成及高低压电器元件、汽车电路图种类及识读方法、合资品牌汽车电路图识读范例、国产品牌电动汽车电路图识读范例和汽车电气系统电路图识读。

本书采用"互联网+"模式，为读者提供了丰富的参考资源。读者只需在相应位置扫码，即可观看有针对性的电路识读讲解视频。

本书适合有志从事汽车维修工作的初学者自学、进修使用，也可作为汽车维修技能培训机构和职业院校相关专业的教学参考书。

图书在版编目（CIP）数据

汽车电路图识读从入门到精通：彩色图解+视频讲解／于海东，刘青山主编. —北京：化学工业出版社，2024.6

ISBN 978-7-122-37481-3

Ⅰ.①汽⋯ Ⅱ.①于⋯②刘⋯ Ⅲ.①汽车-电气设备-电路图-识图 Ⅳ.①U463.62

中国国家版本馆 CIP 数据核字（2024）第 078246 号

责任编辑：周　红　　　　　　　　　　文字编辑：袁　宁
责任校对：田睿涵　　　　　　　　　　装帧设计：王晓宇

出版发行：化学工业出版社
　　　　　（北京市东城区青年湖南街13号　邮政编码100011）
印　　装：北京缤索印刷有限公司
787mm×1092mm　1/16　印张17　字数454千字
2024年8月北京第 1 版第 1 次印刷

购书咨询：010-64518888　　　　　　　售后服务：010-64518899
网　　址：http://www.cip.com.cn
凡购买本书，如有缺损质量问题，本社销售中心负责调换。

定　　价：118.00元　　　　　　　　　　　　版权所有　违者必究

前言
Preface

　　能源及环境因素、电子技术的不断发展以及人们对汽车舒适性需求的日益提升，促使汽车向电动化、网联化、智能化（三化）趋势发展。越来越多的汽车厂商推出纯电动或插电混合动力车型。随着以5G为代表的通信技术的发展，汽车网联化趋势不可逆转。ADAS高级驾驶辅助系统又与汽车的电动化、网联化相得益彰。

　　越来越多的"三化"设备走进汽车中，为了保证这些系统安全稳定运行，不得不增加更多的控制模块，从而导致汽车内安装的线束更多更复杂。随之而来的是汽车电路的复杂程度急剧增加。汽车电路图是这些系统的基础，也是汽车维修后市场故障诊断和排除的重要依据。电动汽车和混动汽车相对传统汽车电路更加复杂，采用了高、低压两套电路，在汽车设计上要兼顾高压安全和干扰；汽车维修保养方面，维修人员应掌握高压电路安全断电、检测、维修方法；网联化和智能化方面，则通过相关传感器（包含探测雷达、摄像头等）、控制器实现相应功能；传感器原理以及系统控制方式的掌握是检测维修这些网联化、智能化系统的关键。

　　汽车后市场维修、电动汽车保养、汽车网联和智能系统检测维修的基础是看懂相关方面的电路图，掌握相关系统的工作原理，鉴于此我们编写了本书。

　　汽车电路图的绘制方面，汽车厂家相互不兼容，这就给电路图识读带来了诸多不便。本书从汽车高低压电路组成、汽车高低压基础元器件、各品牌汽车高低压电路符号、汽车高低压导线颜色等基础内容着手，详细讲述汽车电路组成、各品牌汽车电路特点及识读方法示例、电动化/智能化/网联化相关系统电路识读方法、车身附件电路识读方法等内容。

在现代汽车维修与诊断领域，电路图的识读已成为一项不可或缺的技能。本书正是针对这一需求，以汽车"三化"系统电路图为核心，展开了一场深入浅出、图文并茂的学习之旅。本书还采用了"互联网+"模式，为读者提供了丰富多样的参考资源。在书中的关键内容处都放置了二维码，读者只需扫描二维码，即可观看有针对性的电路识读讲解视频。扫描下方二维码可获取相关车型的完整电路图、端口位置及注解、线束图等辅助资源。这种互动式的学习方式，不仅提高了读者的学习效率，还能使读者在学习过程中保持高度的兴趣和参与度。

本书由于海东、刘青山主编，参加编写的还有邢磊、于韩、李文艳、邓冬梅、邓晓蓉等。

本书适合有志从事汽车电器维修的初学者自学、进修使用，也可作为各职业院校汽车专业的参考教材使用。

编者

电脑端网盘下载

目录 Contents

第 1 章
汽车电气系统组成及高低压电器元件
001

1.1	汽车电气系统组成	002
	1.1.1　传统汽车电气系统组成	002
	1.1.2　新能源汽车电气系统组成	002
1.2	汽车电路组成与特点	005
	1.2.1　汽车电路组成	005
	1.2.2　汽车电路特点	005
1.3	汽车低压电器元件	008
	1.3.1　导线、线束、插接器	008
	1.3.2　继电器和保险装置	014
	1.3.3　开关、配电盒	018
	1.3.4　电控单元和显示装置	026

第 2 章
汽车电路图种类及识读方法
028

2.1	原理框图	029
	2.1.1　原理框图特点及组成	029
	2.1.2　原理框图识读	030
2.2	电路原理图	030
	2.2.1　电路原理图特点及组成	030
	2.2.2　电路原理图识读	032
2.3	线束图	039
	2.3.1　线束图特点及组成	039
	2.3.2　线束图识读	041
2.4	电气设备位置图	042
	2.4.1　电气设备位置图组成与特点	042
	2.4.2　电气设备位置图识读	043
2.5	汽车电路类型	044
	2.5.1　基本类型	044
	2.5.2　直接控制电路和间接控制电路	045
	2.5.3　非电子控制电路和电子控制电路	046

第 3 章
合资品牌汽车电路图识读范例

3.1	大众 / 奥迪 / 斯柯达汽车	048
	3.1.1 大众汽车电路图特点	048
	3.1.2 大众汽车电路图结构与示例	050
	3.1.3 大众车系电路图符号	051
	3.1.4 大众车系电路图线色	054
3.2	宝马汽车	055
	3.2.1 宝马车系电路图特点	055
	3.2.2 宝马车系汽车电路图识读示例	058
	3.2.3 宝马车系汽车电路图符号与车辆端总线名称	060
3.3	奔驰汽车	067
	3.3.1 奔驰车系电路图特点	067
	3.3.2 导线颜色	068
	3.3.3 电路符号	068
	3.3.4 奔驰车系电路图识读示例	069
3.4	捷豹路虎汽车	071
	3.4.1 捷豹路虎汽车电路图特点	071
	3.4.2 捷豹路虎电路图符号及插接器定义	074
3.5	通用汽车	075
	3.5.1 通用车系电路图特点	075
	3.5.2 车辆分区策略	076
	3.5.3 电路图图形符号	077
	3.5.4 电路导线颜色	080
	3.5.5 通用车系电路图识读示例	081
3.6	丰田汽车	083
	3.6.1 丰田汽车电路图特点	083
	3.6.2 丰田车系电路图图形符号	083
	3.6.3 丰田车系电路图识读示例	085
3.7	本田汽车	088
	3.7.1 本田车系电路图特点	088
	3.7.2 电路图中导线颜色对照	088
	3.7.3 本田车系汽车电路图识读示例	088
3.8	日产汽车	089
	3.8.1 日产车系汽车电路图导线颜色	089
	3.8.2 日产车系汽车电路图识读示例	090
	3.8.3 电路图中的开关位置	092
3.9	现代 / 起亚汽车	092
	3.9.1 现代 / 起亚车系汽车电路图特点	092
	3.9.2 现代 / 起亚车系汽车电路图导线颜色	092

| | 3.9.3 现代/起亚汽车电路图图形符号 | 093 |
| | 3.9.4 现代/起亚车系汽车电路图识读示例 | 095 |

第 4 章 国产品牌电动汽车电路图识读范例

99

4.1	北汽汽车	100
	4.1.1 电路图识读说明	100
	4.1.2 元器件图形符号	102
	4.1.3 电路图中的缩略语	103
4.2	广汽汽车	104
	4.2.1 电路图识读说明	104
	4.2.2 元器件图形符号	107
4.3	上汽汽车	108
	4.3.1 电路图识读说明	108
	4.3.2 导线颜色、线束简称和配置代码	108
	4.3.3 电路图中的相关缩略语	111
4.4	小鹏汽车	113
	4.4.1 电路图识读说明	113
	4.4.2 线束代码定义	115
	4.4.3 导线颜色代码	115
	4.4.4 元器件图形符号	116
	4.4.5 不同类型插接器拔插操作	117
4.5	蔚来汽车	122
	4.5.1 电路图识读示例及特点	122
	4.5.2 导线颜色、缩略语	122
	4.5.3 图形符号	128
4.6	理想汽车	129
	4.6.1 理想汽车电路图识读示例	129
	4.6.2 导线颜色	129
4.7	长城哈弗汽车	131
	4.7.1 长城哈弗汽车电路图识读示例	131
	4.7.2 导线颜色及元器件图形符号	132
	4.7.3 电路图及电控系统缩略语	133
4.8	长安汽车	137
	4.8.1 长安汽车电路图特点及识读示例	137
	4.8.2 电气系统命名及导线规格	139
	4.8.3 模块线束插接件和转接插接件编号及代码	139
	4.8.4 电气元件图形符号和英文缩略语含义	140
4.9	宝骏汽车	143

		4.9.1	宝骏汽车电路图特点及识读示例	143
		4.9.2	线束插接件编号及搭铁点分布规则	144
		4.9.3	导线颜色及电气元件图形符号	146
	4.10	红旗汽车		148
		4.10.1	红旗汽车电路图特点及识读示例	148
		4.10.2	导线颜色及线束符号	152
		4.10.3	电路图中的缩略语及电气元件图形符号	153
	4.11	问界汽车		155
		4.11.1	问界汽车电路图特点及识读示例	155
		4.11.2	电气元件符号、电器识别与电路代码、导线颜色及线径	156
		4.11.3	熔丝、继电器、线束插接器、导线编号规则	159

第 5 章
汽车电气系统电路图识读
162

5.1	基础电气系统		163
	5.1.1	启动系统	163
	5.1.2	充电系统	168
	5.1.3	低压电器配电系统	175
	5.1.4	电动汽车高压系统配电电路	178
	5.1.5	照明系统	180
	5.1.6	电动辅助电气系统	189
5.2	动力系统电路图识读		201
	5.2.1	发动机控制系统	201
	5.2.2	电动汽车动力电池系统	213
	5.2.3	双离合器变速器系统	216
	5.2.4	电动汽车电力驱动系统	226
5.3	安全舒适系统电路图识读		232
	5.3.1	安全气囊系统	232
	5.3.2	中控与防盗系统	237
	5.3.3	ABS/ASR/ESC 车辆制动控制系统	239
	5.3.4	电动助力转向系统	243
	5.3.5	空调系统	244
5.4	高级驾驶辅助系统（ADAS）电路图识读		248
	5.4.1	ADAS 系统传感器类型	248
	5.4.2	毫米波雷达系统	249
	5.4.3	超声波雷达系统	253
	5.4.4	多功能摄像头系统	256
	5.4.5	车联网（T-BOX）系统	263

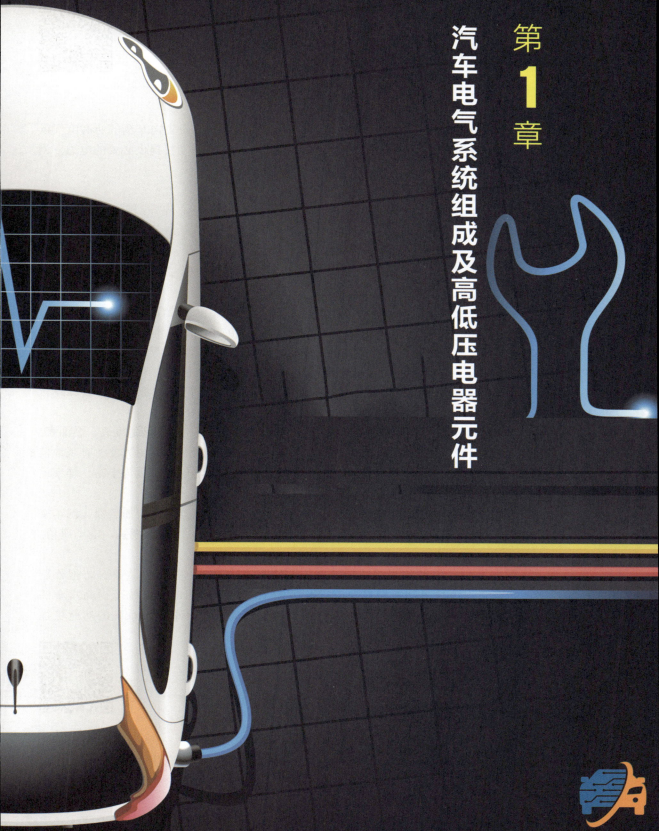

第 1 章 汽车电气系统组成及高低压电器元件

1.1 汽车电气系统组成

1.1.1 传统汽车电气系统组成

传统汽车电气系统包含电源、用电设备和配电装置三部分。

（1）电源

电源系统主要由蓄电池和发电机组成。在发电机运行期间，它负责向车辆的所有电气设备提供电力，并同时为蓄电池充电。蓄电池在启动发动机时，为起动机提供必要的电力。当发电机停止工作时，蓄电池将作为备用电源，继续为用电设备供电。

（2）用电设备

在汽车中，存在众多的用电设备，但它们可被归为以下几个核心部分：启动系统、点火系统、照明装置与信号系统、信息显示与报警装置，以及辅助电气系统与电子控制系统。这些系统相互协作，确保了汽车的正常运行与安全。

① 启动系统。启动系统的主要职责是发动发动机，确保其正常运行。该系统由起动机、启动继电器以及启动开关三个关键部分组成。

② 点火系统。点火系统的主要职责是生成电火花，进而点燃可燃混合气。

③ 照明装置与信号系统。照明装置与信号系统是汽车的重要组成部分，对保障夜间行驶安全起着至关重要的作用。车内外照明灯及夜间安全行驶所需灯光是照明装置的核心，其中前照灯对夜间及恶劣天气下的能见度至关重要。信号系统则包括电喇叭、闪光器、蜂鸣器及各种信号灯，主要用于提供安全行车所必需的信号，以提醒其他道路使用者保障行车安全。

④ 信息显示与报警装置。信息显示装置主要包括润滑油压力表、冷却液温度表、燃油表、车速里程表、发动机转速表等多种仪表。报警装置及电子显示装置，旨在更方便、直观地监测汽车各个系统的工况。与传统的仪表相比，这种电子显示装置能够提供更为丰富、详细的信息，使得我们对汽车状态的监测更加全面、准确。

⑤ 辅助电气系统。辅助电气系统包括电动刮水器、风窗洗涤器、风窗加热器、汽车空调、汽车音响、安全气囊、中控门锁系统、电动车窗、电动天窗、电动后视镜、电动座椅、电动后遮阳帘、电动杂物箱等。

⑥ 电子控制系统。电子控制系统包括电控燃油喷射装置、电控点火装置、防抱死制动系统、自动变速器电控悬架系统及自动巡航控制系统等。采用电控系统可提高汽车的动力性、经济性、安全性以及达到净化排气的目的，也可以使汽车电气系统的功能更加丰富。

（3）配电装置

配电装置包括中央接线盒、电路开关、保险装置、插接器和导线等。

1.1.2 新能源汽车电气系统组成

新能源汽车的电气系统主要由低压电器系统和高压电器系统组成。低压电器系统与传统汽车保持一致，而高压电器系统则具备特殊的工作特性。具体而言，高压电器系统涵盖了高压电源、高压用电设备和高压配电装置三大部分。与传统汽车不同，这三部分均需在高电压和高电流状态下运行,以满足新能源汽车的特殊需求。

(1) 高压电源

新能源汽车采用动力电池作为电源,为车辆的高压用电设备提供所需的高压电。通常,动力电池被安装在车辆底盘上,以确保安全和稳定地供电,如图 1-1-1 所示。

动力电池作为纯电动汽车的唯一能量来源,除了为汽车驱动提供所需的电能外,还负责为车辆上的各种高压辅助装置提供工作电源。为了满足不同辅助装置的工作电压需求,通常会将多个单体电池串联起来,形成 96~384V 的高压直流电池组。之后,通过 DC/DC 变换器将所需的不同电压供给各辅助装置。

图 1-1-1 动力电池安装位置

(2) 高压用电设备

新能源汽车上的高压用电设备包括电机控制器、驱动电机、电动空调压缩机、PTC 加热器等。

① 电机控制器。电机控制器将动力电池输出的直流高压电逆变为三相交流电,从而为驱动电机提供电能。为了确保电机正常工作,电机控制器通常会与驱动电机一同安装在车辆的前机舱内。对于部分配备双电机的车型,电机控制器和驱动电机也会安装在车辆的后桥部位。

② 驱动电机。在电机控制器的调控下,驱动电机承担着驱动车辆行驶的任务。通常,驱动电机、电机控制器和减速器共同构成新能源汽车的驱动系统,并被安装在车辆的前机舱或后轴上,如图 1-1-2 所示。

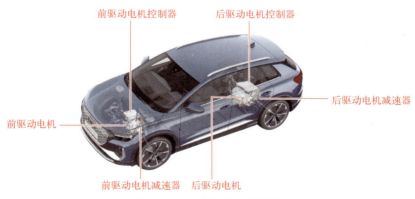

图 1-1-2 驱动电机安装位置

③ 电动空调压缩机。纯电动新能源汽车由于摒弃了传统的内燃机,采用了全新的驱动方式,使得其空调系统与传统的内燃机车型存在显著差异。在混合动力汽车中,无论是油电混动还是插电混动,其发动机并非在所有工况下都处于工作状态,这一特点也影响了空调压缩机的驱动方式。不同于传统内燃机车型的空调系统,新能源汽车采用电动空调压缩机,通过动力电池的高压电来驱动压缩机,从而彻底摆脱了传统内燃机对空调系统的限制和影响。电动空调压缩机如图 1-1-3 所示。

④ PTC 加热器。PTC 加热器的作用是为空调的暖风系统提供热量,PTC 加热器如图 1-1-4 所示。

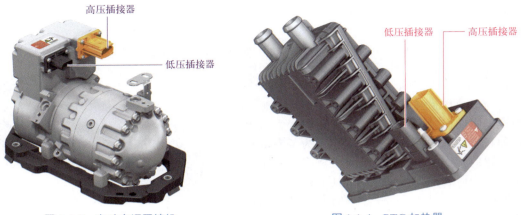

图 1-1-3　电动空调压缩机　　　　　　图 1-1-4　PTC 加热器

（3）高压配电装置

高压配电装置，又称为高压接线盒或高压配电盒，本书中统一采用高压配电盒这一名称。该装置的主要功能是将动力电池的高压直流电分配至电机控制器、充电机/直流变换器、电动空调压缩机以及 PTC 加热器。为确保安全，相关线路上均配备了熔断器，以防单个高压部件发生故障时，对其他高压回路部件造成损害。同时，这一措施也有效保障了动力电池的安全运行。小鹏 G9 电动汽车高压配电盒内部接线图如图 1-1-5 所示。

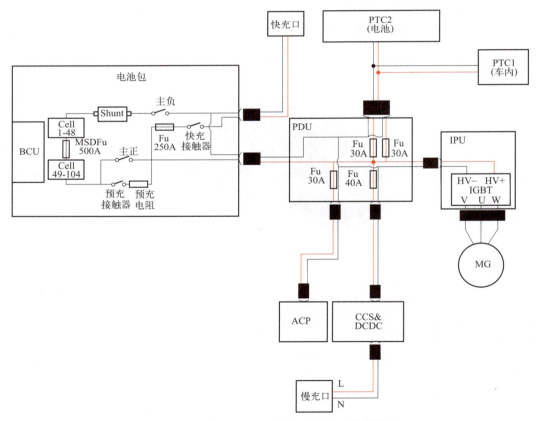

图 1-1-5　小鹏 G9 电动汽车高压配电盒内部接线图

1.2 汽车电路组成与特点

1.2.1 汽车电路组成

在电力系统中，电路主要由电源、开关、用电设备和导线构成。导线将各个部分紧密相连，形成一套完整的电路。当开关接通时，电流通路形成，电流开始在用电设备中流动。在电流的作用下，用电设备开始正常工作。基本电路如图 1-2-1 所示。

图 1-2-1　基本电路图

在汽车中，所有的电路都是基于一个基本的电路演变而来的。这些电路可能通过并联或串联的方式变得更为复杂。然而，只要遵循电流从蓄电池或电源的正极流向负极的原则，就可以轻松地理解并解读这些电路图。

在绘制汽车电路图时将整幅电路图分为上、中、下三部分，如图 1-2-2 所示。

在电路图中，其上部内容描述了配电盒电路，这也可以被理解为电源电路。在此部分，能够清晰地看到熔丝的位置及其容量，以及继电器的位置编号和接线端子号等信息。

电路图的中部主要展示了汽车上的各种用电设备及其连接方式。这部分详细描绘了汽车上各种电子元件的布局和相互连接的关系。

至于电路图的下部，它代表了搭铁部分，也可以理解为电源的负极部分。这部分对于整个电路的正常运行起着至关重要的作用，因为它为电流提供了一个返回的路径。

1.2.2 汽车电路特点

（1）汽车低压电路特点

汽车电路的基本特点总结起来如下。

蓄电池和发电机双电源供电系统，采用低压 12V 或 24V 供电，确保全车电路的稳定运行。全车电路采用单线制并联连接，蓄电池负极直接搭铁，增强了车辆的电气接地性能。线路通过熔丝进行保护，有效防止电流过大对线路造成损害。采用继电器保护开关，提高了开关的安全性和稳定性。中央配电盘统一控制线路连接，便于管理和维护，提高了线路的可靠性和安全性。

① 蓄电池、发电机双电源低压（12V 或 24V）直流供电。蓄电池与发电机在汽车电气系统中各自扮演着重要的角色。蓄电池作为辅助电源，在发动机未启动时，为部分用电设备提供稳定的电能。而发电机作为主电源，在发动机启动后，承担着向全车用电设备供电的任务，同时也会对蓄电池充电，确保其电量充足。这种互补的工作方式，使得用电设备在不同情况下都能正常运行，从而提升了汽车电气系统的稳定性和可靠性。

现代汽车的发动机启动系统依赖于电力起动机，而蓄电池则为起动机提供所需的电能。为了给蓄电池充电，交流发电机发挥了关键作用。当发电机内部整流器将交流电转换为直流电后，电压调节器会对其电压进行精细调节，确保输出的直流电符合汽车电气系统的需求。因此，可以说汽车的电气系统是以直流电为主要工作方式的系统。

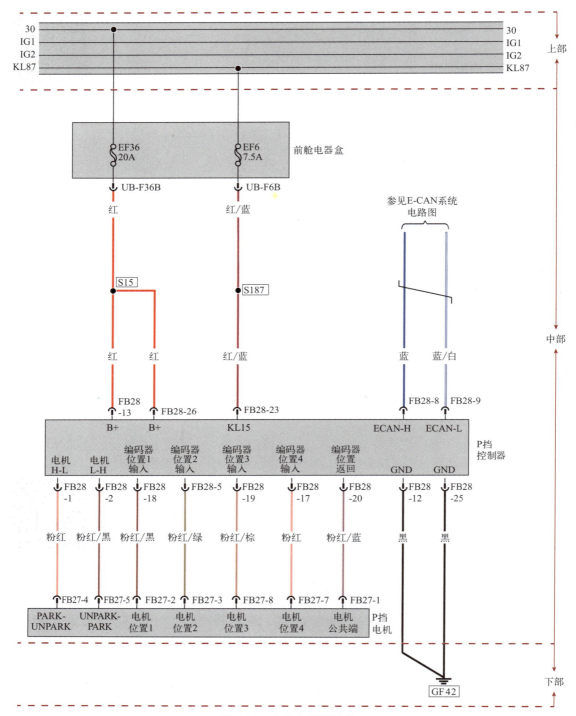

图 1-2-2 汽车电路图组成

② 全车电路单线制并联连接。在汽车电路中，单线制是指电源与用电设备之间仅通过一根导线进行连接，同时利用车身大架作为搭铁线与蓄电池负极相连通。这种连接方式具有明显的优势。首先，它极大地节省了导线材料和安装成本。其次，单线制的线路连接清晰简洁，为安

装和检修工作提供了极大的便利。基于这些优点，现代汽车普遍采用单线制作为其电路系统的基础。

在单线制中，汽车上的电源和所有用电设备均采用并联方式连接。这意味着它们正常工作时的电压是相同的。这种设计的好处在于，当某个用电设备发生故障时，它不会影响到其他设备的正常工作。每个用电设备都有各自的专用开关串联在其支路中，这样的布局确保了各个设备之间互不干扰，从而保证了整个电路系统的稳定性和可靠性。

③ 蓄电池负极搭铁。在单线制配置中，蓄电池的一个电极需与车架或车身进行连接，这一操作被通俗地称为"搭铁"。具体来说，如果蓄电池的负极连接至车架或车身，那么就是所谓的负极搭铁；而如果是正极连接，则称为正极搭铁。负极搭铁对车架或车身金属的化学腐蚀相对较轻，且对无线电的干扰也较小。基于这些优点，现代汽车的线路统一采用了负极搭铁的方式。

④ 保险丝保护线路。为了确保电路的安全运行，防止因短路或直接搭铁引起的电流过载对线束造成损坏，电路中通常会设置保护装置。常见的保护装置包括熔断器和易熔线等，它们能够在电流异常时迅速切断电路，保护电路设备不受损坏。

在一些需要处理大电流的开关中，例如点火开关，为了确保开关的正常运行并延长其使用寿命，通常会安装继电器。继电器利用小电流控制大电流的特性，有效地保护开关免受大电流的损害。通过这种方式，继电器保护开关能够确保电路的正常运行，同时减少设备损坏的风险。

⑤ 中央配电盘统一控制电路连接。目前汽车中采用配电盘统一控制电路连接，电路的起源在配电盘内。井然有序的电路连接给故障维修带来了极大的便利。不同车系的叫法不一，宝马车系叫前后供电模块，丰田车系叫继电器盒总成或接线盒总成，通用车系叫保险丝盒，等等。

（2）汽车高压电路特点

① 同时具有直流和交流两种高压电。新能源汽车的高压系统同时包含直流高压电和交流高压电这两种类型。直流高压电主要分布在动力电池到各个驱动部件的连接线上，例如，动力电池到驱动电机控制器之间以及动力电池到电动压缩机之间的连接均采用直流高压电。而交流高压则主要分布在电机控制器与驱动电机之间，以及充电接口与车载充电器之间的连接线上。值得注意的是，电机控制器与驱动电机之间的交流高压电通常维持在 300V 左右，而充电接口与车载充电器之间的交流高压电则与外部电网的 220V 电压保持一致。

② 高压系统具有明显的警示标识和颜色。为了防止意外触及高压系统，新能源汽车采取了多种措施进行标识和警示。为了确保维修人员和车主能够清晰地识别高压部件，新能源汽车采用了特殊的标识或颜色，以引起他们的注意。

这些标识和颜色警示通常包括两种形式：高压警示标识和高压警示颜色。高压警示标识是一种明显的标牌或标签，上面标明了高压系统的危险性和注意事项。而高压警示颜色则是在相关部件上涂上醒目的颜色，以突出显示其重要性。

这些标识和颜色警示的目的是提醒人们注意安全，避免因误操作而造成意外事故。通过这些措施，新能源汽车能够有效地提高安全性，保护人员和车辆的安全。

高压警示标识如图 1-2-3 所示，根据国际标准，高压警示标识应采用醒目的黄色或红色作为底色，并在其上布置高压触电的国标图形。为确保安全，每个新能源汽车的高压组件壳体上都应附有一个清晰的警示标识。此标识旨在使售后服务人员或车主能够直观地了解高压电可能带来的危险，从而采取必要的预防措施。

鉴于高压导线可能长达数米，仅在一处或两处设置警示牌进行标记可能意义有限，售后服务人员可能容易忽略这些标记。因此，新能源汽车统一采用橙色警示色对所有高压导线进行标记，并采用相同颜色对高压导线的部分插头以及高压安全插头进行设计，以增强视觉效果和警示作用。高压警示颜色如图 1-2-4 所示。

图 1-2-3　高压警示标识

图 1-2-4　高压警示颜色

③ 高压电存在时间不同。新能源汽车的高压系统主要集中于车辆的驱动系统、空调与暖风系统、12V 电源系统以及具备插电功能的充电系统。根据高压存在的时间进行分类，新能源汽车高压系统的高压电存在形式主要有以下三种（如图 1-2-5 所示）：一是持续存在形式；二是运行期间存在形式；三是充电期间存在形式。

图 1-2-5　高压系统高压电存在形式

在新能源汽车中，动力电池始终处于高电压状态，即使在车辆停止运行期间也是如此。由于动力电池储存有电能，当满足放电条件时，它会持续对外放电。因此，需要特别关注动力电池的管理和保护，以确保安全。

此外，还有一些系统或部件在运行期间存在高压电。这些部件主要包括电机控制器、高压压缩机、PTC 加热器和 DC/DC 变换器等。当点火开关处于 ON、RUN 或其他运行状态时，这些部件会接通来自动力电池的高压电。其中，有些部件只要点火开关处于 ON 或 RUN 状态就会存在高压电，如电机控制器、DC/DC 变换器和连接的高压导线。而另一些部件则需要系统功能被接通后才会加载高压电，如高压压缩机和 PTC 加热器。

最后，充电期间也有一些部件会存在高压电。这些部件主要包括来自外部电网的 220V 交流高压和车载充电器与动力电池之间的直流高压电。因此，在充电时也需要特别注意安全管理和保护措施。

1.3　汽车低压电器元件

1.3.1　导线、线束、插接器

1.3.1.1　导线

导线是将汽车用电器与开关或控制部件、电源、搭铁连接在一起的装置，是汽车控制和传递信号的枢纽。

汽车导线有低压导线和高压导线两种。

(1) 低压导线

① 导线的线径。导线的线径是指导线的截面积,单位为 mm^2。所谓截面积,是指经过换算而统一规定的线芯截面积,不是实际线芯的几何面积,也不是各股线芯几何面积之和。

导线的截面积主要根据其工作电流选择,但是对于一些工作电流较小的电器,为保证具有一定的机械强度,汽车电器中导线截面积不得小于 $0.5mm^2$。各种低压导线标称截面积所允许的负载电流见表 1-3-1 所示。

表1-3-1　低压导线标称截面积允许负载电流值

导线标称截面积 /mm^2	1.0	1.5	2.5	3.0	4.0	6.0	10	13
允许电流值 /A	11	14	20	22	25	35	50	60

汽车 12V 电系主要线路导线标称截面积推荐值见表 1-3-2 所示。

表1-3-2　12V电系主要线路导线标称截面积推荐值

标称截面积 /mm^2	用途
0.5	尾灯、顶灯、指示灯、仪表灯、牌照灯、刮水器、时钟、燃油表、水温表、油压表等电路
0.8	转向灯、制动灯、停车灯、断电器等电路
1.0	前照灯、电喇叭(3A 以下)电路
1.5	前照灯、电喇叭(3A 以上)电路
1.5～4.0	其他 5A 以上电路
4～6	柴油车电热塞电路
6～25	电源电路
16～95	启动电路

② 导线颜色。为了便于汽车电路系统的连接和维修,汽车用导线一般都使用颜色区分。有单色导线和双色导线,部分车型还有三色导线。

单色导线整条导线颜色为某一种颜色,各国汽车厂商在电路图上大多以英文字母来表示导线外皮的颜色及其条纹的颜色。国产车一般用单个字母表示一种颜色。日本车系常用单个字母表示,个别用双字母。丰田车系单色导线颜色字母代码如表 1-3-3 所示。

表1-3-3　丰田车系单色导线颜色字母代码

字母	B	W	L	V	R	G	P	Y	O	BE	BR	SB	GR	LG
线色	黑色	白色	蓝色	紫色	红色	绿色	粉色	黄色	橙色	米黄色	棕色	天蓝色	灰色	浅绿色

大众车系单色导线颜色字母代码与丰田车系不同,大众车系采用两个小写字母组合表示单线色,如表 1-3-4 所示。

表1-3-4 大众车系单色导线颜色字母代码

字母	sw	ws	bl	ro	gn	ge	br	gr	li	or	rs
线色	黑色	白色	蓝色	红色	绿色	黄色	褐色	灰色	淡紫色	橘黄色	粉红色

部分车型用3个字母作为导线的颜色代码。

常见车型导线颜色代码如表1-3-5所示。

表1-3-5 常见车型导线颜色代码

颜色	全称	国产	丰田	本田	通用	福特	宝马	奔驰	三菱
黑色	Black	B	B	BLK	BLK	BK	BK	SW	B
棕色	Brown	Br	BR	BRN	BRN	BR	BR	BR	BR
红色	Red	R	R	RED	RED	R	RD	RT	R
黄色	Yellow	Y	Y	YEL	YEL	Y	YL	GE	Y
绿色	Green	G	G	GRN	GRN	GN	GN	GN	G
蓝色	Blue	Bl	L	BLU	BLU	BL	BU	BL	L
灰色	Grey	Gr	GR	GRY	GRY	GY	GY	GR	GR
白色	White	W	W	WHT	WHT	W	WT	WS	W
粉红色	Pink	P	P	PNK	PNK	PK	PK		P
橙色	Orange	O	O	ORN	ORN	O	OR		O
褐色	Tan		BR		TAN	T	TNSW		
深蓝色	Dark Blue				DKBLU				
深绿色	Dark Green				DKGRN				
浅蓝色	Light Blue		SB		LTBIU				SB
浅绿色	Light Green		LG		LTGRN				LG

汽车的部分电路系统导线采用双色。双色导线采用表1-3-5中两种颜色组成，用两个字母表示，前面的字母表示主色，后面的字母表示辅助色，辅助色为环绕布置在导线上的一条色带或螺旋色带。如丰田车系的L-Y，即为蓝色主色，黄色辅助色的导线，如图1-3-1所示。

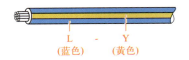

图1-3-1 丰田车系双色导线表示方法

大众车系双色导线为螺旋色带，同样是主色在前辅助色在后。大众车系电路图导线线色表示如图1-3-2所示。

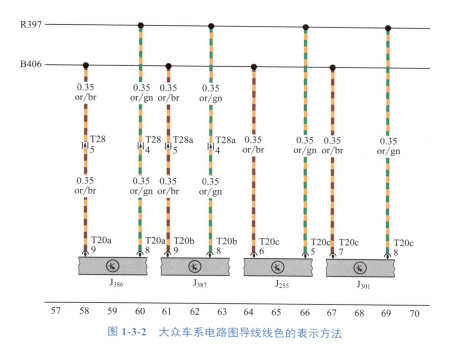

图 1-3-2　大众车系电路图导线线色的表示方法

汽车电路中以双色为基础选用导线时,一般用电系统的电源、接地为单色,其余为双色。

（2）高压导线

在汽车点火线圈或点火模块至火花塞之间的电路使用高压点火线,简称高压线。高压点火线每缸一根,它分为普通铜芯高压线及高压阻尼点火线。带阻尼的高压线又称为半导体塑芯高压线,其线芯具有一定的电阻(通常要求不大于 $20k\Omega/m$)。带阻尼的高压线可抑制和衰减点火系统产生的高频电磁波,降低对无线电设备及电控装置的干扰。高压点火线位置如图 1-3-3 所示。

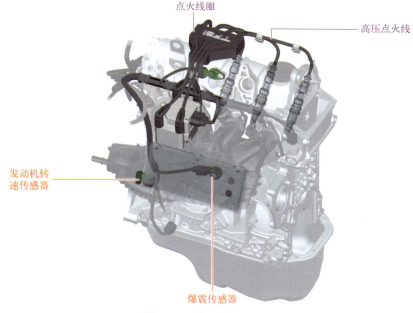

图 1-3-3　高压点火线位置

1.3.1.2 线束

为使全车线路规整,安装方便及保护导线的绝缘,汽车上的全车线路除高压线、蓄电池电缆和起动机电缆外,一般将同区域的不同规格的导线用绝缘材料棉纱或薄聚氯乙烯塑料带缠绕包裹成束,称为线束,如图1-3-4所示。

线束是将各电器之间的连线选择最短的路径,并把同一路径的若干导线用绝缘带包扎而成,故其主要由各种颜色的低压导线以及相关插接件、接线端子、绝缘包扎材料等组成。汽车线束图可与零件位置图及电路原理图配合使用。

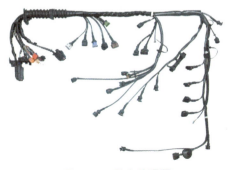

图 1-3-4 线束外观图

1.3.1.3 插接器

插接器就是通常所说的插头和插座,用于传感器、执行器、控制单元与线束,线束与线束或导线与导线间的相互连接,使之构成一个完整的电气系统。为了防止插接器在汽车行驶中脱开,所有的插接器均采用了闭锁装置。

(1) 插接器的识别

插接器分为插座式和插头式,如图1-3-5所示。

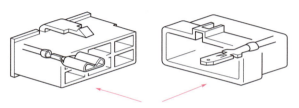

图 1-3-5 插接器(左侧为插座式,右侧为插头式)

多针脚插接器引脚编号如图1-3-6所示。

图 1-3-6 插接器引脚编号

(2) 插接器的断开与连接方法

插接器按照锁定机构不同可分为锁扣式、滑锁式、锁杆式三种。锁扣式插接器在插座上有一锁扣,在插头上有一个凸起,插头插入插座后锁扣扣住凸起,可以避免插接器意外松动和断开。

在某些系统和元件中,特别是与OBD相关的系统和元件中多采用滑锁式插接器。在插头或插座上有一滑片,插接器插头插入插座后滑片卡在插头或插座的某一凸起或凹槽内,可以避免插接器锁止不完全、意外松动或断开等情况发生。

锁杆式插接器多应用于控制单元和控制模块上,如发动机ECU、ABS控制单元、车身控制单元等。锁杆式插接器也在超级多路连接器上使用。在插接器上有一个可移动的锁杆,在控制单元的壳体上有一个用于锁杆锁止的凸起或卡扣,锁杆压下后锁在凸起或卡扣内,使连接器很稳固地与电控单元连接,避免因振动而引起的插接器脱落。

部分车型中还将线束端子分为阴极和阳极。在这些车型的电路图中阳极端口的接头用黑色表示，阴极端口的接头用白色表示，如图 1-3-7 所示。

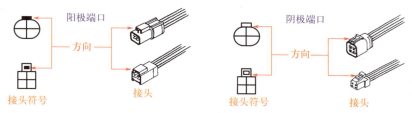

图 1-3-7　阴阳极端口图示

① 锁扣式插接器的断开。锁扣式插接器通过按压或抬起锁扣来断开连接，断开插接器时不要拉扯线束或配线。锁扣式插接器断开的方法如图 1-3-8 所示。

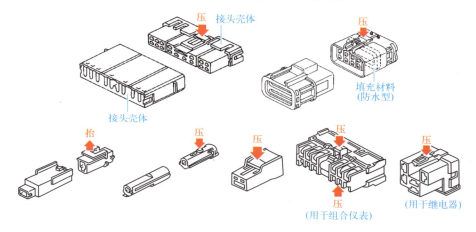

图 1-3-8　锁扣式插接器的断开

② 滑锁式插接器的断开。滑锁式插接器通过压下或拉出滑片来断开连接。断开插头时不要拉扯线束和配线，也不要损坏插接器支架。

滑锁式插接器的断开方法如图 1-3-9 和图 1-3-10 所示。

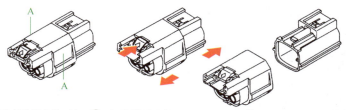

①紧握住插接器壳体A处；②压下插接器上箭头所示的滑片；③拉动插接器直至插接器分离

图 1-3-9　防水型滑锁式插接器的断开方法

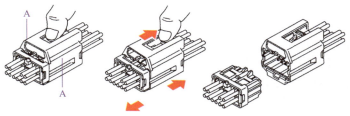

①紧握住插接器壳体A处；②按照插接器上箭头所示拉出滑片；③拉动插接器直至插接器分离

图 1-3-10　非防水型滑锁式插接器的断开方法

③ 锁杆式插接器的断开。在断开锁杆式插接器之前，先将锁杆完全释放（松开），切不可盲目拉扯线束以避免损坏插接器或端子。锁杆式插接器断开的方法如图 1-3-11 所示。

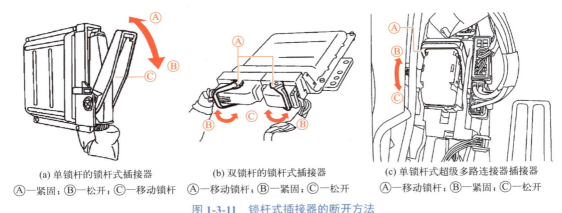

(a) 单锁杆的锁杆式插接器　　　　(b) 双锁杆的锁杆式插接器　　　(c) 单锁杆式超级多路连接器插接器
Ⓐ—紧固；Ⓑ—松开；Ⓒ—移动锁杆　　Ⓐ—移动锁杆；Ⓑ—紧固；Ⓒ—松开　　Ⓐ—移动锁杆；Ⓑ—紧固；Ⓒ—松开

图 1-3-11　锁杆式插接器的断开方法

1.3.2　继电器和保险装置

1.3.2.1　继电器

在汽车电路中，继电器起开关作用，它是利用电磁或其他方法（如热电或电子），控制某一回路的接通或断开，实现用小电流控制大电流，从而减小控制开关触点的电流负荷。如空调器继电器、喇叭继电器、雾灯继电器、风窗刮水器/洗涤器继电器、危险报警与转向闪光继电器等。如图 1-3-12 为汽车上常见的继电器。

（1）继电器原理

汽车上广泛使用电磁式继电器，这种继电器一般由铁芯、线圈、衔铁、触点簧片等组成。

下面用电路图来说明继电器的工作原理。如图 1-3-13 所示，若一个由电源、开关及灯泡组成的电气设备，要求用强电流直接接线，则开关及接线都要有承受此强电流的能力，可使用一开关利用弱电流去接通和断开一继电器，然后由后者通过大电流去接通或断开灯泡。

图 1-3-12　汽车上常见的继电器

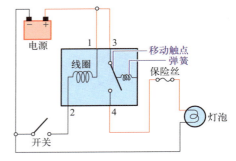
图 1-3-13　继电器工作原理图

当开关闭合时，电流经过触点 1 和 2 使线圈励磁，线圈的磁力吸引触点 3 和 4 之间的移动触点，使触点 3、4 接通并使电流流向灯泡。

当开关断开时，线圈断电，线圈的磁力也随之消失，移动触点就会在弹簧的反作用力下返回原来的位置，使动触点与原来的静触点分开。

（2）继电器类型

继电器一般分为常开型、常闭型和混合型，三种继电器的工作状态如图 1-3-14 所示。

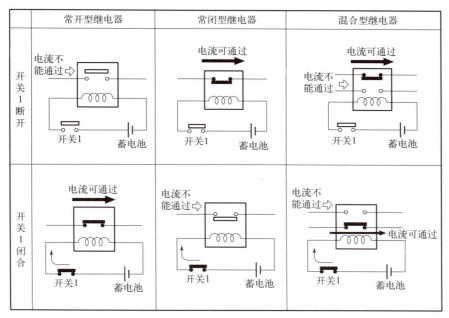

图 1-3-14 继电器类型

（3）日产车型中标准继电器型号

日产车型电路图中继电器型号有以下几种。

1M：单开关；2M：双开关；1T：切换开关；1M·1B：单开关单闸。继电器型号与对应的电路图符号如图 1-3-15 所示。

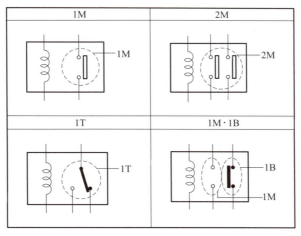

图 1-3-15 继电器型号与对应的电路图符号

日产车型中标准继电器外观、电路、接头符号和连接及壳体颜色如图 1-3-16 所示。

1.3.2.2 保险装置

为了保护车辆的线路和各种电气设备，需要使用多种保护装置，电路保护装置串联在电源与用电设备之间，当用电设备或线路发生短路或过载时，切断电源电路，以免电源、用电设备或线路损坏。汽车上广泛使用的电路保护装置有熔断丝、保险丝和断电器。

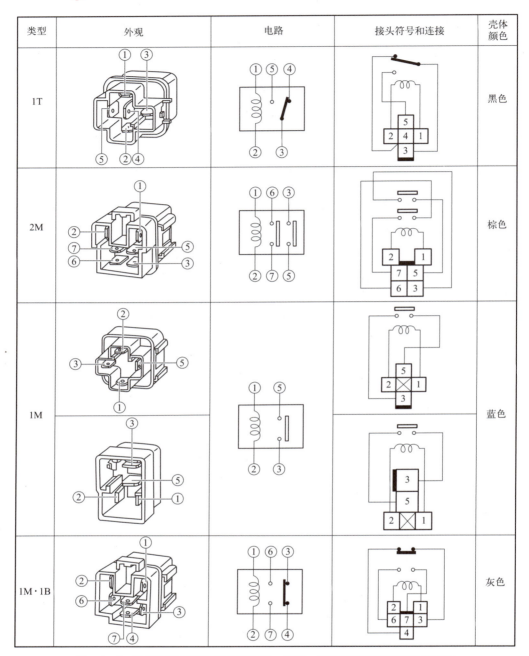

图 1-3-16 日产车型中标准继电器外观、电路、接头符号和连接及壳体颜色

(1) 熔断丝

熔断丝是一种截面积一定的、可长时间通过额定电流(如30A、40A、60A等)的合金导线,在它的表面有比较厚的不易燃烧的绝缘层,所以看起来要比同规格的导线粗。主要用于保护电源电路和大电流电路。

熔断丝一般安装在蓄电池正极接线柱上,如图1-3-17所示。熔断丝可分为两种,即管式熔断丝、线式熔断丝,其中线式熔断丝比较常见。熔断丝主要用来保护电源和大电流线路。如充电熔断丝、点火开关电源熔断丝,可以通过100~200A的大电流,因此绝对不允许换用比规定容量大的熔断丝。当熔断丝熔断时,要仔细查找原因,彻底排除故障。在正常的维修中,如果熔断丝熔断,很可能是临界电路(电源或大电流电路)短路造成的。在这种情况下,应仔细检查并排除故障原因。无相同规格的熔断丝时,可以暂时用同容量的保险丝或导线串联在电路中代替,购买到符合要求的熔断丝后应及时更换。

(2) 保险丝

保险丝用于对局部电路进行保护,汽车中常用的保险丝按形状可分为管状和片状,如图 1-3-18 所示。保险丝能承受长时间的额定电流负载。在过载 25% 的情况下,约在 3min 内熔断;而在过载一倍的情况下,则不到 1s 就会熔断。

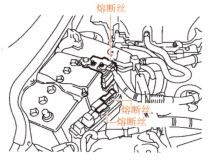

图 1-3-17　熔断丝安装位置

(a) 管状保险丝外观图　(b) 片状保险丝外观图

图 1-3-18　汽车中常用的保险丝外观图

保险丝熔断前和熔断后的外观如图 1-3-19 所示。

片状保险丝装在驾驶室内保险盒或发动机舱内保险盒中,与继电器组合在一起,构成了全车电路的中央接线盒。如图 1-3-20 所示为汽车驾驶室保险盒及保险盒盖,在保险盒盖的对应位置标有保险丝及继电器的识别标识,使检查及更换这些电气装置时更加容易查找。

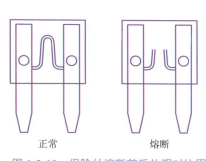

图 1-3-19　保险丝熔断前后外观对比图

图 1-3-20　汽车驾驶室保险盒及保险盒盖

保险盒中的每个保险丝都有颜色,且标有规格容量值,这是由于全车各个用电设备的功率不同,所以消耗的电流也不同。相应地把保险丝按照颜色分为以下几类:绿色为 30A、白色为 25A、黄色为 20A、蓝色为 15A、红色为 10A、棕色为 7.5A 或 5A。

保险丝在使用过程中需要注意以下几点。

① 保险丝熔断后,必须找到故障原因,彻底排除故障。

② 更换保险丝时,一定要与原规格相同,特别注意,不能使用比规格容量大的保险丝。汽车上增加用电设备时,不能随意改用容量大的保险丝,应另外加装保险丝。

③ 保险丝支架接触不良会产生电压降和发热现象。因此,特别要注意检查有无氧化现象。若有,必须用细砂纸打磨,使其接触良好。

(3) 断电器

在汽车电路中某些电流过大、工作时容易过载的电路一般使用断电器进行保护。有些断电器必须手工恢复，还有些断电器必须切断电源才能恢复。目前在汽车上广泛采用了热敏电阻型自恢复式断电器，如图1-3-21所示。

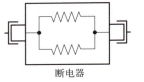

图 1-3-21　热敏电阻型自恢复式断电器

电流通过正温度系数热敏电阻时将产生热量。热敏元件的温度（和电阻）会随电流的变化而变化。过大的电流会导致热敏元件的温度升高。当温度上升到规定值时，电阻将急剧增大，从而控制电路中的电流。

电流减小后，热敏元件的温度也随之降低，电阻也将随之减小。此时，电路中的电流恢复正常。

1.3.3　开关、配电盒

1.3.3.1　开关的作用与分类

开关是控制汽车电路通断的关键，电路中主要的开关往往汇集许多导线，如点火开关、车灯总开关。对开关的要求是坚固耐用、安全可靠、操作方便、性能稳定。汽车的开关种类很多，按照不同的方法分类如图1-3-22所示。

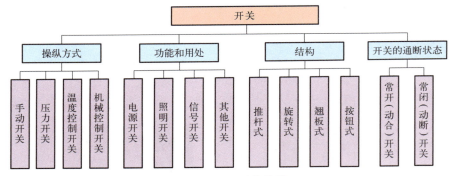

图 1-3-22　开关的分类

汽车的开关通常安装在驾驶室或车内方便乘员操纵的位置。汽车电气系统常用的还有复合式开关，这种开关的动作有两挡或两挡以上，具有两个或两个以上的电路的通断控制功能，如点火开关、组合开关、灯光开关等。汽车中常见的开关如图1-3-23所示。

(a) 点火开关　　　(b) 组合开关　　　(c) 灯光开关　　　(d) 车窗及后视镜调节开关

图 1-3-23　汽车中常见的开关

1.3.3.2　开关在汽车电路中的状态

开关在汽车电路中的状态有常开和常闭两种。

（1）常开开关

通常处于断开状态的开关称为常开开关，常开开关闭合则电路接通。常开开关符号如

图 1-3-24 所示。

图 1-3-24 常开开关符号

（2）常闭开关
通常处于闭合状态的开关称为常闭开关，常闭开关断开则电路断开。

1.3.3.3 点火开关
（1）点火开关作用及常见车型电路中的符号

点火开关是汽车电路中最重要的开关，是各条电路分支的控制中心，是多挡多接线柱开关。其主要功能是：在 Lock 挡位锁住转向盘转轴，在 ON 或 IG 挡位接通点火电源、仪表指示等，还有启动（ST 或 Start）挡、附件挡（ACC 主要是收放机专用）。其中操作启动挡时必须用手克服弹簧力，扳住钥匙，一松手就弹回点火挡，不能自行定位，其他挡均可自行定位。

不同汽车厂家的点火开关电路符号有所不同。图 1-3-25 所示为常见的几种车型点火开关表示方法。

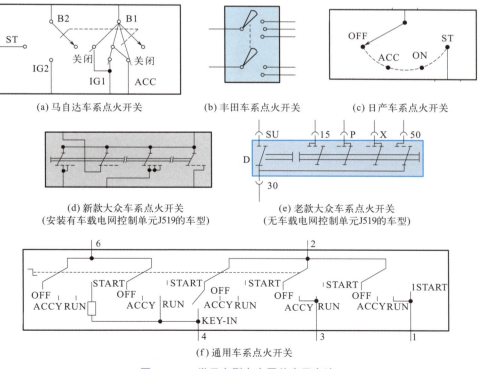

图 1-3-25 常见车型点火开关表示方法

(2)点火开关挡位功能

这里以大众车型为例介绍点火开关各挡位的功能。大众老款车型没有安装车载电网控制单元 J519，点火开关直接控制各挡位的通断，点火开关中启动挡位时有大的电流通过。由于大众汽车上所用的用电设备以及安全舒适系统越来越多，直接控制式点火开关已经不能满足需求，在新款的大众汽车上都安装了车载电网控制单元 J519。在安装了车载电网控制单元 J519 的车型上点火开关只是起到输送给车载电网控制单元 J519 点火开关已经打开到某个挡位的信号的作用，点火开关中没有大电流通过，保护了点火开关。

① 没有安装车载电网控制单元 J519 的车型上的点火开关功能。

没有安装车载电网控制单元 J519 的车型上的点火开关符号如图 1-3-25（e）所示。点火开关工作图如图 1-3-26 所示。

接线端子 位置	30	P	X	15	50	SU
0	●	●				●
I	●		●	●		●
II	●			●	●	●

(a) 点火开关工作原理图

0——关闭点火开关、锁止转向盘
I——接通点火开关　　II——启动发动机
30——接蓄电池　　　　P——接停车灯电源
X——接卸荷工作电源　15——接点火电源
50——接启动电源　　　SU——接蜂鸣器电源

(b) 位置说明

图 1-3-26　大众老款车型点火开关工作图

点火开关位于 0 位置：点火开关处于关闭状态，汽车转向盘被锁死，具有防盗功能。此时电源总线 30 与 P 接通，操作停车灯开关，可使停车灯点亮，与点火开关是否拔下无关。如将点火开关钥匙插入，将使 30 与 SU 端接通，蜂鸣器可工作。

点火开关位于 I 位置：启动后，松开点火开关钥匙，点火开关将自动逆时针旋转回到位置 I，这是工作挡。这时 P 端子无电，而 15、X、SU 三端子通电。15 通电，点火系统继续工作；X 通电使得前照灯、雾灯等工作，以满足夜间行驶的需要。

点火开关位于 II 位置：电源总线 30 与 50、15、SU 端子接通，使起动机运转；30 与 15 接通使点火系统分电器等进入工作。因 P 断电，停车灯不能工作；因 X 断电，前照灯、雾灯等不能工作。这样就将前照灯、雾灯等耗电量大的用电设备关闭，达到卸荷目的，以满足启动时需要瞬间大电流输入起动机的要求。发动机启动后，应立即松开点火开关，使其回到位置 I，切断起动机的电流，起动机驱动齿轮退回。

② 安装有车载电网控制单元 J519 的车型上的点火开关功能。

在安装有车载电网控制单元 J519 的大众车型上，点火开关不是直接控制电路电流，点火开关只是起到产生挡位信号的作用，点火开关在不同的挡位产生相应的信号后送入转向柱控制单元 J527 中，由 J527 将信号送给 J519 车载电网控制单元，再控制继电器的工作来决定是否接通电路电源，从而较好地保护了点火开关。在传统汽车上点火开关的电源由蓄电池直接供应，且总火线电流较大，导线较粗。而在装配了车载电网控制单元 J519 的车型上，点火开关由转向柱控制单元 J527 提供信号火线，它只是产生信号用的火线，电流小到可以忽略不计。如图 1-3-27 所示。

15 号线正电的形成：插入钥匙，顺时针拧动一下，为点火挡，此时在点火开关中，由点火挡经 15 号线向转向柱控制单元 J527 提供信号，由 J527 经 15 号线再向 J519 提供点火开关已打到点火挡信号。J519 控制 J329 端子 15 供电继电器工作，线圈中有电流通过，继电器吸合，向系统提供电源，此时车内所有 15 号线的电源供给由已工作的继电器提供。如图 1-3-28 所示。

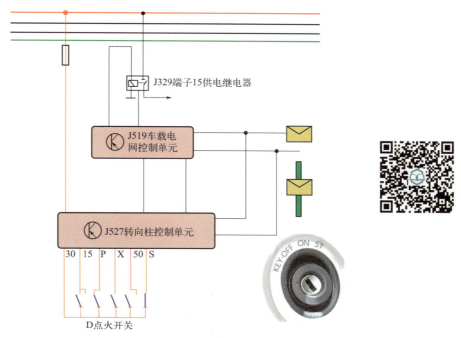

图 1-3-27　大众车型安装有 J519 车载电网控制单元的点火开关电路图

X 线卸荷正电的形成：在点火开关打开在 KEY-ON 时，J519 还在控制 J59 卸荷继电器工作，向全车 X 线供电，如图 1-3-29；但在启动车辆时，为增大起动机电流，J59 被暂时停止工作，X 线无电；当启动着车，点火开关回到点火挡后 J59 再次接合工作。

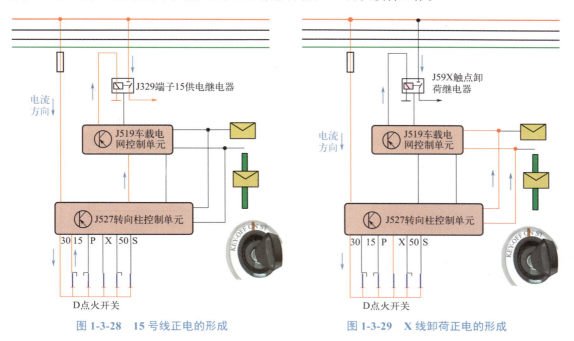

图 1-3-28　15 号线正电的形成　　　　　图 1-3-29　X 线卸荷正电的形成

50 号线正电的形成：将钥匙顺时针拧到底为启动挡 KEY-ST，点火开关中 50 号线有电产生启动信号，信号经 J527 送到 J519，J519 向启动继电器线圈供电，继电器吸合工作向起动机供电，起动机转动，带动发动机着车，如图 1-3-30 所示。

P 线停车正电的形成：关闭点火开关后 P 挡形成，点火开关向 J527 提供信号，由 J527 再向 J519 提供信号，此时打开停车灯开关（即转向灯开关），停车灯点亮，如图 1-3-31 所示。

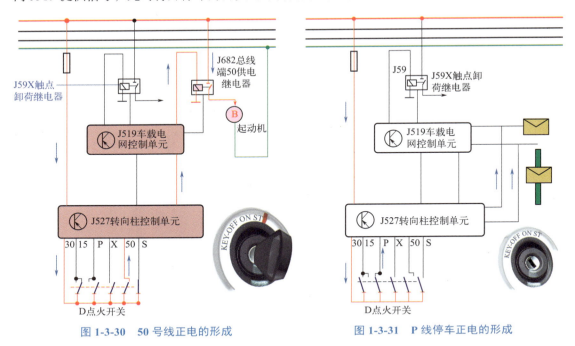

图 1-3-30　50 号线正电的形成　　　　　　图 1-3-31　P 线停车正电的形成

S 触点正电的形成：钥匙插入锁芯后，S 触点被钥匙机械顶动而接合，此时由点火开关 S 线向 J527 提供钥匙已插入点火锁信号。

（3）一键启动式点火开关

随着电子技术的不断发展，一键启动式点火开关越来越多地被用到汽车中。一键启动式点火开关不需要插入钥匙，而是通过按压启动按钮的次数以及换挡杆位置和是否踩下制动踏板等条件来实现普通点火开关的 OFF、ACC、ON（IG）等功能。

丰田凯美瑞（2016 款）车型一键启动式点火开关示意图如图 1-3-32 所示。

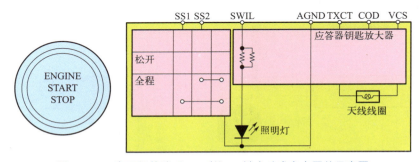

图 1-3-32　丰田凯美瑞（2016 款）一键启动式点火开关示意图

一键启动式点火开关由瞬时开关、指示灯（琥珀色和绿色 LED）、照明灯、天线线圈和应答器钥匙放大器组成。

驾驶员可根据指示灯的照明状态判定当前电源并检查混合动力控制系统是否可以启动。

主车身 ECU（仪表板接线盒总成）检测到智能上车和启动系统异常时，ECU 将使琥珀色指示灯闪烁。如果混合动力控制系统在此状态下停止,则可能无法重新启动。

点火开关电源状态和指示灯状态对照如表 1-3-6 所示。

表1-3-6　点火开关电源状态和指示灯状态对照表

电源状态	指示灯状态	
	未踩下制动踏板	踩下制动踏板且换挡杆置于"P"位置时
OFF	熄灭	点亮(绿色)
ON(ACC)、ON(IG)	点亮(琥珀色)	点亮(绿色)
READY	熄灭	熄灭
转向锁未解锁	闪烁(绿色)30 秒	闪烁(绿色)30 秒
智能上车和启动系统故障	闪烁(琥珀色)15 秒	闪烁(琥珀色)15 秒

一键启动式点火开关具有不同的电源模式,对应不同的制动踏板状态和换挡杆位置,如表 1-3-7 所示。

表1-3-7　制动踏板状态和换挡杆位置与相应的电源模式对照表

制动踏板	换挡杆	电源模式
踩下	P 位置	按下电源开关一次时。 • OFF → READY(混合动力控制系统启动)
未踩下	P 位置	每次按下电源开关时。 • OFF → ON(ACC) → ON(IG) → OFF
	除 P 位置外	每次按下电源开关时。 • OFF → ON(ACC) → ON(IG) → ON(ACC)
—	P 位置	在 ON(IG)状态下按下电源开关时。 • ON(IG)或 READY → OFF
—	除 P 位置外	在 ON(IG)状态下按下电源开关时。 • ON(IG)或 READY → ON(ACC)

1.3.3.4　组合开关

多功能组合开关将照明(前照灯、变光)开关、信号(转向、危险警告、超车)开关、刮水器/洗涤器开关等组合为一体,安装在便于驾驶员操纵的转向柱上。组合开关一般是分体式的,分为灯光开关和雨刮开关,如图 1-3-33 所示。

① 灯光开关。用于控制转向信号灯、前照灯及其他灯光。

转弯前,按转向盘转动的方向前后扳动灯光开关手柄,可分别打开左、右转向信号灯。顺时针为右转,逆时针为左转。此时组合仪表中相应的转向指示灯也应该亮。

汽车在转弯后,转向盘回正时,手柄会自动回位,转向信号灯会自动关闭。灯光开关的末端可绕

图 1-3-33　组合开关

手柄的轴线扭动,控制其他灯光,分3～4挡:

　　OFF——空挡。全部灯光熄灭,白天应在此挡。

　　AUTO——自动灯光挡。系统根据当前的光照情况自动控制灯光的变换。

　　——示廓灯。除前照灯外,其他灯光全开,包括仪表灯、前位灯、后位灯、牌照灯等。

　　——前照灯打开。近光灯开,其他灯也开。在此挡时,向下推手柄即可变远光。如果上下推拉手柄,即可交替变换远近光灯,发出超车或提醒前车注意等信号。

灯光开关的操控及导通情况如图1-3-34所示。

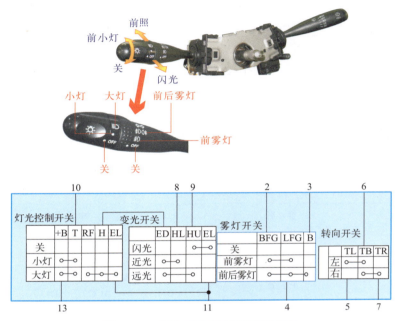

图1-3-34　灯光开关操控及其导通情况

② 雨刮开关。转向盘右侧的操作手柄为刮水器和风窗洗涤器开关。汽车雨刮器是为了在不同的天气情况下,改善驾驶员的视野状况,而选择雨刮开关的不同挡位可以实现刮水及清洁功能。如向上拉起手柄,可使风窗洗涤液喷出。有的在手柄末端有洗涤液按钮。雨刮开关一般分五挡:

　　MIST—点动刮水。

　　OFF—空挡,刮水器不工作。

　　INT—间歇工作(每4～5s一次)。

　　LO—低速工作。

　　HI—高速工作。

雨刮开关的操纵及导通情况如图1-3-35所示。

1.3.3.5　配电盒

汽车上装设有各种继电器和保险装置,为了便于装配和故障排查,现代汽车一般都将各种继电器和保险装置安装在一起组成配电盒,也称为中央配电盒。中央配电盒的正面安装有各种继电器和保险装置,背面是插座,用来与线束插头连接。一般车辆在发动机舱左侧和仪表板左侧分别安装一个配电盒。部分高端车辆上安装有更多的配电盒。大众速腾汽车发动机舱左侧配电盒及仪表板左侧配电盒分别如图1-3-36和图1-3-37所示。

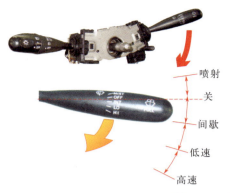
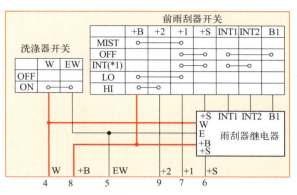

图 1-3-35　雨刮开关操纵及导通情况

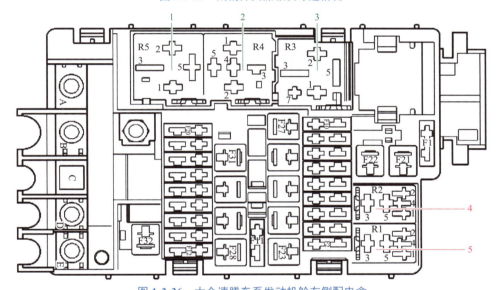

图 1-3-36　大众速腾车系发动机舱左侧配电盒
1—继电器位置 R5；2—冷却液辅助泵继电器；3—主继电器；
4—刮水器电机的转换继电器 2；5—刮水器电机的转换继电器 1

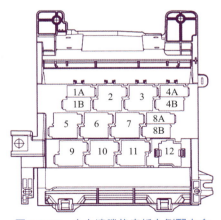

图 1-3-37　大众速腾仪表板左侧配电盒
1～3, 11—未占用；4A—燃油供应继电器；4B—燃油泵供应继电器；5—供电继电器 1（端子 75）；
6—供电继电器（总线端 50）；7—端子 15 供电继电器；8—远光灯继电器；
9—供电继电器 2（端子 15）；10—前雾灯继电器；12—转换器盒

1.3.4 电控单元和显示装置

(1) 电控单元 (ECU)

电控单元是指电子控制器。汽车中有发动机控制系统控制单元、变速器控制系统控制单元，以及车身底盘的 ABS 控制单元、SRS 控制单元、EPS 控制单元等。其中发动机控制系统控制单元在各汽车品牌中的名称也不相同。通用公司将发动机变速器控制单元组合在一起称为 PCM（动力系统控制模块），福特汽车中称之为 EEC，丰田公司称之为 TCCS，日产公司称之为 ECCS，还有些汽车公司称之为 MCU。无论称谓如何不同，其表示的实质是一致的，都是由输入回路、A/D 和 D/A 转换器、计算部分和输出回路等组成。

目前汽车电控单元的功能越来越强大，处理数据的能力越来越强。随着汽车安全舒适性能的不断提高，电控单元的安装数量也越来越多。汽车电控单元的内部结构图如图 1-3-38 所示。

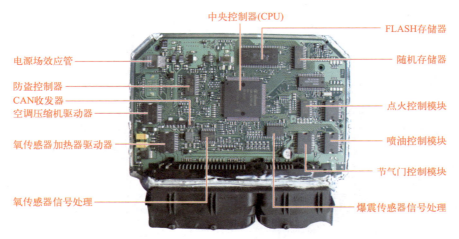

图 1-3-38 电控单元的内部结构图

(2) 显示装置

显示装置通常是指安装在汽车仪表板上的各种仪表、图形符号和报警装置。它们可以对汽车许多工况进行检测，最多能同时检测几十个参数，并经计算机计算、处理成易于理解的智能化显示。其显示的信息，除冷却液温度、油压、车速、发动机转速等常见的内容外，还有瞬时耗油量、平均车速、续驶里程、车外温度等。

监视和报警的信息主要有燃油温度、冷却液温度、润滑油压、充电状况、前照灯、尾灯、排气温度、制动液量、驻车（手）制动、车门未关紧等，当出现不正常现象或通过自诊断系统测出有故障时，该系统会立即进行声/光（并用）报警。

汽车仪表板和转向柱上通常装有许多开关、警告灯和指示灯。为了区分它们的功能，常用各种各样的图形标志刻印在其表面。这些图形标志的特点是通用、形象、简明，一看便知它们的功用。

指示灯用于告知驾驶员哪些灯光是开启的，这些属于正常工作状态的指示灯，如转向指示灯采用绿色、前照灯远光指示采用蓝色。警告灯在其所指示部位工作正常时是不亮的，一旦某个部位不正常，代表其工况的警告灯才亮。警告灯多用红色。

指示灯与警告灯多采用小功率灯泡（1～3.5W），也有采用发光二极管的（要加适当降压电阻）。汽车上部分开关和警告灯的标志详见表 1-3-8。

表1-3-8 汽车上部分开关和警告灯标志

图形	指示/警告内容	图形	指示/警告内容
	车门状态指示灯——显示车门是否完全关闭的指示灯。车门打开或未能关闭时，相应的指示灯亮起		驻车指示灯——驻车制动手柄（即手刹）拉起时，此灯点亮
	蓄电池指示灯——显示蓄电池工作状态的指示灯。打开点火开关后亮起，发动机启动后熄灭		制动片磨损指示灯——显示制动片磨损情况的指示灯。正常情况下此灯熄灭，点亮时提示应及时更换有故障或磨损的制动片，修复后熄灭
	机油指示灯——显示发动机机油压力的指示灯。该灯亮起时表示润滑系统失去压力，可能有渗漏，此时需立即停车关闭发动机进行检查		冷却液温度指示灯——显示发动机冷却液温度过高的指示灯。此灯点亮报警时，应及时停车并关闭发动机，待冷却至正常温度后再继续行驶
	安全气囊指示灯——显示安全气囊工作状态的指示灯。接通电源后点亮，约3~4秒后熄灭，表示系统正常，不亮或长亮表示系统存在故障		ABS指示灯——接通电源后点亮，约3~4秒后熄灭，表示系统正常。不亮或长亮则表示系统存在故障，此时可以继续低速行驶，但应避免紧急制动
	发动机自检灯——发动机工作状态的指示灯。点火开关打开时点亮。约3~4秒后熄灭，发动机正常。不亮或长亮表示发动机存在故障，需及时进行检修		燃油指示灯——提示燃油不足的指示灯。该灯亮起时，表示燃油即将耗尽，应及时添加燃油
	清洗液指示灯——显示挡风玻璃清洗液存量的指示灯。如果清洗液即将耗尽，该灯点亮，添加清洗液后，指示灯熄灭		电子油门指示灯——车辆开始自检时，EPC灯会点亮数秒，随后熄灭。出现故障时本灯亮起，应及时进行检修
	前后雾灯指示灯——用来显示前后雾灯的工作状况。前后雾灯接通时，两灯点亮，图中左侧的是前雾灯显示，右侧为后雾灯显示		转向指示灯——转向灯亮时，相应的转向指示灯按一定频率闪烁。按下双闪警告灯按键时，两灯同时亮起，转向熄灭后，指示灯自动熄灭
	远光指示灯——显示大灯是否处于远光状态。通常情况下该指示灯为熄灭状态。在远光灯接通和使用远光灯瞬间点亮功能时亮起		示廓指示灯——用来显示车辆示廓灯的工作状态。平时为熄灭状态，当示廓灯打开时，该指示灯随即点亮
	安全带指示灯——显示安全带状态的指示灯。按照车型不同，灯会亮起数秒进行提示，或者直到系好安全带才熄灭，有的车还会有声音提示		内循环指示灯——用来显示车辆空调系统的工作状态。平时为熄灭状态。当打开内循环按钮，车辆关闭外循环时，该指示灯自动点亮

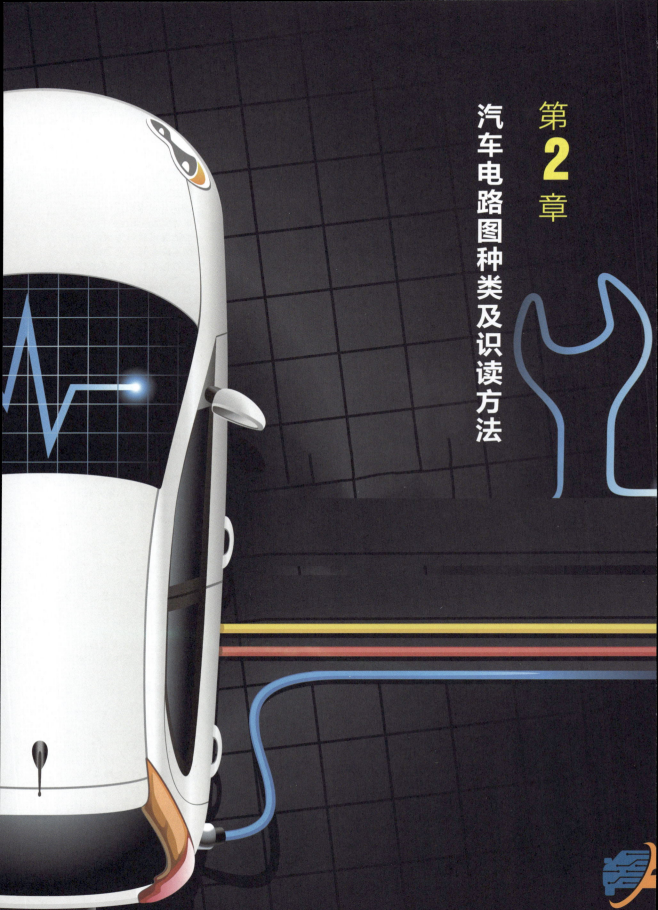

第 2 章 汽车电路图种类及识读方法

汽车电路图包括原理框图、电路原理图、线束图和电气设备位置图等。具体介绍如下。

2.1 原理框图

2.1.1 原理框图特点及组成

在汽车领域中，由于电气系统的复杂性，常常需要一种简明扼要的方式来表示各个电气系统或分系统的基本组成及其相互关系。为此，采用原理框图，也称之为系统图。原理框图（系统图）是一种简图，它使用符号或带有注释的框来概略地表示汽车电器的核心组成部分、它们之间的相互关系以及主要特性。在原理框图（系统图）中，需要关注的是系统或分系统的主要特征，并以简化的方式呈现。图形符号和带注释的框用于描述系统或分系统的基本组成。原理框图（系统图）从整体上描述系统或分系统的结构，是了解汽车电气系统的初步参考依据。它根据系统或分系统的功能逐级分解绘制，有助于我们更好地理解汽车电气系统。

如图 2-1-1 所示为丰田卡罗拉制动控制系统（带 EBD 的 ABS 系统）原理框图（系统图）。图中左侧部分为信号输入端，包括四个转速传感器输入，以及制动灯开关总成的信号输入。图的中间部分是防滑控制 ECU 与其他控制单元的数据交换示意，从中可以看出防滑控制 ECU 与组合仪表总成存在数据交换，这些数据交换是通过 CAN 总线来完成的。图的右侧为系统控制的执行器，包括 4 个压力保持电磁阀、4 个减压电磁阀和 1 个泵电动机。

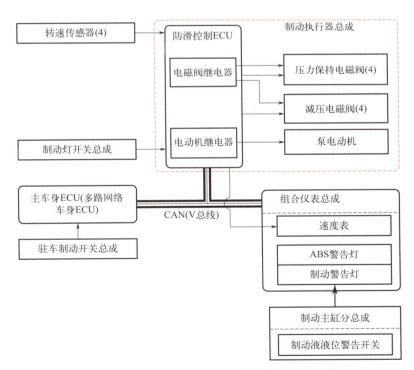

图 2-1-1　丰田卡罗拉车系制动控制系统原理框图

在原理框图（系统图）上我们可以看到整个系统的连接关系、由什么部件组成、和哪些电控单元存在联系，以及控制了哪些部件等。但原理框图只是简单地说明了系统和部件的连接关系，不能体现电路的具体走向。

2.1.2 原理框图识读

在汽车电路原理框图（丰田车系技术资料中称之为系统图）中，每个方框中所标注的内容一般是整车或系统的一个独立部件。每个方框之间的关系由方框之间的线条沟通，所用箭头表示信号或电流的流向。在分析电路工作原理之前，先阅读该电路的原理框图有助于加深了解电路的工作原理。

在分析原理框图了解信号或电流传输过程时，应认真查看图中的箭头方向。箭头方向表示信号的传输方向。如果没有箭头方向，则可根据原理框图的图形符号来判断。箭头如果是双向的，表示信号或电流既能输入也能输出；原理框图中粗线条表示 CAN 总线。如图 2-1-2 所示为丰田车系 EPS 系统原理框图（系统图）。对原理框图有整体的了解后，应进一步弄清整车或系统共有几个框（多少部件），框与框之间存在何种关系，再对照电路原理图，就可以对电路理解得更为深刻。

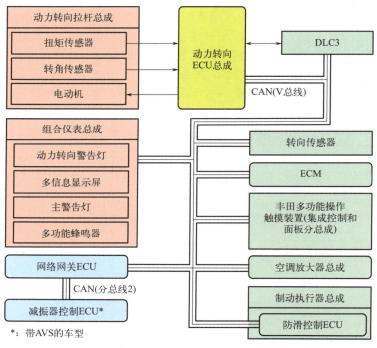

图 2-1-2 丰田车系 EPS 系统原理框图（系统图）

2.2 电路原理图

2.2.1 电路原理图特点及组成

电路原理图是将各电器图形符号，按工作顺序或功能布局绘制，详细表示汽车电路的全部组成和连接关系，不考虑实际位置的简图。电路原理图可清楚地反映出电气系统各部件的连接关系和电路原理，如图 2-2-1 所示。

第 2 章 汽车电路图种类及识读方法

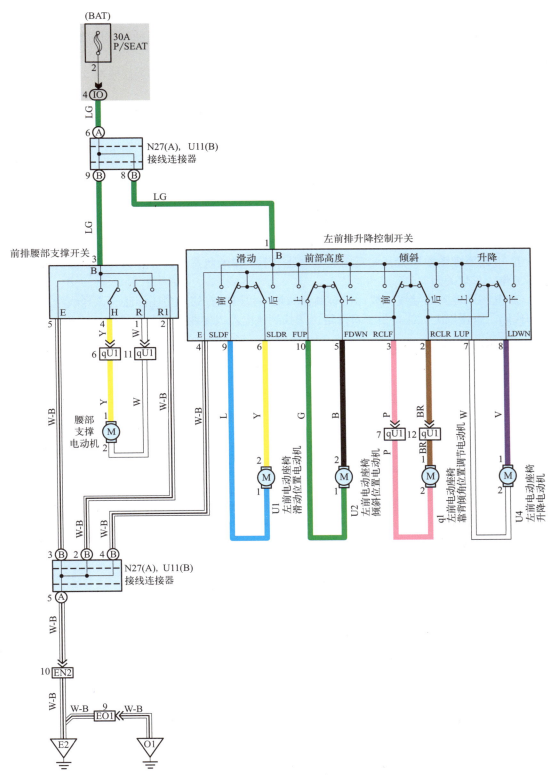

图 2-2-1　汽车电路原理图（丰田车系电动座椅电路）

电路原理图的特点：

① 电路原理图既是一幅完整的全车电路图，又是一幅互相联系的局部电路图，内容详细简洁。

为了更好地表达汽车的工作原理及相互联系，将整车电路按照关联绘制在一起成为全车电路图。在具体使用时又将单独的系统提取绘制成局部电路图。

② 用电器图形符号表达各种电器部件。

③ 图上建立起电位高低的概念。负极搭铁电位最低，用图中最下面一条导线表示；正极连接线电位最高，用最上面的一条导线表示。电流方向基本上是从上到下，电流流向为电源正极→开关→用电器→搭铁→电源负极。

④ 各电器不再按电器在车上的安装位置布局，而是依据工作原理，在图中合理布局，使各系统处于相对独立的位置，从而易于对各用电设备进行单独的电路分析。

⑤ 各电器旁边通常标注有电器名称及代码（如控制器件、继电器、过载保护器件、用电器、铰接点及搭铁点等）。

⑥ 电路原理图中所有开关及用电器均处于不工作的状态，例如点火开关是断开的，发动机不工作，车灯关闭等。

⑦ 电路原理图的导线一般标注有颜色和规格代码，有的车型还标注有该导线所属电气系统的代码。根据以上标注，易于对照定位图找到该电器或导线在车上的位置。

2.2.2 电路原理图识读

（1）汽车电路原理图识读基础

汽车电路原理图识读基础如表 2-2-1 所示。

表2-2-1 汽车电路原理图识读基础

序号	方法	细则
1	时刻牢记回路原则	回路是最简单的电学概念，任何用电器要想正常工作，必须与电源的振幅两极构成回路。前文讲到汽车上任何电路都是在图 1-2-1 这个基本电路上演变而来的。无非是多条电路进行并联或串联，或者增加电子控制装置和用电设备，使电路看上去比较复杂。只要依据电流始终是从蓄电池或电源正极流向负极构成回路的原则，就一定可以把电路原理图识读明白
2	牢记汽车电路一般原则	双电源原则：在读图时往往将发电机、蓄电池这两个电源当作一个电源，常从这一电源的正极出发，经过用电器回到另一个电源的负极，这实际上并未构成真正的通路，也就不能产生电流。因此，读图时要强调从一个电源正极出发，经过用电器，回到同一电源的负极 单线制原则：汽车电路的主要特点是单线制，各用电器相互并联，因此回路原则在汽车电路上的具体形式就是电源正极→导线→开关→用电器→同一电源的负极
3	了解图注的含义	电路原理图识读之前要仔细阅读图注，图注说明的是汽车所有电气设备的名称及其数字代号，通过读图注可初步了解该汽车装配了哪些电气设备，有利于抓住电路原理图的重点，对识读的速度和准确性都有很大提高
4	熟悉电路符号标记	为了便于绘制和识读汽车电路原理图，部分电气设备的接线柱被赋予不同的标志代号

序号	方法	细则
5	熟悉各开关和继电器的作用	开关和继电器是控制电路通断的关键。在电路原理图中，各种开关、继电器都是按初始位置画出的，如按钮未按下，开关未接通，或继电器线圈未通电，其触点未闭合（常开触点）或未打开（常闭触点），这种状态称为原始状态。但看图时，不能完全按原始状态分析，否则很难理解电路所表达的工作原理，因为大多数用电设备都是通过开关、按钮、继电器触点的变化而改变回路的，进而实现不同的电路功能 电路原理图识读时应注意与开关有关的几个问题： ①在开关的许多接线柱中，注意哪些是接电源的，哪些是接用电器的，接线柱旁是否有接线符号，这些符号是否常见 ②开关共有几个挡位，在每个挡位中，哪些接线柱通电，哪些接线柱断电 ③蓄电池或发电机的电流是通过什么路径到达这个开关的，中间是否经过别的开关和熔断器，这个开关是手动的还是电控的 ④各个开关分别控制哪个用电器，被控用电器的作用或功能是什么 ⑤在被控的用电器中，哪些电器处于常通电，哪些电路处于短暂接通，哪些应先接通，哪些应后接通，哪些应单独工作，哪些应同时工作，哪些电器允许同时接通
6	掌握导线颜色标注及规律	一般情况下，汽车上导线用哪种颜色，电路原理图上就印制或标出哪种线色代码。导线颜色有纯色型、条纹色型以及螺旋条纹色型等 导线颜色有一定的规律：红色线大多为控制相线；棕色线为搭铁线；白、黄色线用于控制灯；蓝色线大多用于指示灯或传感器；绿、红/黑或绿/黑色线多用于脉冲式的用电器。另外，通常相线代号是30，搭铁线的代号是31，受控制的大容量用电设备供电线的代号是X，受控制的小容量用电设备供电线的代号是15
7	全面了解整车电路原理图	在识读汽车电路原理图之前，应先了解整车电路原理图。目前汽车厂家电路原理图有软件形式和PDF格式，通过这些整车电路的目录可以看出整车电路由哪些部分组成，再根据电路原理图中图形及文字符号，对整车电气设备做全面的了解。图2-2-2为马自达某车型整车电路原理图索引。在这份技术资料中有马自达车型的电路原理图识读的通用资料，如线束符号、颜色代码、电器符号等基础资料以及这款车型的各系统电路原理图

（2）汽车电路原理图的识读方法

汽车电路原理图的识读方法如表2-2-2所示。

表2-2-2　汽车电路原理图识读方法

序号	方法	细则
1	纵观全图	随着汽车电子技术的发展，汽车电路也越来越多。目前的汽车厂家基本上不再提供整车电路原理图，而是提供某个系统的电路全图，另外还提供相关系统的分电路图，如EPS系统则提供一份全图和若干份分解图。如图2-2-3和图2-2-4分别为丰田混合动力车型EPS系统全图和系统分解图
2	注意各系统的工作过程和相互间的联系	在识读某个系统的电路原理图之前，要清楚该系统所包含的部件有哪些，各有什么作用。在识读过程中应特别注意开关、继电器触点的工作状态，大多数电气系统都是通过开关、继电器不同的工作状态来改变回路，实现不同功能的
3	抓住典型电路进行分析，举一反三	识读汽车电路原理图要善于剖解典型电路，达到触类旁通的目的。目前同一品牌下的不同车型电路原理图基本相同，不同点不外乎是外围接线端口不同，或在某一个基础上增加了某个用电器以实现更多的功能，这样读懂了一个例子，举一反三，对照比较，触类旁通，可以掌握汽车电路的一些共同规律，再以这些共性为指导，了解其他品牌汽车的电路原理，又可以发现更多的共性以及各种车型之间的差异

系统索引

00 通用资料
R 查阅电路图
- 车辆识别编号(VIN)代码 ········· 2
- 车辆识别编号(VIN) ············· 3
- 电路图内容 ····················· 4
- 接地点 ························· 5
- 系统电路图/接线图 ··············· 6
- 线路图 ························· 8
- 线束符号 ······················· 9
- 接线颜色代码 ··················· 9
- 符号 ··························· 9
- 带SRS安全气囊系统的车辆维修警告和注意事项 ···· 12
- 带放电式大灯车辆的维修警告 ····· 12
- 本手册中所用的缩略语 ··········· 12

P 电气系统通用程序 ··········· 14

电源、接地及常用连接器
E 电气接线图 ················· 18
F 保险丝盒
- L3 Turbo, L5 ··················· 22

C 常用连接器表 ··············· 26
G 接地点 ····················· 42

数据线连接器
D 数据线连接器 ··············· 46

01 发动机
12 冷却系统
- L3 Turbo, L5 ··················· 50

14 燃油系统
- L5 ···························· 52

17 充电系统 ················· 54
19 起动系统
- ATX ··························· 56

20 巡航控制开关 ·············· 58
40 控制系统
- L5 ···························· 60

04 制动器
15 动态稳定控制 ·············· 80

05 变速器
17 自动变速器
- EC-AT控制系统
- FS5A-EL ······················· 86

07 加热、通风及空调（HVAC）
40 控制系统
- 加热和空调系统
  - 自动空调 ····················· 96
- A/C压缩机控制 ················· 104

08 约束保护系统
10 安全气囊系统
- 安全气囊系统(包括预张紧装置座椅安全带信息) ···· 106

09 车身及附件
12 玻璃/车窗/后视镜
- 后车窗除霜器(包括加热外后视镜的信息) ········ 116
- 电动车窗系统
  - 自动回缩防夹：所有车窗 ······· 118
- 电动后视镜 ··················· 130
- 可伸缩式外后视镜 ············· 130

13 座椅
- 座椅加热装置 ················· 136
- 电动座椅
  - 驾驶员侧带记忆电动调节座椅 ··· 138
  - 驾驶员侧不带记忆电动调节座椅 · 150
  - 乘客侧 ····················· 152

14 安全防护装置与锁定装置
- 防盗锁止系统 ················· 154
- 遥控门锁系统
  - 无高级遥控门锁与起动系统 ····· 156

15 天窗
- 欧洲(L.H.D.)规格除外 ········· 158

18 照明系统
- 大灯
  - 无自动灯光系统/无行车灯系统 ·· 160
- 牌照灯 ······················· 170
- 驻车灯 ······················· 170
- 侧面转向信号识别灯 ··········· 170
- 尾灯 ························· 170
- 雾灯 ························· 174
- 倒车灯 ······················· 180
- 制动灯 ······················· 184
- 高位制动灯 ··················· 184
- 行李箱灯 ····················· 186
- 车内灯 ······················· 186
- 阅读灯 ······················· 186
- 大灯手动调平系统 ············· 188
- 照明灯 ······················· 190
- 化妆镜照明 ··················· 198
- 转向角传感器 ················· 200

19 雨刮器/清洗器系统
- 挡风玻璃雨刮器和清洗器 ······· 202
- 后雨刮器和清洗器 ············· 210

20 娱乐
- 附件插座 ····················· 212
- 音响系统
  - 标准型音响 ················· 214

22 仪表/驾驶员信息
- 仪表盘 ······················· 222
- 喇叭 ························· 240
- 信息显示屏 ··················· 242

40 控制系统
- BCM(车身控制模块) ············ 248

AI 字母索引
- 字母索引 ····················· 284

图 2-2-2 马自达某车型整车电路原理图索引

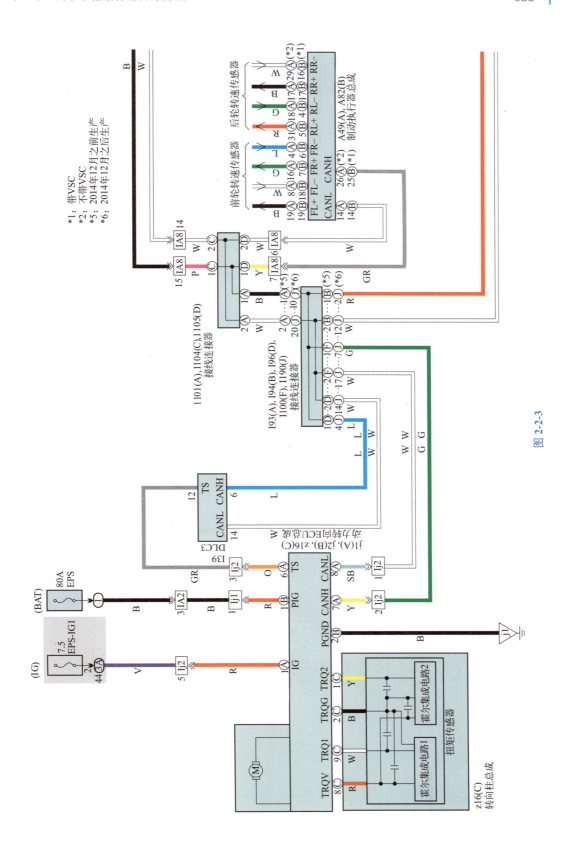

图 2-2-3

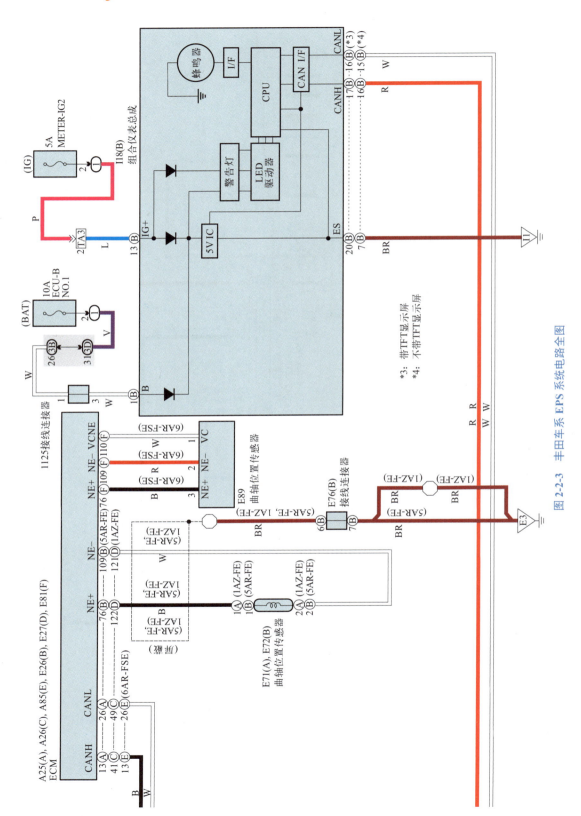

图 2-2-3 丰田车系 EPS 系统电路全图

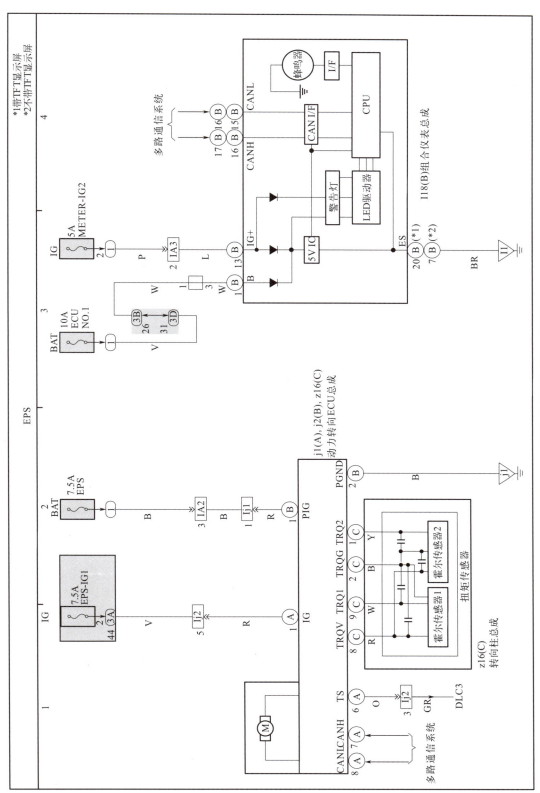

图 2-2-4 丰田车系 EPS 系统电路分解图

（3）汽车电路原理图的识读步骤

汽车电路原理图的识读应按下列步骤进行。

① 对该车所使用的电气设备结构、原理有一定了解，知道它们的规格标准、编号、导线色码及其走向。

② 识读电路原理图应了解主要电气设备的各接线端子与哪些电气设备的接线端子相连，该设备的分线走向、分线路上开关、熔断器、继电器的作用，控制方式和工作基本过程。

③ 汽车电路原理中有许多部分是类似的，都是性质相同或基本相同的回路，不同的只有个别情形，所以识读图时要抓住典型电路，触类旁通。

（4）汽车电路原理图的识读技巧

电路原理图识读技巧如表2-2-3所示。

表2-2-3 电路原理图识读技巧

序号	技巧	细则
1	分清汽车电路的三类信号	想要读懂汽车电路原理图就必须把电的通路理清楚，即某条线是什么信号，该信号是输入信号、输出信号还是控制信号以及信号起什么作用，在什么条件下有信号，从哪里来，到哪里去
		电源：要理清楚蓄电池或经过中央控制盒后的电源都供给了哪些元件。与电源正极连接的导线在到达用电器之前是电源电路；与接地点连接的导线在到达用电器之前为接地电路。汽车电路的电源一般来说有常电源、条件电源两种
		信号：汽车电路中常见的是各种开关输入信号和传感器输入信号。传感器经常共用电源线、接地线，但绝不会共用信号线。我们在分析传感器电路时，可用排除法来判断电路，即排除其不可能的功能来确定其实际功能，如分析某一具有三根导线的传感器电路时，如果已经分析出其电源电路、接地电路，则剩余的电路必然为信号电路
		控制：控制信号主要由控制单元送出，它分布在各个执行器电路中，如点火电路中的点火信号、燃油喷射控制电路中的喷油信号、空调控制电路中控制压缩机运转的控制信号等。在汽车电路中，我们会看到执行器共用电源线、接地线和控制线的情况
2	将电路化繁为简	根据上面提到的三类信号，再根据电气系统工作的基本原则可以将电路区分为电源电路（正极供电）、接地电路（回到负极构成回路）、信号电路、控制电路
3	正确判断电路的串并联关系	识读汽车电路原理图时注意各元器件的串并联关系，特别是不同器件的公用电源线、公用接地线和公用控制线的情况
4	导线功能的区分	直接连接在一起的导线（也可由熔丝、接点连接）必具有一个共同的功能，如都为电源线、接地线、信号线、控制线等。凡不经用电器而连接的一组导线若有一根接电源或接地，则该组导线都是电源线或接地线
5	判断导线是否公用	在汽车电路原理图中部分导线会被公用，如部分接地和供电。有些传感器会经常公用电源线、接地线，但绝不会公用信号线。部分执行器会公用电源线、接地线，有些还会公用控制线

2.3 线束图

2.3.1 线束图特点及组成

随着汽车上的用电设备、电控单元越来越多,需要的连接导线也越来越多。为了安装方便、保护导线,同时方便维修,将同路的许多导线用棉纱编织物或聚氯乙烯塑料带包扎成束,便是线束。

线束图是根据电气设备在汽车上的实际安装部位绘制的局部电路图。

在实际维修检测中,线束图可以帮助检测技术人员快速确定插接器位置、连接走线等。整车电路线束图常用于汽车厂总装线和修理厂的连接、检修与配线。

线束图主要表明电线束与各用电器的连接部位、接线端子的标记、线头、插接器(连接器)的形状及位置等。这种图一般不详细描绘线束内部的电线走向,只将露在线束外面的线头与插接器进行详细编号或用字母标记。

线束图按照布线位置和线束的功能可分为发动机舱线束、仪表板线束、底盘线束、车身线束等。

发动机舱线束主要是为发动机控制系统、前照灯、转向灯等用电设备提供安装位置,如图 2-3-1 所示。

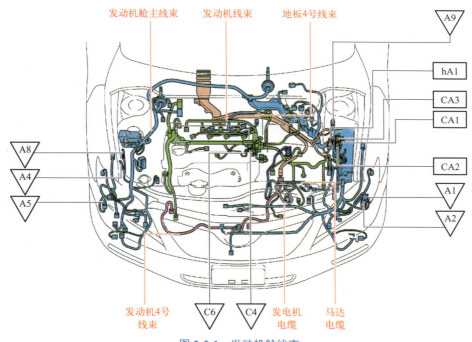

图 2-3-1 发动机舱线束

A1,A2,A4,A5,A8,A9,C4,C6—接地点;hA1—线束间连接器(地板 4 号线束和发动机舱主线束);
CA1,CA2,CA3—线束间连接器(发动机线束和发动机舱主线束)

仪表板线束更为复杂,汽车大部分线束从这里出发分别连接不同的用电设备。可以说这里是线束的起源地。底盘线束主要连接门控灯、SRS 等。仪表板线束和底盘线束如图 2-3-2 所示。

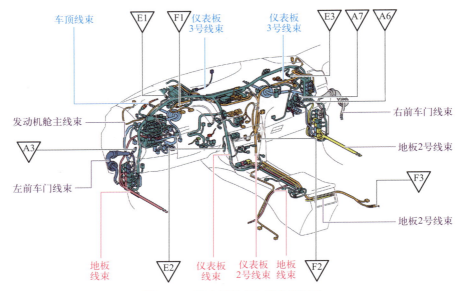

图 2-3-2 仪表板线束和底盘线束图

A3—接地点（左前围侧板）；A6，A7—接地点（右前围侧板）；E1—接地点（仪表板左侧）；E2—接地点（仪表板左侧支架）；E3—接地点（仪表板右侧）；F1—接地点（仪表板左侧）；F2—接地点（仪表板右侧支架）；F3—接地点（前排乘客座椅下部）

车身线束主要是车身顶部、前后门、行李箱等用电设备的连接线束，如图 2-3-3 所示。

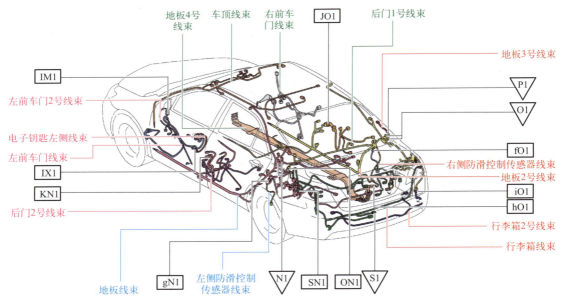

图 2-3-3 车身线束图

fO1—线束间连接器（右侧防滑控制传感器线束和地板 2 号线束 - 右侧围板轮罩板）；gN1—线束间连接器（左侧防滑控制传感器线束和地板线束 - 左侧围板轮罩板）；hO1—线束间连接器（地板 4 号线束和地板 2 号线束 - 靠近混合动力蓄电池）；IM1—线束间连接器（左前车门线束和左前车门 2 号线束 - 左前车门内）；iO1—线束间连接器（行李箱 2 号线束和地板 2 号线束 - 右侧围板）；IX1—线束间连接器（左前车门线束和电子钥匙左侧线束 - 左前车门内）；KN1—线束间连接器（后门 2 号线束和地板线束 - 左侧中柱）；JO1—线束间连接器（车顶线束 - 后门 1 号线束）；N1—接地点（左侧围板后板）；O1，P1—接地点（右侧围板后板）；ON1—线束间连接器（地板 2 号线束和蓄电池组线束 - 靠近混合动力蓄电池）；S1—接地点（下后壁板中央）；SN1—线束间连接器（行李箱线束和地板线束 - 左侧围板）

2.3.2 线束图识读

汽车线束是电路的主干,通过插接器、交接点与车内电器或车体连接,可从线束图中了解线束的走向及线束各部插接器的位置。一般线束图是按照系统或在车辆上的安装位置分类,如丰田车系线束图分为发动机舱、仪表、车身、座椅等几部分,如图2-3-4所示。

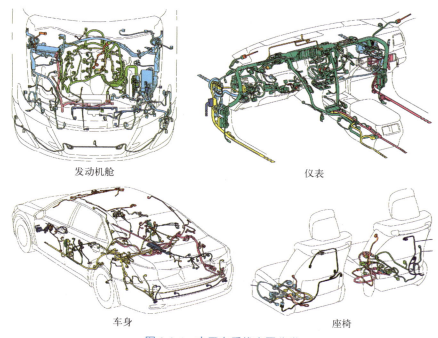

图 2-3-4　丰田车系线束图分类

(1) 线束图的识读要领

① 认清整车共有几组线束、各线束名称以及各线束在汽车上的实际安装位置。

② 认清每一线束上的分支通向车上哪个电气设备、每一分支有几根导线、它们的颜色与标号以及它们各连接到电气设备的哪个接线柱上。

③ 认清有哪些插接件,它们应该与哪个电气设备上的插接器相连接。

(2) 线束图的识读方法

① 先读懂电路原理图。汽车电路原理图是汽车电器线束图的基础。先看懂电路原理可以比较容易地了解整车电路的工作原理及特点,有助于快速读懂线束图。利用线束图,则可以了解线束各部分所连接的电气设备。

② 找出主要元器件的位置。在汽车线束图上,其主要元器件标注都比较明显,一般都不难找到。例如:电源系统的发电机、蓄电池;启动系统的起动机;灯光系统的前照灯、灯光开关;点火系统的点火线圈、分电器;喇叭系统的电喇叭。当找到了所需要检查的单元电路的主要元器件后,再将其与汽车上的实物对上号,就可根据线束图上各导线的颜色和去向,找到所要找的导线或其他元器件了。

③ 了解电路图提供的信息。在电路图中,每根导线中都标注有数字代号(或数字与字母组合代号),这些代号代表了该线的颜色、线径。在识读导线的颜色、线径代号时,会出现33、33A、33B、33C、33E这样的标注方法,它表示这是同一通路的导线。其中33是基本的主线,33A是33线的一个分支,用字母A加以区别,33B是33线的另一个分支,用字母B

加以区别,依此类推。

2.4 电气设备位置图

2.4.1 电气设备位置图组成与特点

电气设备位置图是表现汽车用电设备零件安装位置的图示。将汽车用电设备按照系统在图上标识出来,方便维修检测时快速定位零件位置。尤其是发动机传感器、执行器的位置在维修时经常用到。发动机舱零件位置图如图2-4-1所示。

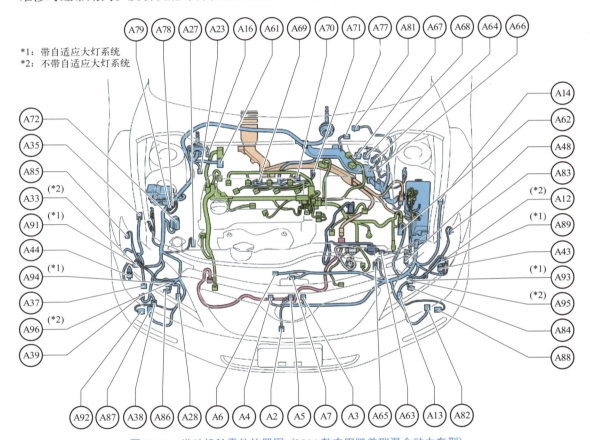

图 2-4-1　发动机舱零件位置图（2016款丰田凯美瑞混合动力车型）

A2—环境温度传感器；A3—喇叭（高音）；A4—喇叭（低音）；A5—发动机罩门控灯开关；A6—空调冷凝器风扇电机；A7—散热器风扇电机；A12—大灯光束高度调节电机（左侧）；A13—气囊传感器（左前）；A14—转速传感器（左前）；A16—制动液液位警告开关；A23—警报喇叭；A27—空调压力传感器；A28—气囊传感器（右前）；A33—大灯光束高度调节电机（右侧）；A35—转速传感器（右前）；A37—挡风玻璃清洗器电机；A38—大灯清洗器电机；A39—大灯清洗器控制继电器；A43—接线连接器；A44—接线连接器；A48—遥控门锁蜂鸣器；A61—混合动力车辆控制ECU；A62—逆变器；A63—断路器传感器；A64—水泵电机（空调）；A65—水泵电机（混合动力车辆）；A66、A67、A68—动力转向ECU；A69、A70—动力转向电动机；A71—动力转向扭矩传感器；A72—制动执行器；A77—制动主缸行程模拟器；A78、A79—短路连接器；A81—挡风玻璃刮水器电动机；A82—雾灯（左前）；A83—示宽灯（左前）；A84—转向信号灯（左前）；A85—示宽灯（右前）；A86—转向信号灯（右前）；A87—雾灯（右前）；A88—超声波传感器（左前车角）；A89—大灯光束高度调节电机（左侧）；A91—大灯光束高度调节电机（右侧）；A92—超声波传感器（右前车角）；A93—大灯总成（左侧）；A94—大灯总成（左侧）；A95—大灯总成（右侧）；A96—大灯总成（右侧）

2.4.2 电气设备位置图识读

汽车电气设备位置图与汽车线束图类似，标注了电控系统传感器、执行器在汽车上的安装位置，与线束图和电路原理图配合使用可以在实际维修中快速定位传感器、执行器、继电器、保险丝等的详细位置，再配合插脚图能更加准确快捷地定位故障元件。图 2-4-2 为发动机控制系统与仪表板内元器件安装位置。

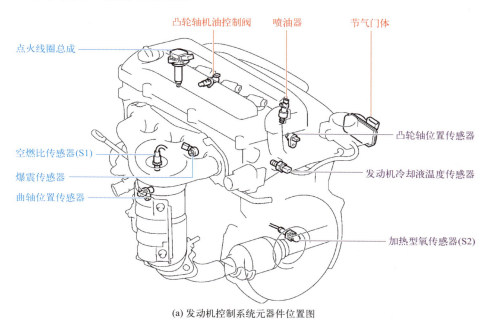

(a) 发动机控制系统元器件位置图

(b) 仪表板内元器件位置图

图 2-4-2　发动机控制系统与仪表板内元器件安装位置

2.5 汽车电路类型

汽车电路基本组成包括供电电路、搭铁电路和用电器工作电路。按照电路中是否使用继电器等控制部件，可以分为直接控制电路和间接控制电路；按照电路中是否有电子控制器件可分为电子控制电路和非电子控制电路。

2.5.1 基本类型

（1）供电电路

供电电路是为汽车用电设备供电的电路。随着汽车供电设备越来越多，汽车上的供电电路也越来越复杂。汽车的供电电路一般都是从蓄电池或发电机的正极出发，再经过配电盘（保险丝继电器盒）统一分配到各用电器工作电路。如图2-5-1所示为本田雅阁车系供电系统的局部图。

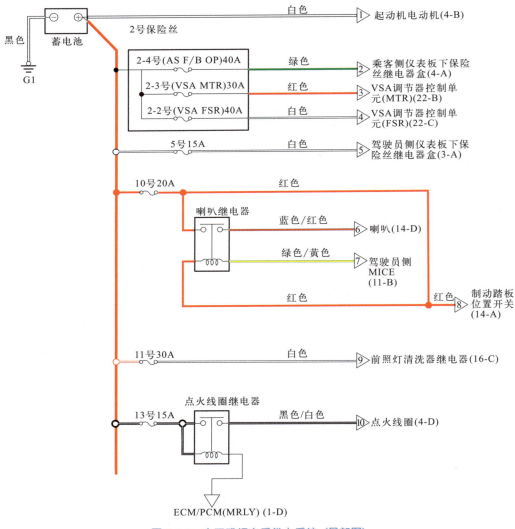

图2-5-1 本田雅阁车系供电系统（局部图）

（2）搭铁电路

搭铁电路主要是为电器部件提供电源回路，在各品牌汽车电路图中，这部分称为接地电路。汽车的接地点分布通常以位置图形式直观地显示接地点位置。如图 2-5-2 为丰田凯美瑞混合动力版车型发动机舱接地点位置图。图中标号 E 为发动机线束，标号 A 为前机舱线束，标号 A1、A2、A3、A4、E1、E3 为接地点。在电路中看到相应编号可对照此图找到接地点的相应位置。

（3）用电器工作电路

用电器工作电路是汽车电路的主体，电源通过各种类型的开关再经过用电器，回到蓄电池负极，用电器工作。如图 2-5-3 所示为本田雅阁制动灯电路图，当驾驶员踏下制动踏板时，与制动踏板相连接的制动踏板位置开关闭合，来自 10 号（20A）保险丝（1-A）的电流经过制动踏板位置开关加到左、右和高位制动灯的正极，流过制动灯经负极接地点流回蓄电池负极，左、右和高位制动灯点亮。

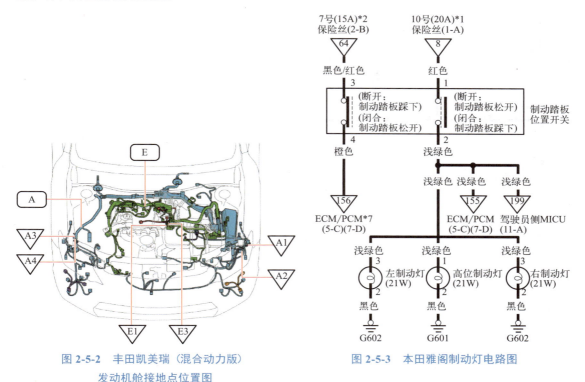

图 2-5-2　丰田凯美瑞（混合动力版）发动机舱接地点位置图

图 2-5-3　本田雅阁制动灯电路图

2.5.2　直接控制电路和间接控制电路

（1）直接控制电路

直接控制电路是最基本、最简单的电路。这种控制电路中不使用继电器，控制器件与用电器串联，直接控制用电器。如图 2-5-4 所示即为直接控制电路。

（2）间接控制电路

电路中采用继电器等控制部件控制用电器的电路称为间接控制电路。控制部件可以是继电器，也可以是电子控制器。还有一种是电子控制器控制继电器，继电器再控制用电器。如图 2-5-5 所示为大众 CC 汽车双音喇叭控制电路图。双音喇叭继电器的 2 脚是由车载电网控制单元 J519 T52b/41 端子送出的喇叭开关打开信号，来自保险丝 SB3 的电流流过继电器线圈，在 J519 内部接地，继电器吸合，同样来自保险丝 SB3 的电流流过 H2 高音喇叭和 H7 低音喇叭，分别在接地点 673 和 685 接地流回蓄电池负极，构成完整回路，喇叭发出声音。

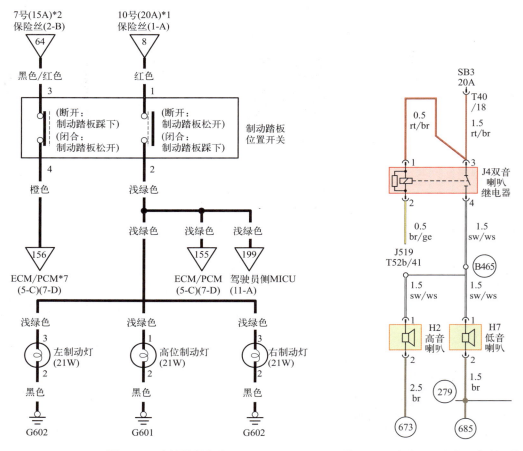

图 2-5-4　直接控制电路

图 2-5-5　大众 CC 汽车双音喇叭控制电路

2.5.3　非电子控制电路和电子控制电路

（1）非电子控制电路

非电子控制电路指的是由手动开关、压力开关、温控开关及滑线变阻器等传统控制器件对用电器进行控制的电路。

（2）电子控制电路

随着汽车电子控制技术的不断提高，汽车中原有的机械控制部分已经被电子控制部分所替换，电子控制成为主要的控制方式。如之前的机械式燃油喷射系统被电控燃油喷射系统所代替，半自动式变速器被各类自动变速器所代替。

电子控制电路是指增加了信号输入元件和电子控制器件，由电子控制器件对用电器进行自动控制的一种电路，此时用电器一般称为执行器，信号输入一般由传感器和各类开关实现。

电子控制电路的特点：在汽车电子控制系统中，电子控制单元（ECU）是核心，它通过接收传感器和控制开关输入的各种信号，根据其内部预先存储的数据和编制的程序，通过数学计算和逻辑判断，直接或间接控制各执行器的工作。

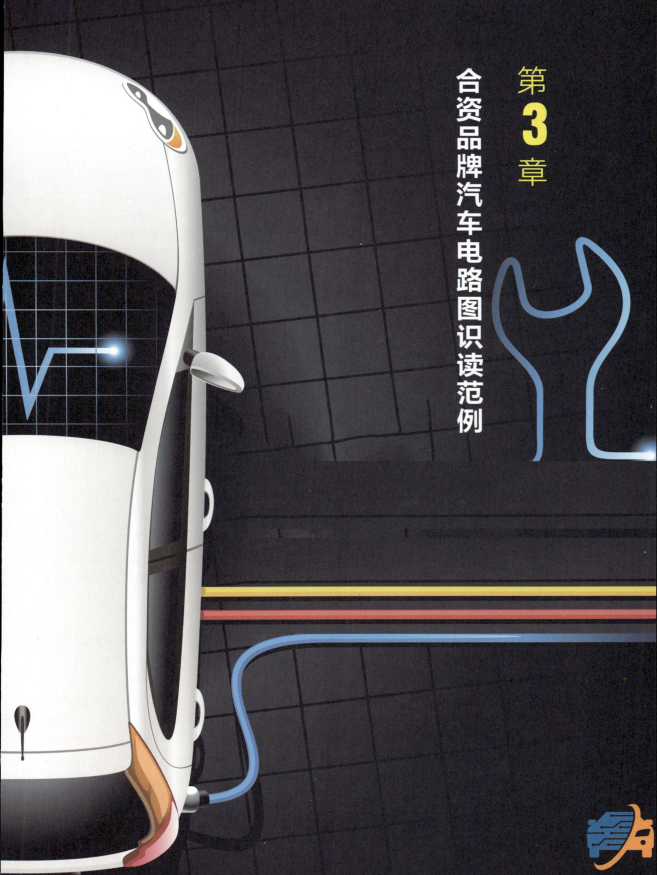

第 3 章 合资品牌汽车电路图识读范例

3.1 大众 / 奥迪 / 斯柯达汽车

3.1.1 大众汽车电路图特点

大众汽车电路图为使表达清晰，使用不同的符号代表不同的元器件，使用不同的数字和字母组合来代表配电盘上的每个插接器，如 Z2、Y13，并且在每根导线上都标注有线径和线色。电路图中的导线为经线、纬线连接，使用地址码表示连接位置。

（1）大众汽车电路图的组成

大众汽车电路图分为外线部分、内部连接部分、元器件部分、继电器 / 熔断器及其连接部分。

外线部分用粗实线在电路图中画出，集中在电路图的中间部分，每条线上都有导线的颜色及线径的标注。线段都有接线柱号或插口号表示其连接关系。

内部连接部分在图上以细线画出。这部分连接是存在的，但线路是不可见的。标示线路只是为了说明这种连接关系。同时，使电路图更加容易被理解。

元器件部分在电路图中是主体，在图中用框图辅以相应的标号表示。每一个元件都有一个代号，如 A 表示蓄电池，V7 表示散热器风扇。电气元件的接线点都用标号标出，标号在元件上可以找到。例如，起动机 B 有两个接点，一个标号 30，另一个标号 50。

继电器 / 熔断器及其连接部分，在图的上部用灰色表示，灰色区域内部水平线为电源正极导线，有 30、15、X 等。反映的内容有继电器位置号、继电器名称、中央配电盒上插接件符号、中央配电盒上连接件符号、熔断器坐标号及熔断器容量等。

（2）所有电路纵向排列，相互不交叉

大众车系汽车电路图采用了断线代号法来处理线路复杂交错的问题。例如，假设某一条线路的上半段在电路接续号为 52 的位置上，下半段电路在电路接续号为 122 的位置上。这时，在上半段电路的终止处画一个标有 122 的小方格，在下半段电路的开始处也有一小方格，内标有 52，通过 52 和 122 就可以将上、下半段电路连在一起了。这里以大众新捷达 2016 款 1.6L 发动机控制系统为例介绍电路中地址码与电路接续号的连接关系，如图 3-1-1 所示。

（3）整个电路以中央配电盒为中心

大众车系汽车电路图在表示线路走向的同时，还表达了线路的结构情况。中央配电盒的正向插有各种继电器和熔断器。

（4）接点标记具有固定含义

在大众车系汽车电路图中经常遇到接点标记的数字及字母，它们都具有固定的含义。如数字 30 代表的是来自蓄电池正极的供电线，数字 31 代表接地线，数字 15 代表来自点火开关的点火供电线，数字 50 代表点火开关在启动挡时的启动供电线，X 代表受控的大容量用电设备供电线（来自卸荷继电器的供电线），等等。无论这些标记出现在电路的什么地方，相同的标记都代表相同的接点，具有相同的功能。接点标记及端子代号详解见表 3-1-1。

第3章 合资品牌汽车电路图识读范例

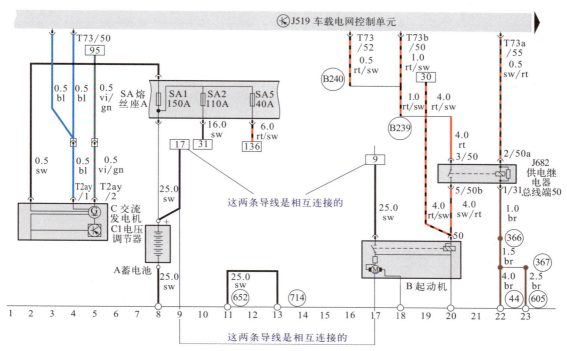

图 3-1-1 大众车系地址码与电路接续号关系对照图

表3-1-1 大众车系接点标记及端子代号详解

端子	含义	端子	含义
15	蓄电池后由开关控制的正极（来自点火/启动开关的端子）	15a	由点火/启动开关控制的正极（保险丝后）
30	直接由蓄电池正极输出	30a	直接由蓄电池E极输出（保险丝后）
31	蓄电池负极，或车辆接地	49a	警报闪光器和警报开关互相连接的接线柱
50	点火/启动开关用于启动电机的输出	50b	告知车身控制器，车辆处于点火瞬间的电信号
54	制动灯	56	灯光开关用于变光和远光切换的输出
56a	远光	56b	变光
56d	变光开关上的超车接线柱	58	侧灯、尾灯、牌照灯
58d	开关和仪表板照明（照明亮度调节）	58L	左侧灯、尾灯和停车灯
58R	右侧灯、尾灯和停车灯	71a	转向盘喇叭控制的电信号
75	在启动时由点火/启动开关控制的用于切断用电器并保证蓄电池电流的输出端子	85	继电器上，绕组末端输出接线柱
86	继电器上，绕组始端输入接线柱	86s	将钥匙从点火/启动开关拔下后由点火/启动开关切断正极
87	继电器上，常开触点输出接线柱	BLL	左转向灯
BLR	右转向灯	BLS	2 制动开关信号

续表

端子	含义	端子	含义
BTS	1制动开关信号		
CAN-H,驱动系统 CAN-L,驱动系统	在驱动控制单元之间的数据总线（发动机、自动变速箱、ABS、数据系统诊断接口……）	CAN-H,舒适系统 CAN-L,舒适系统	在舒适系统中央控制单元之间的舒适系统数据总结（车门控制单元、Climatic、车载电源控制单元、数据总线诊断接口……）
CANH-KI CANL-KI	组合仪表和数据总线诊断接口之间的数据总线	CAN-H, Infotainment CAN-L, Infotainment	数据总线接口和收音机、放大器之间的数据总线
GND	接地	LIN	局域互联网
K	控制单元的诊断导线	NL	前雾灯
NSL	后雾灯	P	停车灯供电
PL	左侧驻车灯	PR	右侧驻车灯
TK	车门触点	Xr	雾灯供电
Xz	大灯供电		

3.1.2 大众汽车电路图结构与示例

大众汽车电路图结构与示例分别如图 3-1-2 和图 3-1-3 所示。

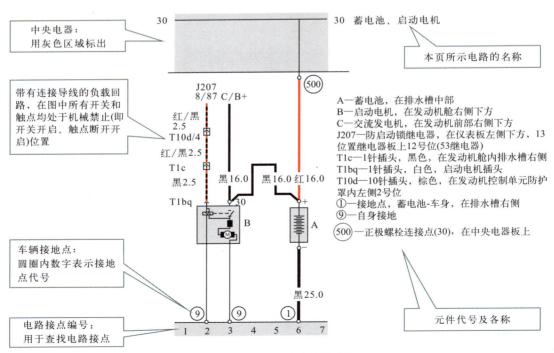

图 3-1-2 大众汽车电路图结构

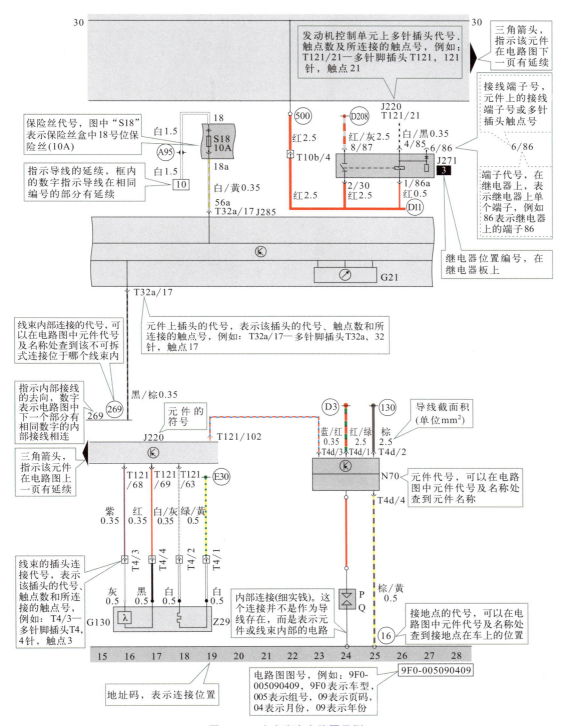

图 3-1-3　大众汽车电路图示例

3.1.3　大众车系电路图符号

大众车系电路中的元器件符号如表 3-1-2 所示。

表3-1-2　大众车系电路中的元器件符号

图形符号	电路中的含义	图形符号	电路中的含义
	线束的插头连接		元件上的插头连接
	元件上的可拆卸式导线连接		不可拆卸式导线连接
	元件内部导线连接		保险丝
	手动开关		按键开关
	机械开关		压力开关
	温控开关		多挡手动开关
	电阻		可变电阻
	温控电阻		电动机
	灯泡		双丝灯泡
	二极管		发光二极管

第 3 章　合资品牌汽车电路图识读范例　　053

续表

图形符号	电路中的含义	图形符号	电路中的含义
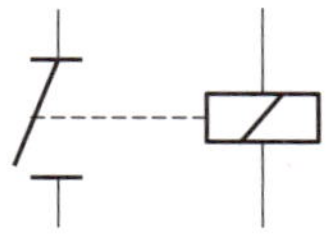	继电器	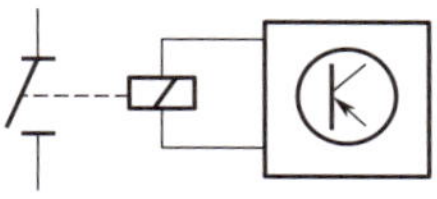	电子控制继电器
	仪表		电容器
	点烟器		火花塞插头
	电子控制器	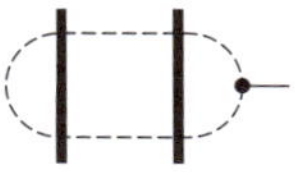	屏蔽线
	线圈	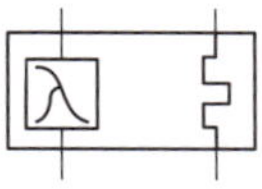	氧传感器
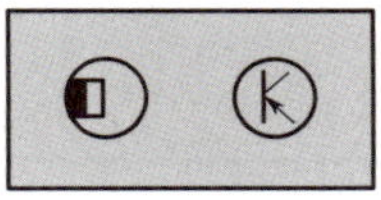	霍尔传感器		爆震传感器
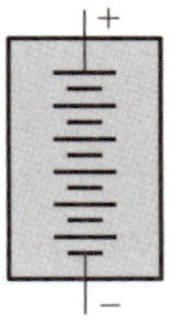	蓄电池	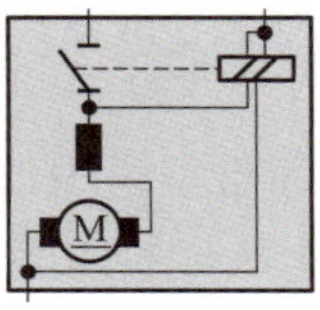	起动机
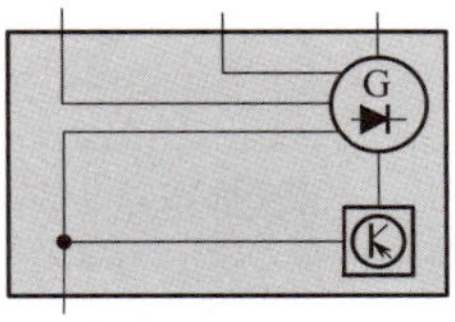	交流发电机	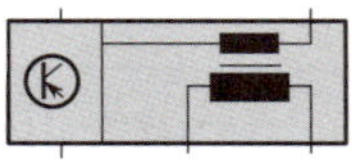	点火线圈
	数字钟	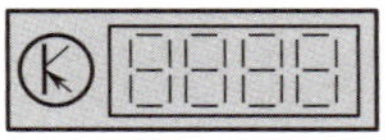	多功能显示
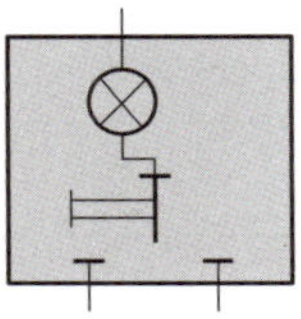	内部灯	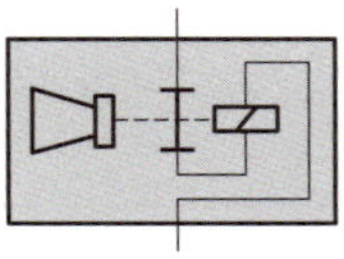	喇叭

续表

图形符号	电路中的含义	图形符号	电路中的含义
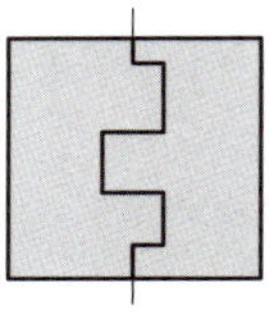	可加热后窗玻璃	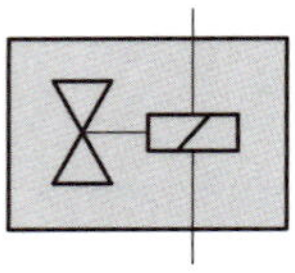	电磁阀
	天线	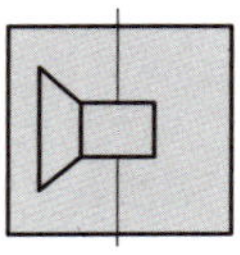	收音机喇叭
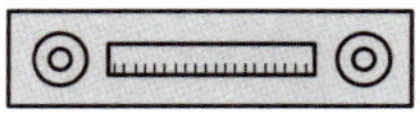	收音机	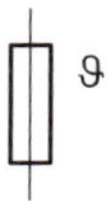	过热保险丝
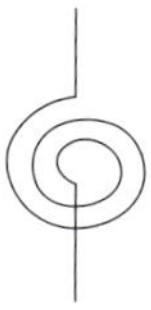	螺旋弹簧	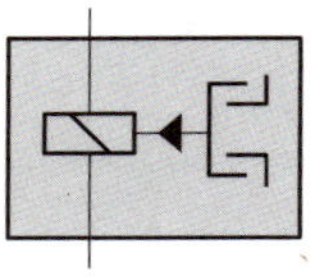	换挡杆锁电磁阀

3.1.4 大众车系电路图线色

大众车系电路图导线颜色与车辆中线束颜色一致，采用单色和双色（条纹色）并用的方式。双色线条前面的颜色为底色，后面的颜色为条纹色，如 bl/gn 即为蓝色底色带有绿色条纹的导线。大众车系导线颜色英文对照如表 3-1-3 所示。

表3-1-3 大众车系导线颜色英文对照

英文缩写	导线颜色	英文缩写	导线颜色
ws	白色	sw	黑色
ro/rt	红色	br	褐色
gn	绿色	bl	蓝色
gr	灰色	li/vi	淡紫色
ge	黄色	or	橘黄色
rs	粉红色		

3.2 宝马汽车

3.2.1 宝马车系电路图特点

(1) 宝马汽车电路图组成

宝马汽车功能多，电子装置数量多，造成汽车电路图系统非常庞大。但宝马车系电路图都是由相互独立的系统组成，只要借助一些规则将这些系统各个击破，便能轻松读懂宝马车系电路图。

(2) 宝马汽车电路系统分类

宝马车系各个电控系统的电路图都是通过总线相互通信、共享资源的。所以每个系统都会给出总线连接图。为便于理解相关系统的组成，宝马车系电路系统中还会给出输入/输出图，利用不同的颜色区分控制单元上的传感器和执行器。宝马车系的每个系统还会给出系统图，也就是前面讲过的原理框图，系统图比输入/输出图复杂很多，可以看出组件的基本连接以及接地和电源连接。最后与其他车型类似还会给出详细的汽车电路原理图。综上，宝马各个系统的电路图可以分为总线连接图、输入/输出图、系统图和电路原理图。

宝马车系总线连接图、系统图和电路原理图分别如图 3-2-1、图 3-2-2 和图 3-2-3 所示。

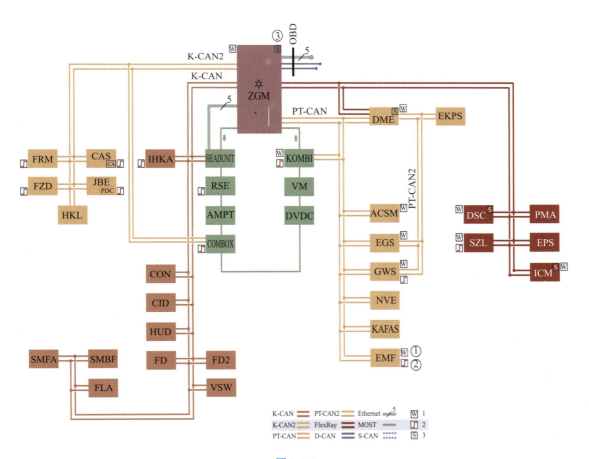

图 3-2-1

1	可唤醒式控制单元	2	有唤醒权限的控制单元
3	用于 FlexRay 总线系统启动和同步的启动节点控制单元		
ACSM	碰撞和安全模块	AHM	挂车模块
AL	主动转向系统	AMPH	高保真音响放大器
AMPT	顶级高保真音响放大器	BSD	串行数据接口
CAS	便捷登车及启动系统	CID	中央信息显示屏
CON	控制器	D-CAN	诊断控制器区域网络
DME	数字式发动机/柴油机电子系统	DSC	动态稳定控制系统
DVD	DVD 换碟机	EGS	变速箱电子控制系统
EKPS	电子燃油泵控制系统	EMF	电子机械式驻车制动器
Ethernet	用于局域网数据网络的有线数据网络技术		
FD	后座区显示屏	FD2	后座区显示屏 2
FAL	远光灯辅助系统	FlexRay	用于汽车的快速预定容错总线
FRM	脚部空间模块	FZD	车顶功能中心
GWS	选挡开关	HEADUNIT	CIC 或 CIC Basic Ⅱ
HKL	行李箱举升装置	HSR	后桥侧偏角控制系统
HUD	平视显示屏	ICM	集成式底盘管理系统
IHKA	自动恒温空调	JBE	接线盒电子装置
KAFAS	基于摄像机原理的驾驶员辅助系统	K-Bus	车身总线
K-CAN	车身控制器局域网络	K-CAN2	车身控制器局域网络 2
KOMBI	组合仪表	LIN-Bus	局域互联网总线
Local-CAN	局域控制器区域网络	MOST	多媒体传输系统
MOST port	多媒体传输系统直接存取接口	NVE	夜视系统电子装置
PDC	轮胎压力监控系统	OBD	诊断插座
RSE	后座区娱乐系统	SDARS	卫星协调器
SM BF	前乘客座椅模块	SM FA	驾驶员座椅模块
SZL	转向柱开关中心	TCU	远程通信系统控制单元
ULF-SBX	通用充电和免提通话装置	VM	视频模块
VSW	视频开关	ZGM	中央网管模块
PMA	驻车辅助系统控制单元	EPS	电动助力转向系统
COMBOX	媒体和紧急呼叫模块	DVDC	收音机、电视机
FLA	远光灯辅助系统		

图 3-2-1　宝马 F18 驾驶员辅助系统总线连接图

第 3 章 合资品牌汽车电路图识读范例

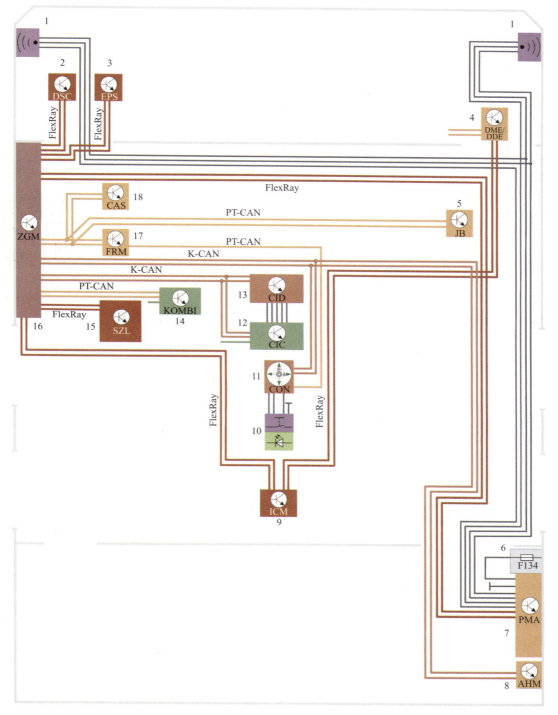

1	驻车辅助系统超声波传感器	2	动态稳定控制系统 DSC
3	电动助力转向系统 EPS	4	数字式发动机 / 柴油机电子系统 DME
5	带有接线盒电子装置的接线盒 JB	6	行李箱配电盒

图 3-2-2

7	驻车辅助系统控制单元 PMA	8	挂车模块 AHM
9	集成式底盘管理系统 ICM	10	中控台上的驻车按钮
11	控制器 CON	12	车辆信息计算机 CIC
13	中央信息显示屏 CID	14	组合仪表 KOMBI
15	转向柱开关中心 SZL	16	中央网管模块 ZGM
17	脚部空间模块 FRM	18	便捷登车及启动系统 CAS

图 3-2-2　宝马 F18 驾驶员辅助系统图

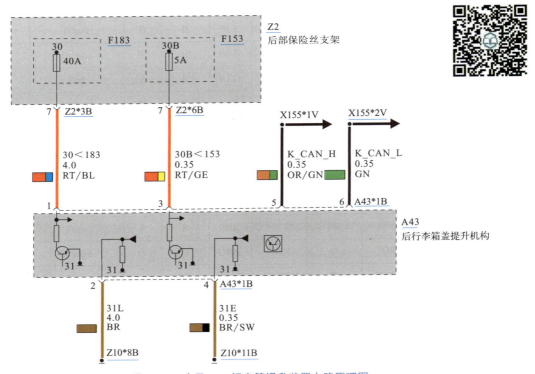

图 3-2-3　宝马 F07 行李箱提升装置电路原理图

3.2.2　宝马车系汽车电路图识读示例

在宝马 ISTA 系统中的原版电路图与大众车系基本相同，模块采用灰色，虚线模块表示该模块在此页电路图中没有完全显示，电路走向也是从上至下相互不交叉。但线色表示方法与大众车系不同，在宝马原版电路图中只有红色、棕色和黑色三种线色，这三种线色和导线本身的颜色没有关系，而是表示信号或连接线。红色线条表示供电线路，棕色线条表示接地线路，黑色线条表示内部连接或连接到其他模块。

导线本身的颜色除了文本格式的导线线色外，还有一种矩形框中的颜色标记。矩形框中的颜色标记的分布显示的是真实的导线颜色。宝马车系汽车电路图识读示例如图 3-2-4 所示。文本格式导线线色缩写与对照见表 3-2-1 所示。

第 3 章 合资品牌汽车电路图识读范例

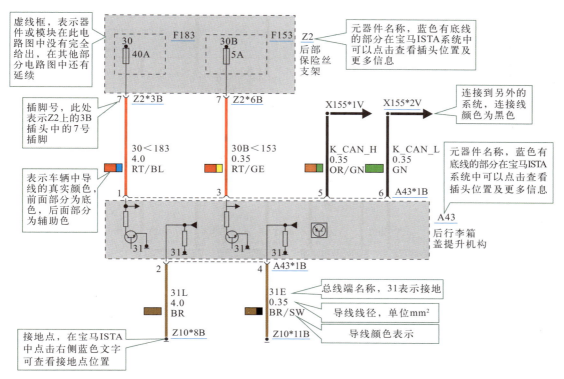

图 3-2-4 宝马车系汽车电路图识读示例

表3-2-1 文本格式导线线色缩写与对照表

缩写	颜色	色标	缩写	颜色	色标	缩写	颜色	色标
BL	蓝色		GR	灰色		SW	黑色	
BR	棕色		OR	橘黄色		VI	紫色	
GE	黄色		RS	粉红色		WS	白色	
GN	绿色		RT	红色		TR	透明	

宝马车系系统图中利用颜色方框和线条区分传感器的输入和执行器输出,以及车身总线和 MOST 总线。宝马车系系统图中的颜色对照如表 3-2-2 所示。

表3-2-2 宝马车系系统电路图中的颜色对照

颜色	定义	颜色	定义	颜色	定义
	输入传感器/开关		输出执行器		输入输出

颜色	定义	颜色	定义
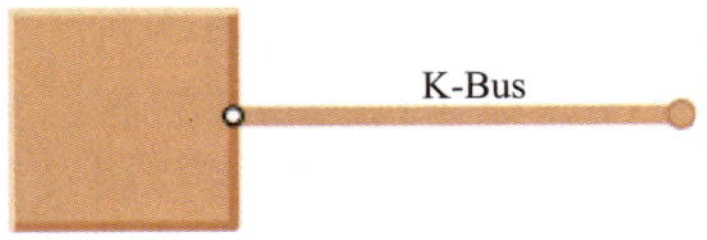 K-Bus	车身总线	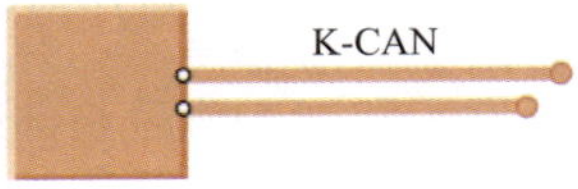 K-CAN	K-CAN
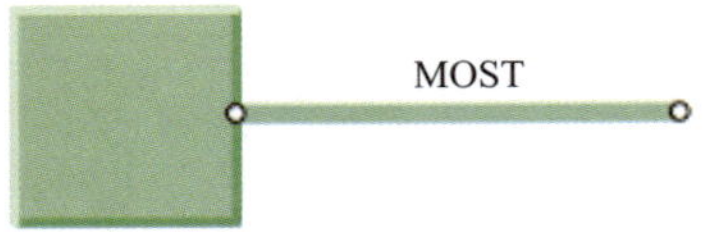 MOST	MOST 总线	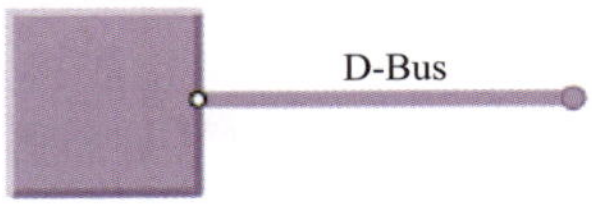 D-Bus	诊断总线
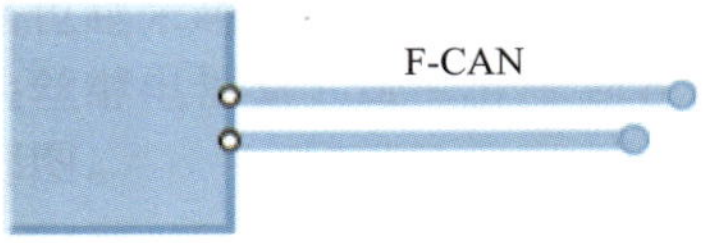 F-CAN	F-CAN	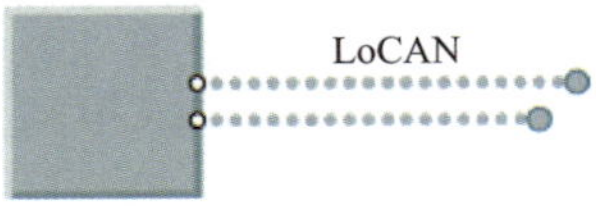 LoCAN	LoCAN
 BSD	BSD	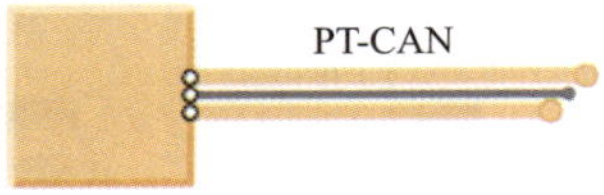 PT-CAN	PT-CAN
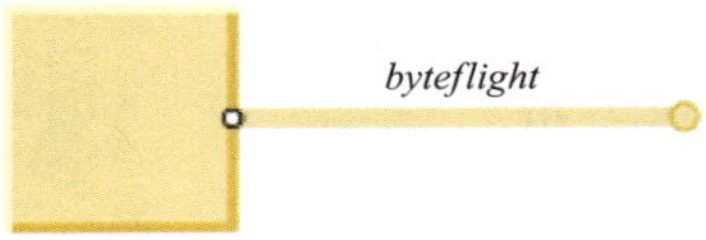 byteflight	byteflight		网管

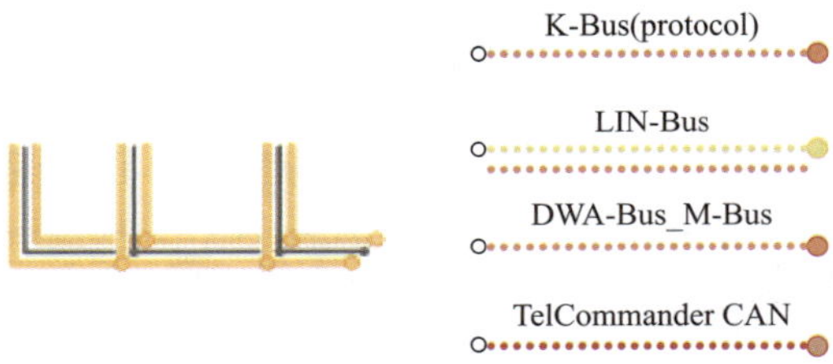

K-Bus(protocol)

LIN-Bus

DWA-Bus_M-Bus

TelCommander CAN

3.2.3　宝马车系汽车电路图符号与车辆端总线名称

宝马车系汽车电路图符号遵循欧洲车系标准规定，但也有不同之处。宝马车系电路图图形符号如表3-2-3所示。

表3-2-3　宝马车系常见电路图图形符号与解释

图形符号	解释	图形符号	解释
 —┼—┼—	导线，不带或带连接的线路交叉	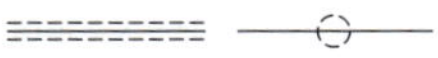 ══════○	屏蔽线
 — — —	机械有效连接，电气导线	 ┼ ┼	不带或带连接的交叉

第 3 章　合资品牌汽车电路图识读范例

续表

图形符号	解释	图形符号	解释
	一般连接，可松开的连接		接地（外壳接地、车辆地线）
	插头连接，插座、插头、3芯插头连接		
	挡位（基本位置：拉出的直线）		按键开关，常开触点/常闭触点
	手动开关，常开触点/常闭触点		转换触点，转换时带/不带中断
	带三个挡位的双向常闭触点（例如转向信号灯开关）		常开触点/常闭触点
	双联常开触点		多位转换开关
	手工、通过传感器（凸轮）、热敏（双金属）操纵		凸轮操纵的开关
	热敏开关		触发器
	带线圈的驱动装置		带两个同向作用线圈的驱动装置
	带两个反向作用线圈的驱动装置		电热驱动装置、热继电器
	电热驱动装置，提升磁铁		电磁阀（关闭的）
	继电器（驱动装置和开关）		电阻
	电位计		加热电阻、加热除霜玻璃

图形符号	解释	图形符号	解释
	保险丝		永久磁铁
	感应线圈		冷导体、PTC 电阻
	热导体		二极管
	PNP 晶体管、NPN 晶体管		发光二极管
	霍尔振荡器		定位或框用点画线
	被屏蔽的装置		控制单元
	一般显示元件、电压表、时钟		转速表、水温表、车速表
	蓄电池		插口
	灯、大灯		响笛、喇叭
	可加热式后窗		一般开关
	带指示灯的一般开关		压力开关
	一般继电器		电磁阀、喷油器、冷启动阀

续表

图形符号	解释	图形符号	解释
	加热时间开关		节气门开关
	旋转调节钮		带电热驱动装置的辅助通风阀
	火花塞		点火线圈
	带调节器的发电机（不带/带内部电路）		电动燃油泵、液压泵电动机
	带风扇的电动机		带接通继电器的起动机（不带/带内部电路）
	刮水器电动机（一个/两个刮水速度）		刮水间隔继电器
	扬声器		感应式传感器，用参考标记控制
	转向信号灯传感器、脉冲传感器、间断继电器		氧传感器（不加热/加热）
	压电传感器		电阻位置传感器
	空气流量计（体积型）		空气流量计（质量型）
	流量传感器、油液位置传感器		温度开关、温度传感器

图形符号	解释	图形符号	解释
(v)	速度传感器	(n)	ABS 轮速传感器
(霍尔)	霍尔传感器	(感应式)	感应式传感器
U consL / N1 V P2 n P3 Q P4 t° P5 ⊗H1 ⊗H2 ⊗H3 ⊗H4 ⊗H5 ⊗H6	组合仪表（仪表板）		

宝马车系用电器或开关的几乎每个接头，都有一个规定的总线端名称。可以尽可能无故障地连接装置的导线，尤其是在维修或更换时。多芯连接的插头总线端名称不够用时就使用连续数字或字母名称。总线端名称同时也是导线名称，在一根导线的两端可能连接了具有不同总线端名称的装置。宝马车系常用总线端名称如表3-2-4所示。

表3-2-4　宝马车系常用总线端名称及含义

总线端	含义	总线端	含义
点火/蓄电池装置			
Kl.30	永久带有蓄电池电压的总线端，也称B+。安装并连接蓄电池后，导线束的这个分支在关闭点火开关并拔下点火钥匙后仍然保持供电状态。总线端30负责为停车后仍需正常运行或只为保存数据而需要用电的控制单元和总成供电 例如，闪烁警告装置开关就是通过总线端30供电的	Kl.R	只有将点火钥匙插入点火开关并转到第一个卡止位置后，一部分用电器才能通过点火开关与蓄电池正极连接并得到供电。在这种情况下点火开关相当于一个开关。这个总线端称为总线端R 例如，如果车载收音机通过总线端30（永久正极）连接，则拔下点火钥匙后仍可以正常工作。如果收音机通过总线端R连接，则只有总线端R接通后收音机才能运行
Kl.15	点火钥匙转到第二个卡止位置时，则启用总线端15（也称为接通的正极，点火正极）。其他控制单元和电气组件也通过总线端15供电，例如空调系统和驻车辅助系统（PDC）通过总线端15接通。总线端R和总线端15由CAS控制单元控制	Kl.15WUP	总线端15唤醒 用于唤醒无法通过总线通信唤醒的控制单元
Kl.50	用于控制起动机	Kl.58G	用于车内可调节亮度背景照明灯供电

续表

总线端	含义	总线端	含义
Kl.31	总线端 31 接地 由于所有用电器都连入一个电路内，因此除电源 B+ 外该电路还需要必要的接地连接。通过一根单独的接地导线和车身钢板连接蓄电池的负极接线柱。这种连接也称作总线端 31（接地） 由于电气系统和用电器数量不断增加，将每个接地连接都直接固定在车身上会带来许多问题。因此，宝马汽车带有中央接地点，接地点上用螺栓固定有可连接任意数量接地线的带状连接器	Kl.87	DME/DDE 通过电控箱内或集成供电模块内的一个继电器控制总线端 Kl.87。一旦总线端 Kl.15 接通，总线端 Kl.87 就被接通。当总线端 Kl.15 断开后，总线端 Kl.87 被 DME/DDE 延时断开 由总线端 Kl.87 供电的控制单元是 VTC 电子气门控制单元
Kl.30g	通过接线盒内的继电器接通 Kl.30g 继电器在 30 分钟后关闭所连接的用电器，如果车辆装有电话，则将运行时间延长至 60 分钟 Kl.30g 继电器由便捷登车及启动系统控制	Kl.30g-f	Kl.30g-f 继电器由接线盒控制单元控制，该继电器根据故障情况关闭所有的用电器 Kl.30g-f 接通条件： 车辆开锁 总 Kl.R 或触点状态（行李箱和车门）改变 Kl.30g-f 关闭条件： 接收到"信号关闭"信息，5min 后关闭 Kl.30g-f 继电器 在不存在接通条件的情况下总线启用 60min 在不存在接通条件的情况下唤醒车辆 30 次
Kl.30B	运行于驾驶员控车期间，控制各控制单元 主要适用于座椅模块、数字式发动机电子系统 DME、变速箱电子控制系统 EGS、控制器和 CD 换碟机等组件	Kl.30F	总线端 30 故障用于在驾驶员离开期间控制各控制单元。例如适用于挂车模块 AHM、脚部空间模块 FRM、组合仪表 Kombi 和自动恒温空调 IHKA。总线端 30F 的继电器位于前部配电盒和后部配电盒内
Kl.15N	总线端 15N 的继电器位于前部配电盒和后部配电盒内		
电动机（起动机）装置			
32	回线	33	总接头
33a	末端切断	33b	并励磁场
33f	第 2 个较小转速挡	33g	第 3 个较小转速挡
33h	第 4 个较小转速挡	33L	左旋方向
33R	右旋方向	86	接触器输入端
行驶方向（转向）指示灯			
49	转向指示灯继电器输入端	49a	转向指示灯继电器输出端，转向信号灯开关输入端

续表

总线端	含义	总线端	含义
49b	第2个转向信号电路的输出端	49c	第3个转向信号电路的输出端
C	第1个闪光控制灯	C2	第2个闪光控制灯
C3	第3个闪光控制灯	L	左侧转向信号灯
R	右侧转向信号灯		
交流发电机			
51	整流器上的直流电压	51e	整流器上的直流电压，带有用于白天行驶的扼流线圈
59	输出端交流电压，整流器输入端，灯开关	59a	充电电枢输出端
59b	尾灯电枢输出端	59c	制动信号灯电枢输出端
63	用于改变调节器电压的调节器总线端	63a	用于改变电流限制的调节器总线端
64	发电机控制线	61	充电检查
B+	蓄电池正极	B-	蓄电池负极
D+	发电机正极	D-	发电机负极
DF	发电机磁场	DF1	发电机磁场1
DF2	发电机磁场2	U、V、W	交流电端子
照明装置			
54	灯组合上的制动信号灯	55	前雾灯
56	大灯	56a	远光灯和指示灯
56b	近光灯	56d	大灯变光功能
57a	停车警示灯	57L	左停车警示灯
57R	右停车警示灯	58	示宽灯、牌照灯、仪表照明灯、尾灯
58L	可分开转换时，用于左侧示宽灯和尾灯的开关端子	58R	可分开转换时，用于右侧示宽灯和尾灯的开关端子
58d	可调的仪表板照明	58g	可转换的照明
车窗清洗装置			
53	刮水器电动机正极输入端	53a	正极末端切断
53b	并联线圈	53c	车窗玻璃冲洗器泵
53e	制动线圈	53i	带永久磁铁的刮水器电动机，第三个电刷用于较高转速
声音报警装置			
71	音箱控制器输入端	71a	连接低音喇叭1和2的输出端

续表

总线端	含义	总线端	含义
71b	连接高音喇叭1和2的输出端	72	旋转闪烁灯报警开关
85c	声音接通报警开关		
开关			
81	输入端常闭触点、转换触点	81a	第1个输出端
81b	第2个输出端	82	输入端常开触点
82a	第1个输出端	82b	第2个输出端
82z	第1个输入端	82y	第2个输入端
83	多位转换开关、输入端	83a	位置1输出端
83b	位置2输出端		
继电器			
84	驱动装置和继电器触点输入端（线圈始端）	84a	驱动装置输出端（线圈终端）
84b	继电器触点输出端	85	驱动装置输出端（线圈终端，负极）
86	驱动装置输入端（线圈始端）	86a	第1个线圈的输入端
86b	第2个线圈的输入端		
触点			
87	常闭触点和转换触点输入端	87z、y、x	有多个输入端的常闭触点和转换触点输入端
87a	常闭触点和转换触点输出端	87b、c、d	有多个输出端的常闭触点和转换触点输出端
88	常开触点输入端	88z、y、x	有多个输入端时的常开触点输入端
88a（87a）	常开触点和转化触点输出端	88b、c、d	有多个输出端的常开触点和转换触点输出端

3.3 奔驰汽车

3.3.1 奔驰车系电路图特点

奔驰汽车采用横纵坐标来确定电器在电路图中的位置，其中数字作横坐标，字母作纵坐标。电器符号用代码及文字标注。代码前部是字母，表示电器种类，如 A 为仪表，B 为传感器，C 为电容，E 为灯，F 为熔断器盒，G 为蓄电池、发电机，H 为喇叭扬声器，K 为断电器，L 为转速、速度传感器，M 为电动机，N 为电控单元，R 为电阻、火花塞，S 为开关，

T 为点火线圈，W 为搭铁点，X 为插接器，Y 为电磁阀，Z 为连接套。代码后部数字代表编号，一般电器代码之下注明电器名称。插接器（字母 X）、搭铁点（字母 W），仅有代码不注明文字。

3.3.2 导线颜色

在早期的奔驰汽车电路图中，导线颜色符号大多采用两位大写的英文缩写，而近些年来，广泛采用的是小写的德文缩写，导线颜色代码含义参见表 3-3-1。

表3-3-1 导线颜色代码含义

缩写	颜色	缩写	颜色	缩写	颜色
BK（sw）	黑色	BR（br）	棕色	BU（bu）	蓝色
GN（gn）	绿色	GR（gr）	灰色	RD（rd）	红色
YL（ge）	黄色	VI（vio）	紫色	WT（wt）	白色
PK（pk）	粉红色				

除单色线外，奔驰汽车还采用了双色线及三色线，在电路图中，用 VI/YL、SW/WS、BK/YL RD、BR/GN WS 等形式表示。

导线的标识，不仅仅有线色，还有线粗。奔驰汽车电路图中，导线的标称截面积写在线色符号之前，如 0.75RD、2.5BD/YL 等。

3.3.3 电路符号

奔驰车系汽车电路符号及含义如表 3-3-2 所示。

表3-3-2 电路符号及含义

图形符号	解释	图形符号	解释
	手动开关		手动按键开关
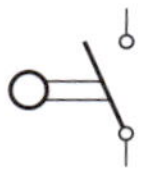	自动开关	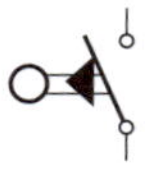	自动压簧开关
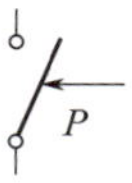	压力开关	 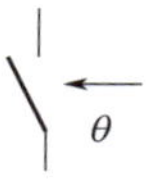	温度开关
 	常开触点	 	常闭触点

续表

图形符号	解释	图形符号	解释
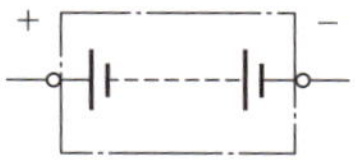	蓄电池	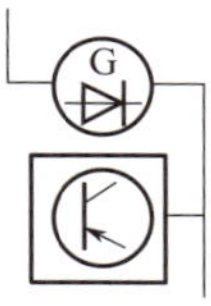	发电机
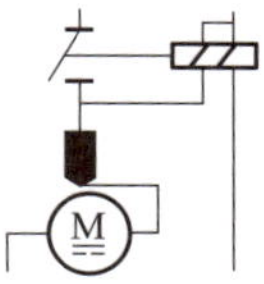	起动机		直流电动机
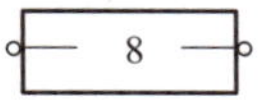	熔丝	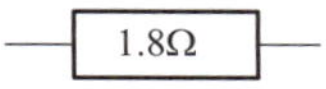	电阻
	二极管		电子器件
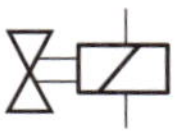	电磁阀	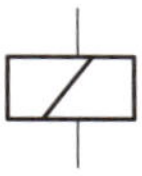	电磁线圈
	点火线圈		火花塞
	指示仪表		加热器电阻
	电位计		可变电阻
	平插头		圆插头
	螺钉连接		焊点连接
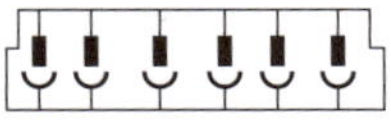	插接板		

3.3.4 奔驰车系电路图识读示例

奔驰车系汽车电路图识读示例如图 3-3-1 所示。

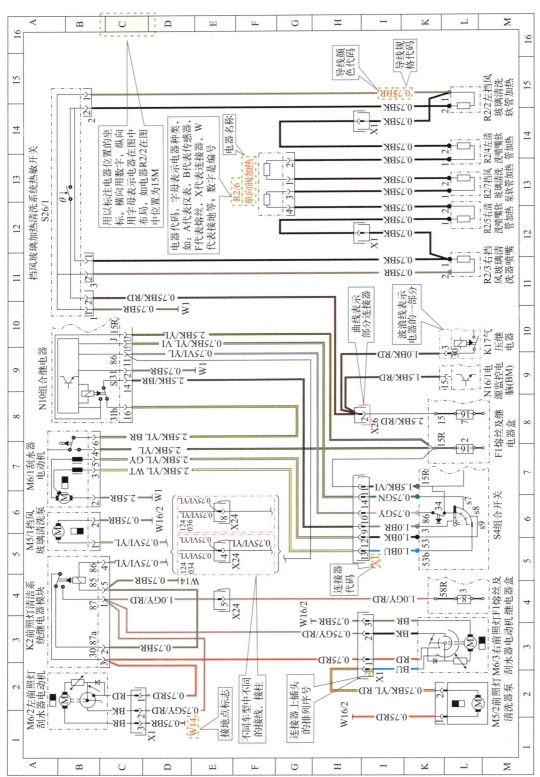

图 3-3-1 奔驰车系汽车电路图识读示例

3.4 捷豹路虎汽车

3.4.1 捷豹路虎汽车电路图特点

捷豹路虎汽车电路图如图 3-4-1 所示。

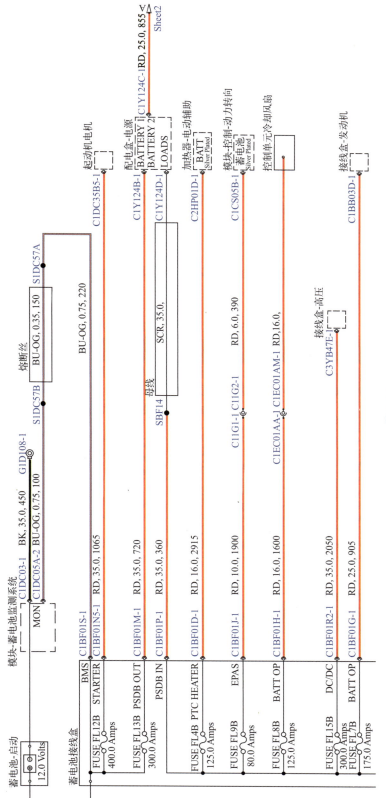

图 3-4-1

第 3 章 合资品牌汽车电路图识读范例

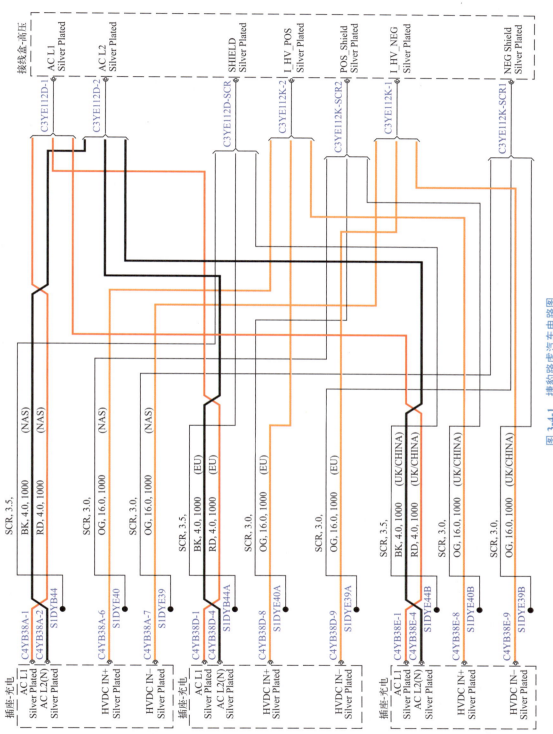

图 3-4-1 捷豹路虎汽车电路图

如图 3-4-1 所示，与其他车系普遍采用上中下结构式电路图不同，捷豹路虎车系的电路图布局有其独特之处。其电路图主要采用左右或左中右的布置形式，这种设计使得供电部分被安排在电路图的左侧或左上方，控制模块则通常位于电路的中部或右侧。此外，线路主要布置在电路的中间位置。这种布局使得电源从左至右供应，信号则可左右或上下传输。不过，由于部分电路图的布线较为复杂，可能导致线路交叉过多，这使得初学者在接触时可能会感到有些困惑。但无论如何，捷豹路虎车系电路图的这种独特布置形式无疑是其设计的一大亮点。

3.4.2 捷豹路虎电路图符号及插接器定义

捷豹路虎电路图符号及插接器定义如表 3-4-1 所示。导线颜色对照如表 3-4-2 所示。

表3-4-1 捷豹路虎电路图符号及插接器定义

符号	含义
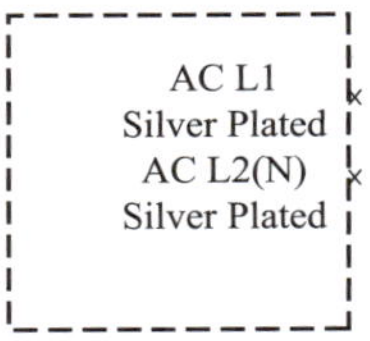 插座-充电 AC L1 Silver Plated AC L2(N) Silver Plated	部件：虚线框表示该部件在此电路图中没有完全被绘制；实线框表示该部件在此电路中完全绘制
 C4YB38E-9	插接器标号和端子号：C4YB38E 表示插接器标号；9 表示端子号
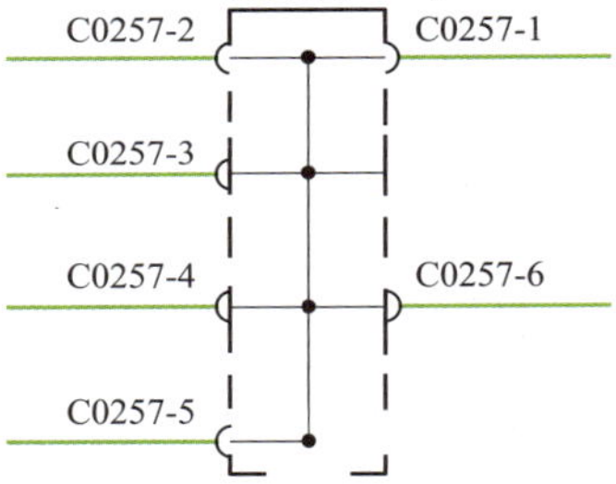 连接器(K109) C0257-2　C0257-1 C0257-3 C0257-4　C0257-6 C0257-5	端接插接器：把相似的链路连接到一个点上
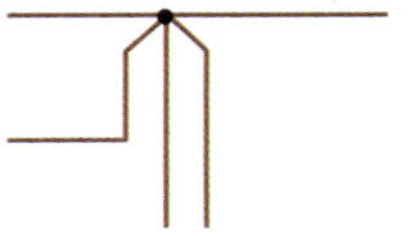 BJ1 ND250, 235	拼接插接器：把所有的接线都压接或 / 和焊接在一个点的位置上
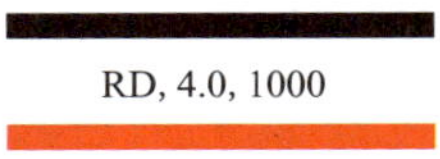 BK, 4.0, 1000 RD, 4.0, 1000	导线颜色、尺寸和长度标识： BK 和 RD 表示导线颜色，其中 BK 代表黑色导线，RD 表示红色导线，更多导线颜色对照如表 3-4-2 所示 4.0 表示导线的横截面尺寸，单位为 mm^2 1000 表示导线的长度，单位为 mm，表示导线从此插接器至下一插接器之间的长度

第 3 章　合资品牌汽车电路图识读范例

表3-4-2　导线颜色对照

线色代码	颜色	线色代码	颜色
BK 或 B	黑色	PK 或 K	粉红色
DN 或 N	咖啡色	RD 或 R	红色
BU 或 U	蓝色	VT 或 P	紫罗兰色（紫色）
GN 或 G	绿色	WH 或 W	白色
GY 或 S	灰色（蓝灰色）	YE 或 Y	黄色
OG 或 O	橙色		

3.5　通用汽车

3.5.1　通用车系电路图特点

通用车系中汽车电路图按系统可分为电源分配图、熔丝图、系统电路图和搭铁电路图。其中系统电路图又将供电、搭铁、总线、传感器、执行器等分开单独画出，可快速查找相关电路图。如科鲁兹发动机控制系统电路图就分为"电源、搭铁、串行数据和故障灯""发动机数据传感器-空气流量计、压力和温度""发动机数据传感器-节气门"等。

系统电路图中电源线从上方进入，通常从熔丝处开始，并于熔丝上方用黑线框标注此处与电源之间的通断关系；用电器在中部，接地点在最下方。如果是由电子控制的系统，电路图中除该系统的工作电路外还会包括与该系统工作有关的信号电路（如传感器等）。

在电路图中各导线除了标明颜色和横截面面积外，通常还标有该电路的编码，通过电路编码可以知道该电路在汽车上的位置，以方便识图和故障查找。

在通用汽车电路中黑色三角形内的或方框内的图案表示电路中需要注意的地方，如表 3-5-1 所示。

表3-5-1　通用汽车电路中黑色三角形和方框内的图案符号说明

符号	说明	符号	说明
 （信息图标）	信息图标 该图标用于提醒技术人员查阅相关的附加信息，以帮助维修相关系统	 （高压危险图标）	高压危险图标 该图标用于提醒维修技师该部件/系统包含300V电压电路
 （高压图标）	高压图标 该图标用于提醒维修技师该部件包含高于42V但低于300V的高压	 （安全气囊系统图标）	安全气囊系统图标 该图标用于提醒技术人员系统内有安全气囊系统部件，在维修前需要特别注意

续表

符号	说明	符号	说明
⚠	告诫图标 提醒维修技师维修该部件时应小心	(扳手箭头图标)	计算机编程图标 示意图上的图标用于链接"控制模块参考"确定更换时需要编程的部件
LOC	主要部件列表图标 示意图上的图标用于链接"主要电气部件列表"	DESC	说明与操作图标 示意图上的图标用于链接"特点系统说明与操作"
→	下页示意图图标 示意图上的图标用于进入子系统的下一个示意图	←	上页示意图图标 示意图上的图标用于进入子系统的前一个示意图
↑↓	串行数据通信功能 该图标用于向维修技师说明该串行数据电路详细信息未完全显示，也能提供一个有效连接至该电路的数据通信图标完全显示		

3.5.2 车辆分区策略

电路图中，所有搭铁、直列式连接器、穿线护环和星形连接器都有与其在车辆上的位置相对应的识别代码，如图3-5-1所示。

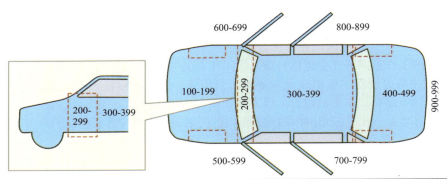

插图编号	区位说明
100-199	发动机舱 - 前围板的所有前部区域 注意事项：001-099 是发动机舱备用编号，仅在 100-199 的所有编号已用完时才使用
200-299	仪表板区域内
300-399	乘客舱 - 从仪表板到后轮罩
400-499	行李箱 - 从后轮罩到车辆后部
500-599	左前门内
600-699	右前门内
700-799	左后门内
800-899	右后门内
900-999	行李箱盖或舱盖内

图 3-5-1　车辆分区策略

3.5.3 电路图图形符号

通用车系汽车电路图图形符号如表 3-5-2 所示。

表3-5-2 通用车系汽车电路图图形符号及说明

符号	说明	符号	说明
(输入/输出下拉电阻器符号)	输入/输出下拉电阻器（-）	5V	参考电压
(输入/输出上拉电阻器符号)	输入/输出上拉电阻器（+）	5V AC	空调电压
(高压侧驱动开关符号)	输入/输出高压侧驱动开关（+）	(低电平参考电压符号)	低电平参考电压
(低压侧驱动开关符号)	输入/输出低压侧驱动开关（+）	(搭铁符号)	搭铁
(双向开关符号)	输入/输出双向开关（+/-）	↑↓	串行数据
(脉冲波形符号)	脉宽调制符号	(车内天线信号符号)	车内天线信号
B+	蓄电池电压	(车外天线信号符号)	车外天线信号
IGN	点火电压	(手形符号)	踩下制动器
(保险丝符号)	保险丝	PWR/TRN Relay (保险丝符号)	继电器供电的保险丝
(断路器符号)	断路器	(易熔线符号)	易熔线
(搭铁符号)	搭铁	(壳体接地符号)	壳体接地
X100 12 阳端子/阴端子	直列式线束连接器	X100 12	引线连接

续表

符号	说明	符号	说明
	临时连接或诊断连接线		钝切线
	不完整连接接头		完整连接接头
	完整物理接头		导线交叉
	绞合线		屏蔽线
	搭铁电路连接		连接器短路夹
	直接固定在部件上的连接器		引线连接器
	完整部件 当某个部件采用实线框表示时,表明该部件或其导线已完全显示		非完整部件 当某个部件采用虚线框表示时,表明该部件或其导线并未完全显示
	点烟器		2位常开开关
	2位常闭开关		摇压式开关
	接触片开关(1根导线)		接触片开关(2根导线)

续表

符号	说明	符号	说明
	3 位开关		4 位开关
	5 位开关		6 位开关
	4 针单刀单掷常开继电器		5 针常闭继电器
	蓄电池		蓄电池总成（动力电池）混合动力系统
	单丝灯泡		双丝灯泡
	发光二极管（LED）		光电传感器
	计量表计		二极管
	可变电阻器		可变电阻器 NTC
	加热元件		位置传感器
	压力传感器		爆震传感器
	2 线式感应型传感器		3 线式感应型传感器

续表

符号	说明	符号	说明
	2线式霍尔效应传感器		3线式霍尔效应传感器
	2线式氧传感器		4线式加热型氧传感器
	执行器电磁阀		电磁阀
	离合器		正温度系数电机
	扬声器		喇叭
	话筒		气囊
	安全气囊系统线圈		安全气囊系统碰撞传感器

3.5.4 电路导线颜色

通用车系导线颜色对照表，如表3-5-3、表3-5-4所示。

表3-5-3 通用车系电路图单色导线颜色对照表（包含已停产车型）

颜色	车型	通用	荣誉	陆尊	新赛欧	君越	景程
黑	Black	BLK	BK	BLK	SW	BK	BK
棕	Brown	BRN	BN		BR		
棕黄			TN			TN	TN
蓝	Blue	BLU	BU	BLU	BL	BU	BU
深蓝	Dark Blue	DK BLU	D-BU	BLN DK		D-BU	D-BU

续表

颜色	车型	通用	荣誉	陆尊	新赛欧	君越	景程
浅蓝	Light Blue	LT BLU	L-BU	BLN LT		L-BU	L-BU
绿	Green	GRN	GN	GRN	GN	GN	GN
灰	Grey	GRY	GY	GRA	GR	GY	GY
白	White	WHT	WH	WHT	WS	WS	WS
橙	Orange	ORG	OG			OG	OG
红	Red	RED	RD	RED	RT	RD	RD
紫	Violet	VIO	PU	PPL		PU	PU
粉紫							
黄	Yellow	YEL	YE	YEL	GE		
褐	Brown	TAN		TAN		BN	BN
深绿	Dark Green	DK GRN	D-GN	GRN DK		D-GN	D-GN
橘黄							
粉红	Pink	PNK					PK
透明	Clear	CLR					
浅绿	Light Green	LT GRN	L-GN	GRN LT		L-GN	L-GN
紫红	Purple	PPL					

表3-5-4 通用车系电路图中双色导线颜色对照表

导线颜色	示意图中的缩写	导线示例	导线颜色	示意图中的缩写	导线示例
带白色标的红色导线	RD/WH		带白色标的深绿色导线	D-GN/WH	
带黑色标的红色导线	RD/BK		带黑色标的浅绿色导线	L-GN/BK	
带白色标的棕色导线	BN/WH		带黄色标的红色导线	RD/YE	
带白色标的黑色导线	BK/WH		带蓝色标的红色导线	RD/BL	
带黄色标的黑色导线	BK/YE		带蓝色和黄色标的红色导线	RD/BL/YE	
带黑色标的深绿色导线	D-GN/BK				

3.5.5 通用车系电路图识读示例

通用车系电路图识读示例，如图 3-5-2 所示。

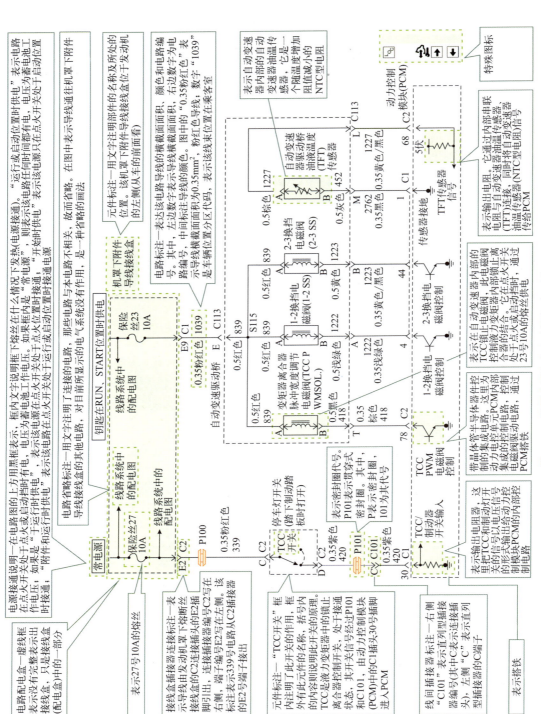

图 3-5-2 通用车系汽车电路图识读示例

3.6 丰田汽车

3.6.1 丰田汽车电路图特点

丰田车系电路图中的电气元件通常用文字直接标注。在电路图中各系统电路按横轴方向逐个布置，并在电路图上方标出各系统电路的区域和代表该系统电路的符号及文字说明。电路图中绘出了搭铁点，并标注代号与文字说明，可以从电路图了解电路搭铁点。部分电路图中还直接标出电路插接器的端子排列和各端子的使用情况，给识图和电路故障查询提供了方便。

3.6.2 丰田车系电路图图形符号

丰田车系电路图图形符号如表 3-6-1 所示。

表3-6-1 丰田车系电路图图形符号

图形符号	含义	图形符号	含义
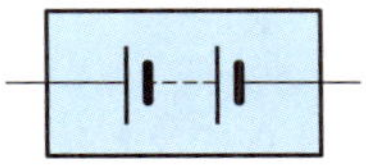	蓄电池 存储化学能量并将其转换成电能，为车辆的各种电路提供直流电	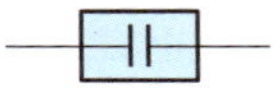	电容器 临时存储电压的小型存储单元
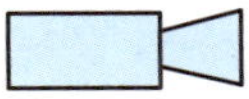	点烟器 电阻加热元件	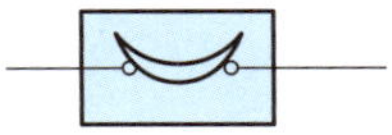	断路器 通常指可重复使用的保险丝。如果有过量的电流经过，断路器会变热并断开。有些断路器在冷却后自动复位，有些则必须手动复位
	二极管 只允许电流单向流通的半导体		稳压二极管 允许电流单向流动，但只在不超过某一个特定电压时才阻挡反向流动的二极管。超过该特定电压时，稳压二极管可允许超过部分的电压通过。可作为简易稳压器使用
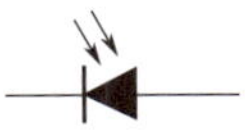	光电二极管 光电二极管是一种根据光线强度控制电流的半导体		LED（发光二极管） 电流流过发光二极管时会发光，但发光时不会像同等规格的灯一样产生热量
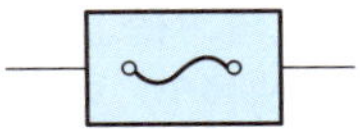	保险丝 一条细金属丝，当通过过量电流时会熔断，可以阻断电流，防止电路受损		中等电流熔断丝 置于高电流电路中的大号线束，在负载过大时会熔断，因此可保护电路。数字表示线束横截面面积

续表

图形符号	含义	图形符号	含义
	大电流保险丝或熔断丝 置于高电流电路中的大号线束，在负载过大时会熔断，因此可保护电路。数字表示线束横截面面积		搭铁 配线与车身相接触的点，因此为电路提供一条回路，没有搭铁电流就无法流动
	单丝大灯 电流使大灯灯丝发热并发光		双丝大灯
	灯		喇叭
	模拟仪表 电流会使电磁线圈接通，并使指针移动，从而比照背景的校准刻度提供一种相对显示	FUEL	数字仪表 电流会激活一个或多个LED、LCD或荧光显示屏，这些显示屏可提供相关显示或数字显示
	电动机 将电能转化为机械能（特别是旋转运动）的动力装置		扬声器 一种可利用电流产生声波的机电装置
	点火线圈 将低压直流电转换为高压点火电流，使火花塞产生火花		晶体管 主要用作电子继电器的一种装置；根据在"基极"上施加的电压来阻止或允许电流通过
	继电器（正常闭合） 电子控制开关。流经小型线圈的电流生成一个磁场，可断开或闭合所附接的开关		继电器（正常断开） 电子控制开关。流经小型线圈的电流生成一个磁场，可断开或闭合所附接的开关
	双掷继电器 使电流流过两组触点中任意一组的一种继电器		电阻器 有固定电阻的电气零部件，置于电路中，可将电压降至某一个特定值

续表

图形符号	含义	图形符号	含义
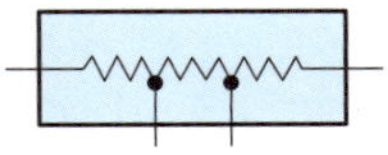	抽头式电阻器 一种电阻器，可以提供两种或两种以上不同的不可调节的电阻值		可变电阻器或变阻器 一种带有可变电阻额定值的可控电阻器。也被称为电位计或变阻器
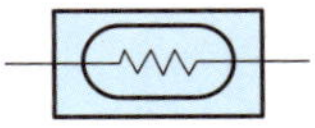	传感器（热敏电阻） 电阻值随温度而变化的电阻器	 （舌簧开关型）	速度传感器 使用电磁脉冲断开和闭合开关，以生成一个信号，用来激活其他零部件
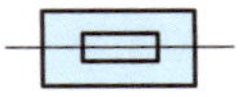	短接销 用来在接线盒内部建立不可断开的连接	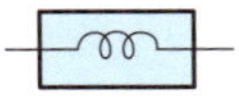	电磁线圈 一种电磁线圈，可在电流流过时产生磁场以便移动铁芯等
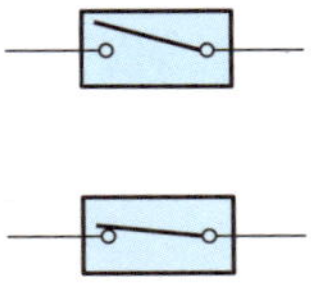	手动开关 正常断开（上） 正常闭合（下） 断开和闭合电路，从而可阻断或允许电流通过	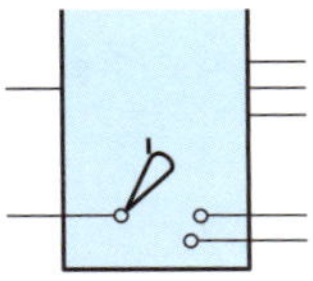	点火开关 使用钥匙操作且有多个位置的开关，可用来操作各种电路，特别是初级点火电路
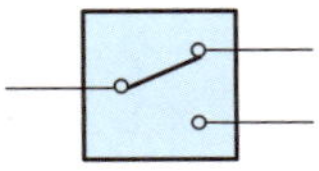	双掷开关 使电流持续流过两组触点中任意一组的一种开关	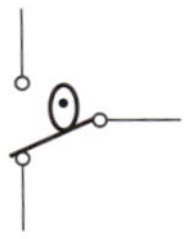	刮水器停止开关 刮水器开关关闭时可自动将刮水器返回到停止位置的开关
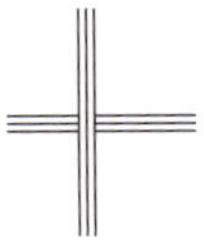	线束（未连接） 线束在线路图上以直线表示。连接处没有黑点或八角形的交叉线束表示未连接	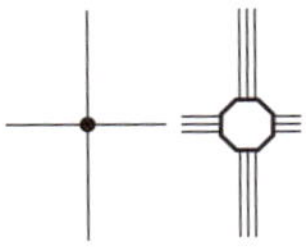	线束（连接） 线束在线路图上以直线表示。连接处有黑点或八角形的交叉线束表示结合连接

3.6.3　丰田车系电路图识读示例

丰田车系电路图识读示例如图 3-6-1 所示。

A：系统标题。

B：表示继电器盒。未用阴影表示，仅表示继电器盒编号以便和接线盒加以区分。

示例：①表示 1 号继电器盒。

C：车型、发动机类型或规格不同时，用（ ）来表示不同的配线和连接器等。

D：表示相关联的系统。

E：表示用来连接线束的插头式连接器和插座式连接器的代码，如图 3-6-2（a）。连接器代码由两个字母和一个数字组成。

连接器代码的第一个字符表示插座式连接器线束上的字母代码，第二个字符表示插头式连接器线束上的字母代码。第三个字符是在存在多个相同线束组合时用来区别线束组合的系列号（如 Ch1 和 Ch2）。符号（⌵）表示插头式端子连接器。连接器代码外侧的数字表示插头式连接器和插座式连接器的针脚编号。

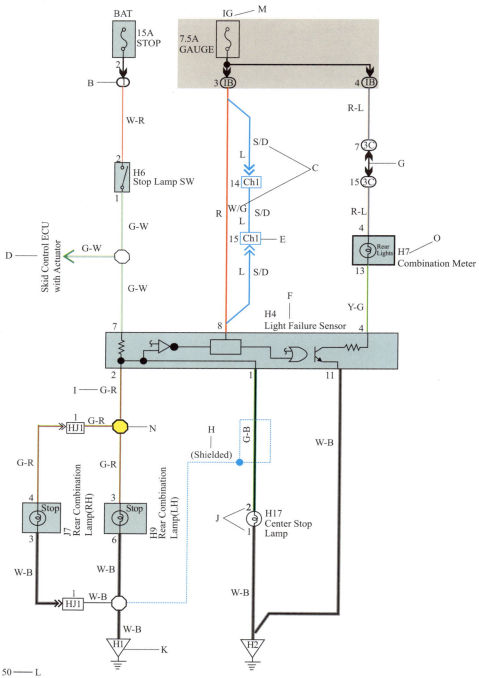

图 3-6-1　丰田车系电路图识读示例

F：代表零件（所有零件均以天蓝色表示）。该代码和零件位置中使用的代码相同。

G：表示接线盒（圆圈中的数字为接线盒编号，连接器代码显示在旁边）。接线盒以阴影表示，用于明确区分其他零件，如图3-6-2（b）。

H：表示屏蔽电缆，如图3-6-2（c）。

I：表示配线颜色。配线颜色以字母代码表示。导线线色对照见表3-6-2所示。

第一个字母表示基本配线颜色，第二个字母表示条纹颜色，如图3-6-2（d）。

J：表示连接器的针脚编号。

插座式连接器和插头式连接器的编号系统各不相同，如图3-6-2（e）。

K：表示搭铁点。该代码由两个字符组成：一个字母和一个数字。

第一个字符表示线束的字母代码。第二个字符是当同一线束存在多个搭铁点时用来区别各搭铁点的系列号。

L：页码。

M：向保险丝供电时，用来表示点火钥匙的位置。

N：表示配线接合点，如图3-6-2（f）。

O：线束代码。

各线束以代码表示。线束代码用于表示零件代码、线束间连接器代码和搭铁点代码。例如：H7（组合仪表）、CH1（插头式线束间连接器）和H2（搭铁点）表示它们是同一线束"H"的零件。

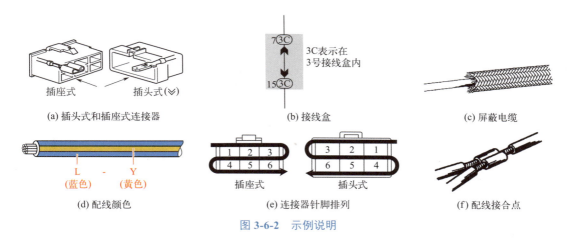

图3-6-2 示例说明

导线颜色代码对照见表3-6-2。

表3-6-2 导线颜色代码对照表

代码	颜色	代码	颜色	代码	颜色
B	黑色	L	蓝色	BR	棕色
DL	深蓝色	DG	深绿色	GY	灰色
G	绿色	LB	浅蓝色	LG	浅绿色
O	橙色	P	粉红色	R	红色
SB	天蓝色	T	黄褐色	V	紫色
W	白色	Y	黄色		

3.7 本田汽车

3.7.1 本田车系电路图特点

本田汽车电路图中的各类符号一般都有文字说明,当理解文字的含义后,识读电路图就比较容易了。每条导线上都标有颜色,分单色线和双色线,以英文缩写来表示。同一电气系统中颜色相同但实际不同的导线用上标区别,如 BLU^2、BLU^3 是不同的导线。

本田汽车的电路图与其他车系的不同点还在于导线并没有标出截面积,只是根据和导线相连的熔丝的通电电流的大小来判断导线的截面积大小。

3.7.2 电路图中导线颜色对照

本田车系电路图中导线颜色对照如表 3-7-1 所示。

表3-7-1 本田车系电路图中导线颜色对照

代码	颜色	代码	颜色	代码	颜色
WHT	白色	YEL	黄色	BLK	黑色
BLU	蓝色	GRN	绿色	RED	红色
ORN	橙色	PNK	粉红色	BRN	棕色
GRY	灰色	PUR	紫色	TAN	黄褐色
LT BLU	浅蓝色	LT GRN	浅蓝色		

有的导线绝缘层只有一种颜色,有的导线绝缘层则在一种颜色的基础上加上另一种颜色的条纹。第二种颜色即为条纹颜色。如:

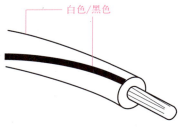

3.7.3 本田车系汽车电路图识读示例

本田车系汽车电路图识读示例如图 3-7-1 所示。

第3章 合资品牌汽车电路图识读范例

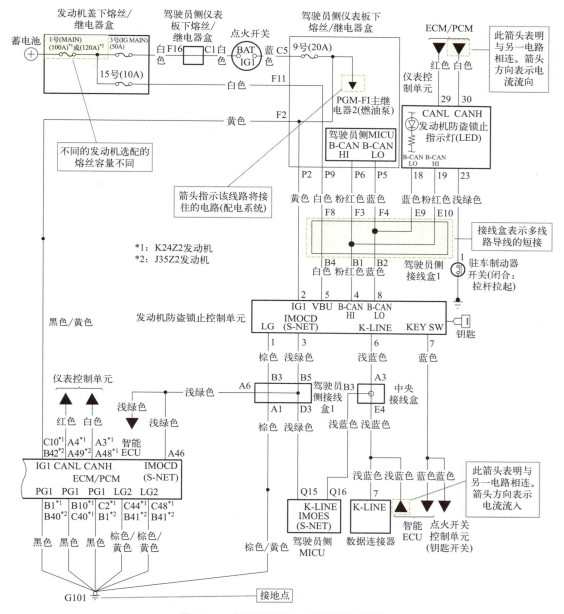

图 3-7-1 本田车系汽车电路图识读示例

3.8 日产汽车

3.8.1 日产车系汽车电路图导线颜色

日产车系电路图导线同样有单色导线和双色导线两种。双色导线前面的字母表示的是底色，后面的字母表示的是条纹的颜色。如 L/W 表示蓝底带有白色条纹的导线。日产车系导线颜色对照表如表 3-8-1 所示。

表3-8-1　日产车系导线颜色对照表

缩写	颜色	缩写	颜色	缩写	颜色
B	黑色	BR	棕色	W	白色
OR/O	橙色	R	红色	P	粉色
G	绿色	PU/V	紫色	L	蓝色
GY/GR	灰色	Y	黄色	SB	天蓝色
LG	浅绿色	CH	深棕色	BG	米黄色
DG	深绿色				

在日产车系中，用电设备的插接器均采用字母加数字的方式进行标识。插接器在原版电路图中有所提供，同时电路图还会详细标注插接器的颜色以及每个端口的具体功能。插接器编号与所在线束的对照如表3-8-2所示。

表3-8-2　插接器编号与所在线束的对照表

编号	线束	编号	线束	编号	线束
B	车身线束	D	车门线束	E	发动机舱线束
F	发动机控制系统线束	M	主线束	R	车内灯线束

3.8.2　日产车系汽车电路图识读示例

日产车系汽车电路图识读示例如图3-8-1所示，其相应编号的释义见表3-8-3。

表3-8-3　相应编号的释义

编号	项目	释义
1	电源	指熔断丝或保险丝的电源
2	保险丝	"/"表示保险丝
3	熔断丝/保险丝的额定电流	表示熔断丝或保险丝的额定电流值
4	熔断丝/保险丝的编号	指熔断丝或保险丝位置的编号
5	熔断丝	"X"表示熔断丝
6	接头编号	英文字母表示接头所在的线束 数字表示接头的识别号
7	开关	表示当开关在A位置时，端子1和2之间导通。当开关在B位置时，端子1和3之间导通
8	电路（配线）	表示配线
9	屏蔽线	虚线包围的线路表示屏蔽线路
10	接头	指传输管路旁通两个或以上接头
11	选装缩写标记	空心圆"O"表示电路布局的车辆技术参数

续表

编号	项目	释义
12	继电器	表示继电器的内部电路
13	选择性节点	空心圆表示此节点是可选的,可根据车辆用途决定是否选用
14	接合点	实心圆"●"表示节点
15	系统分支	说明电路分支到其他系统
16	跨页	该电路继续至下一页
17	部件名称	表示部件名称
18	端子编号	表示接头端子编号
19	接地(GND)	表示接地
20	选装说明的解释	表示本页中出现的选装缩写标记的说明

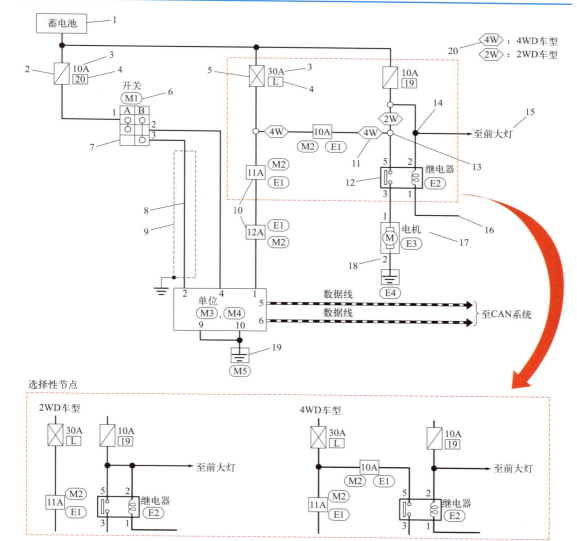

图 3-8-1　日产车系汽车电路图识读示例

3.8.3 电路图中的开关位置

电路图中所示的开关位置是车辆处于正常状态下的情况。所谓的正常状态是指点火开关位于"OFF"位置，车门、发动机罩和行李箱盖/后背门都处于关闭状态，踏板均未被踏下。

3.9 现代/起亚汽车

3.9.1 现代/起亚车系汽车电路图特点

现代/起亚汽车电路图中电源部分画在电路图的顶部，搭铁部分画在电路图的底部。原版电路图中导线按照实际线束颜色和线径着色，用电设备和模块采用浅蓝色背景。模块虚线框表示在当前电路中未完全显示，实线框表示在当前线路中已完全显示。导线由白、黑、红、黄、绿、棕、蓝、浅绿、橙9种主色加辅助颜色条纹的双电线组成，按一定规律连接起来，构成完整的全车电气系统。

3.9.2 现代/起亚车系汽车电路图导线颜色

导线有单双色两种类型。双色导线的表示方法如下：0.5RED/BLK 表示有彩色条纹的导线，其代号中斜杠前的字母表示导线的底色，斜杠后的字母表示条纹颜色，最前面的数字表示该导线的截面积，单位是 mm^2。本例导线代号意为：截面积为 $0.5mm^2$ 的红底黑条纹导线。现代/起亚车系导线颜色对照表如表3-9-1 所示。

表3-9-1　现代/起亚车系导线颜色对照表

代码	颜色	代码	颜色	代码	颜色
B	黑色	L	蓝色	R	红色
Br	棕色	Lg	浅绿色	W	白色
G	绿色	O	橙色	Y	黄色
Gr	灰色	P	粉色	Ll	浅蓝色
B	黑色	L	蓝色	R	红色

有的导线绝缘层只有一种颜色，有的导线绝缘层则在一种颜色的基础上加上另一种颜色的条纹。第二种颜色即为条纹颜色。如：

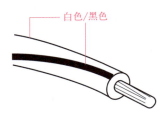

3.9.3　现代/起亚汽车电路图图形符号

现代/起亚车系电路图图形符号如表3-9-2所示。

表3-9-2　现代/起亚车系电路图图形符号

部分	符号	说明	部分	符号	说明
部件	(矩形)	表示部件全部	连接器	10 M05-2 公连接器/母连接器	表示在部件位置索引上连接器编号表示对应端子编号（仅相关端子）
	(虚线矩形)	表示部件的一部分		R Y/L 3　1 E35 R Y/L	虚线表示2根导线同在E35连接器上
	(带箭头的矩形)	表示导线连接器在部件上	导线	B / Y/R	（上）表示下页继续连接；（下）表示黄色底/红色线条导线
	(带天线状符号的矩形)	表示导线连接器通过导线与部件连接		从O52 A / 至MC02 A	表示这根导线连接在所显示页。箭头表示电流方向。可以在标记位看到"A"
	(带螺钉符号的矩形)	表示导线连接器用螺钉固定在部件上		R 电路图名称	箭头表示导线连接到其他线路
	(搭铁符号)	搭铁符号（圆点和3条短线）表示部件的壳体连接到车辆的金属部件上		自动变速器 G　手动变速器 G	表示根据不同配置选择线路
	(加热器符号)	加热器	连接	L L	一定数量线束连接以圆点表示。精确的位置和连接根据车辆不同而不同
	制动灯开关 PHOTO 03	部件名称：上部显示部件名称；下部显示部件位置图编号	搭铁	G06	表示导线末端在车辆金属部件上搭铁

续表

部分	符号	说明	部分	符号	说明
一般部件符号		传感器	一般部件符号		电容器
		喷油器			扬声器
		电磁阀			喇叭、蜂鸣器、警笛、警铃
		电动机	继电器		1.常开式； 2.表示线圈没有流过电流时的状态，当线圈流过电流时连接转换； 3.二极管内装继电器； 4.电阻器内装继电器
		蓄电池			
屏蔽导线	G06	表示防波套，防波套要永久搭铁（主要用在发动机和变速器的传感器信号线上）	灯泡		双丝灯泡 单丝灯泡

续表

部分	符号	说明	部分	符号	说明
短接连接器	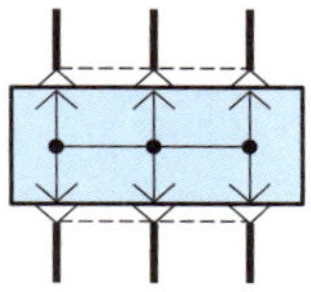	表示多线路短接的导线连接器	电源连接	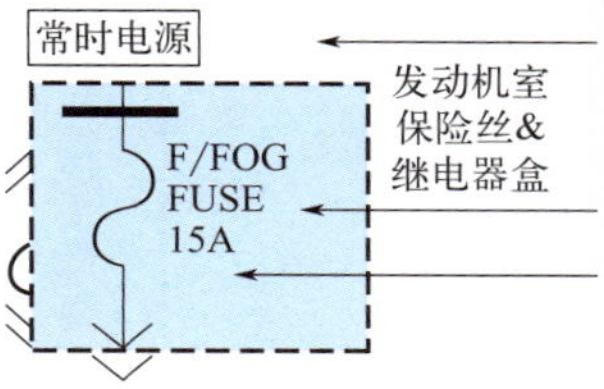 常时电源 ← 发动机室保险丝&继电器盒 F/FOG FUSE 15A	常电时提供电源 名称 容量
二极管	  	二极管 发光二极管 稳压二极管	三极管	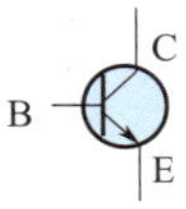 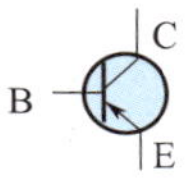 B—C/E B—C/E	NPN 型 PNP 型
保险丝	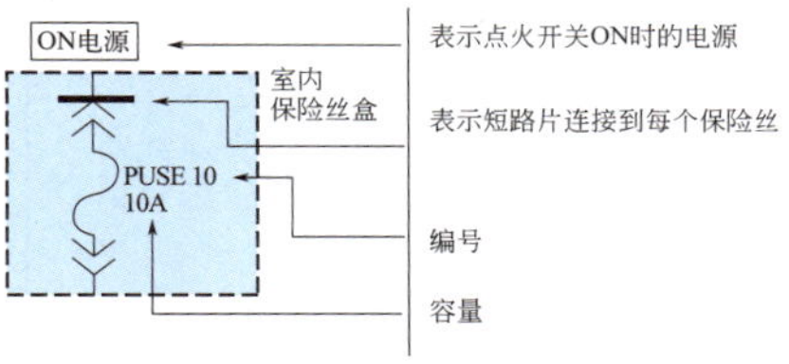 ON电源 ← 室内保险丝盒 PUSE 10 10A	表示点火开关ON时的电源 表示短路片连接到每个保险丝 编号 容量	电源连接		蓄电池电源
开关	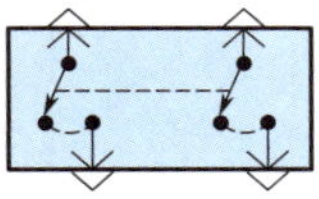	联动开关 表示开关沿虚线摆动,而细虚线表示开关之间的联动关系			
	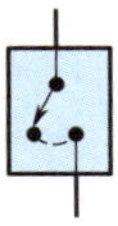	开关(单触点)			

3.9.4　现代/起亚车系汽车电路图识读示例

现代/起亚车系汽车电路图识读示例如图 3-9-1 所示。

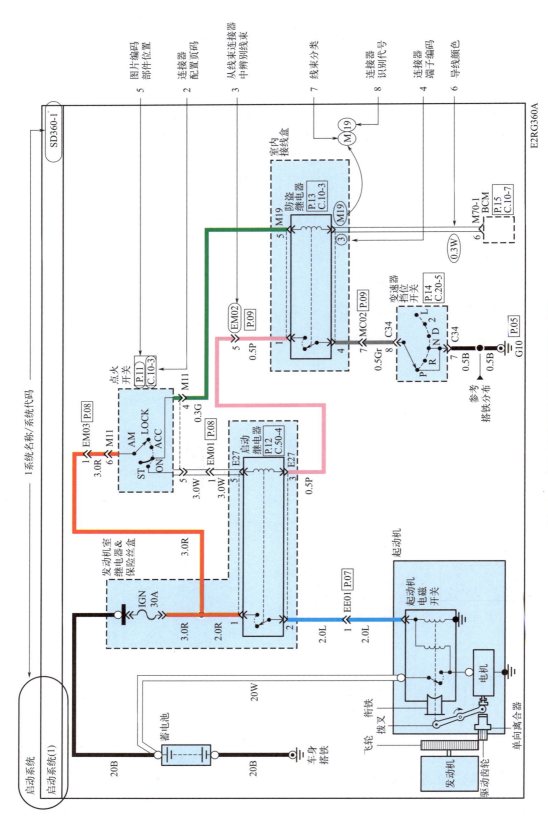

图 3-9-1 现代/起亚系汽车电路图识读示例

(1) 系统名称 / 系统代码

每一页由系统电路组成。示意图包括电流的路径，各个开关的连接状态，以及当前其他相关电路的功能，它适用于实际的维修工作。

在故障检修前正确地理解相关电路是非常重要的。

系统的电路依据部件编号并表示在电路图索引上。

(2) 连接器视图（部件）

如图 3-9-2 所示。

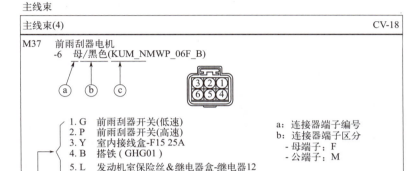

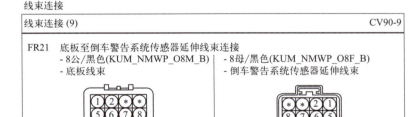

图 3-9-2　连接器视图（部件）

① 部分显示如下：连接器（线束侧，非部件侧）正面图。
② 按照第（4）项的连接器视图和编号顺序，在每个连接器的端子上标记编号。
③ 没有连接线束的端子以（-）进行标记。

(3) 连接器配置（线束连接器）

如图 3-9-2 所示。

① 在线束间连接的连接器，分为公母连接器，参见连接器视图和编码顺序。
② 按照第（4）项的连接器视图和编号顺序，在每个连接器的端子上标记编号。
③ 没有连接线束的端子以（*）进行标记。

(4) 连接器视图和编码顺序

如表 3-9-3 所示。

(5) 部件位置

为了方便寻找部件，在示意图上用"PHOTO ON"表示在部件名称的下面。

表3-9-3 连接器视图和编码顺序

母	公	备注
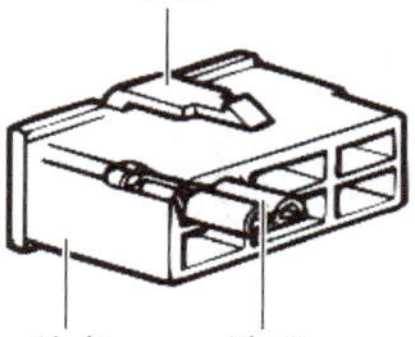 (卡扣、外壳、端子图示)	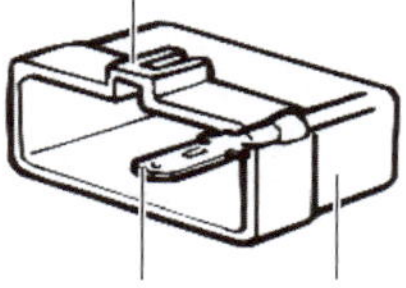 (卡扣、端子、外壳图示)	这里不是说明导线连接器的外壳形状,而是说明辨别公导线连接器和母导线连接器上的连接器端子。排列母导线连接器和公导线连接器时,参考该表排列顺序。某些导线连接器端子不使用这种表示方法,具体情况请参考导线连接器配置
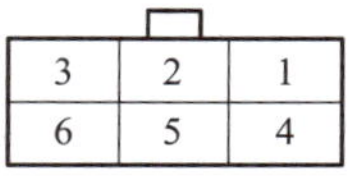 3 2 1 / 6 5 4	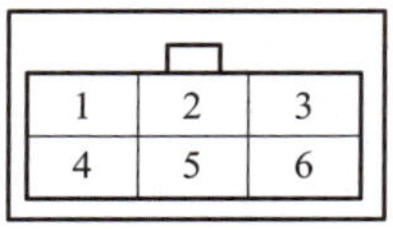 1 2 3 / 4 5 6	
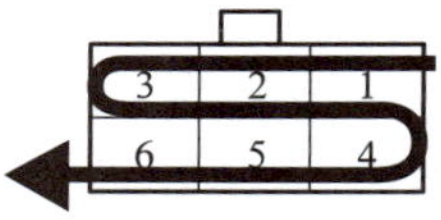 3 2 1 / 6 5 4 (箭头)	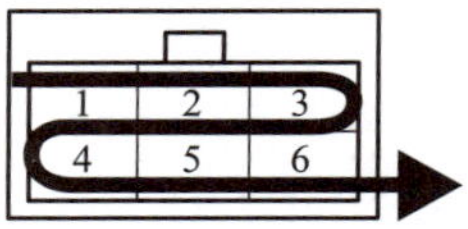 1 2 3 / 4 5 6 (箭头)	母导线连接器按从右上侧往左下侧的顺序读号码。公导线连接器按从左上侧往右下侧的顺序读号码

(6) 导线颜色缩写

见表 3-9-1。

(7) 线束分类

根据线束的不同位置,把线束分为如表 3-9-4 所示的几类。

表3-9-4 线束分类

符号	线束名称	位置
D	车门线束	车门
E	前线束、点火线圈、蓄电池、喷油嘴延伸线束	发动机室
F	底板线束	底板
M	主线束	室内
R	后保险杠、后除霜器、后备箱门线束	后保险杠、后除霜器、后备箱门

(8) 连接器识别

连接器识别代号由线束分类代号和连接器分类编号组成。

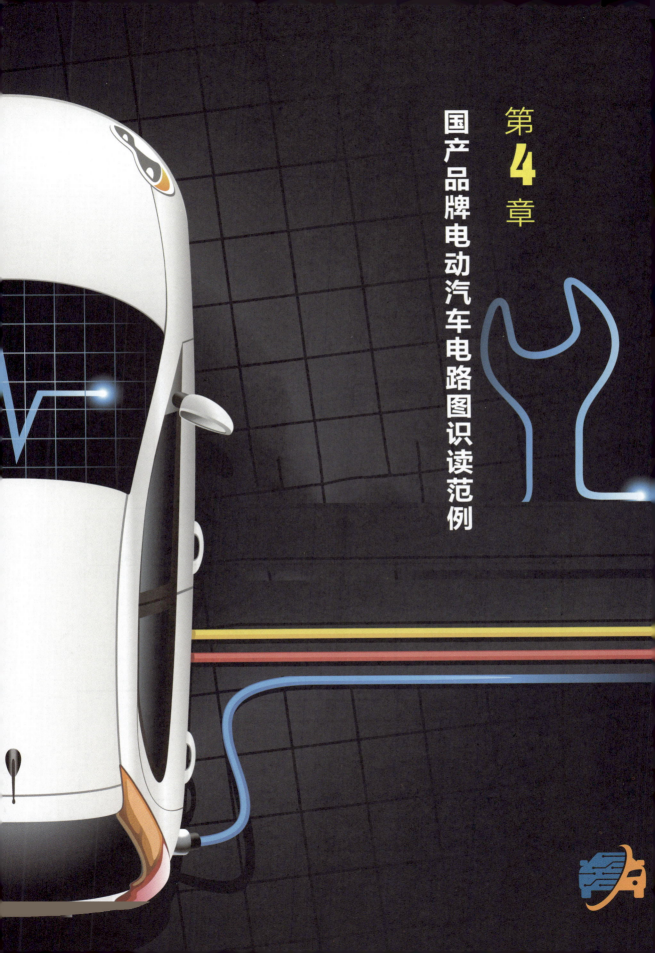

第 4 章 国产品牌电动汽车电路图识读范例

4.1 北汽汽车

4.1.1 电路图识读说明

北汽汽车电路图如图 4-1-1 所示。

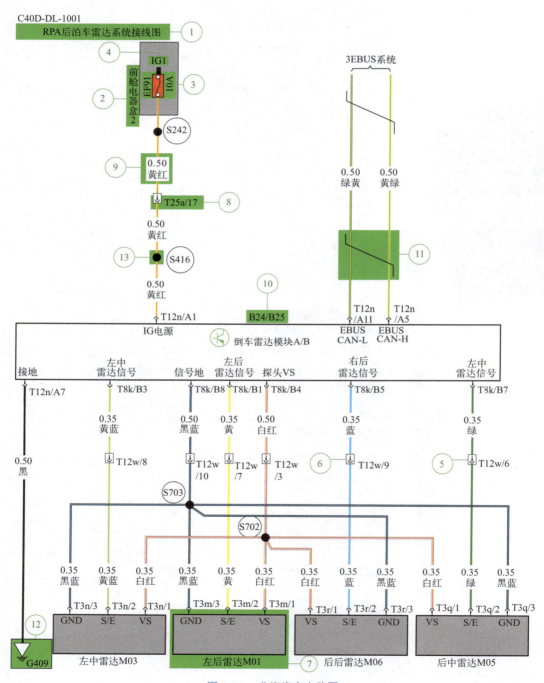

图 4-1-1 北汽汽车电路图

① 系统名称。
② 保险丝和继电器盒。
③ 保险丝。保险丝编号由保险丝代号和序列号组成。
④ 电源供应状态。B+ 表示供应蓄电池电源；IG1 表示一键启动开关在"ON"位置时，IG1 继电器 87 号针脚的电源输出；IG2 表示一键启动开关在"ON"位置时，IG2 继电器 87 号针脚的电源输出；ACC 表示一键启动开关在"ACC"位置时，ACC 继电器 87 号针脚的电源输出。
⑤ 显示插接件端子编号。相互对插的线束插接件编号顺序互为镜像，如图 4-1-2 所示。

图 4-1-2　插接器端子编号

⑥ 显示插接件的公母。公状插接件和母状插接件对接，并用图标"▯"表示线束插头插接方向。插接件类型如图 4-1-3 所示。

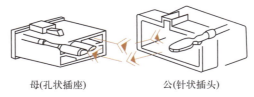

图 4-1-3　插接件类型

⑦ 电气元件及名称。
⑧ 连接线束和线束的中间插接件。如 T00x，其中"T"为所有插头针脚编号的前缀，"00"表示插头针脚数量，"x"表示序列号，用字母 a～z 来表示，可以是一个、两个或者三个字母组成，其目的是区分并保证端子编号在整个电路图中的唯一性，但在识读电路图过程中要注意区分 O 和 0、I 和 1，以免混淆。
⑨ 导线颜色。导线颜色如表 4-1-1 所示，如果一根导线有两种颜色，第一个字母表示基本接线颜色，第二个字母表示的是条纹颜色。它们用"/"区分开。例如，Y/W 表示以黄色为背景色，同时上面有白色条纹的导线，如图 4-1-4 所示。

表4-1-1　导线颜色对照表

绿色代码	导线颜色	注释
B	黑色	▬
Br	棕色	▬
Bl	蓝色	▬
G	绿色	▬
Gr	灰色	▬
O	橙色	▬

续表

绿色代码	导线颜色	注释
P	粉色	
R	红色	
V	紫色	
W	白色	
Y	黄色	

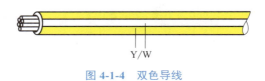

图 4-1-4　双色导线

⑩ 线束插接件名称。北汽汽车电路图中线束插接件是根据线束命名的。例如，前舱线束插接件 U07，U 是线束代号，07 是插接件编号。表 4-1-2 列出了所有线束代号及名称。

表4-1-2　线束代号及名称对照表

线束代号	线束名称	线束代号	线束名称
U	前舱线束	R	顶棚线束
U—	前舱线束插接件	R—	顶棚线束插接件
I	仪表线束	M	前/后保险杠线束
I—	仪表线束插接件	M—	前/后保险杠线束插接件
B	车身线束	F	前端线束
B—	车身线束插接件	F—	前端线束插接件
D	车门线束	P	PEU 线束
D—	车门线束插接件	P—	PEU 线束插接件
A	空调线束	A—	空调线束插接件

4.1.2　元器件图形符号

北汽汽车电路图中元器件的图形符号如表 4-1-3 所示。

表4-1-3　北汽汽车电路图图形符号

符号	名称	符号	名称	符号	名称
G101	搭铁		常闭继电器		蓄电池

符号	名称	符号	名称	符号	名称
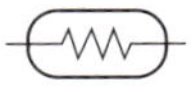	温度传感器	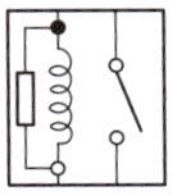	常开继电器	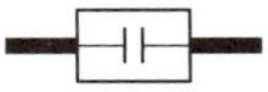	电容
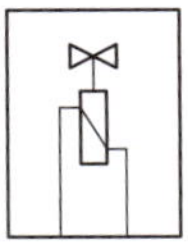	电磁阀	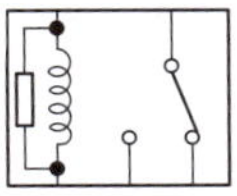	双掷继电器	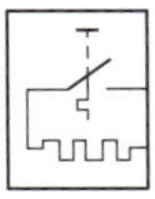	点烟器
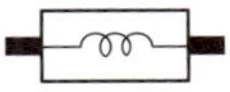	电磁阀	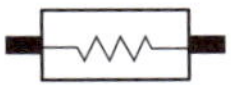	电阻		天线
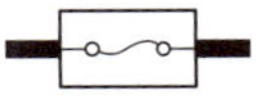	轻负荷保险丝	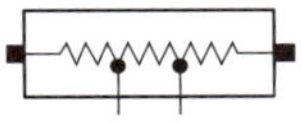	电位计	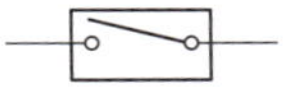	常开开关
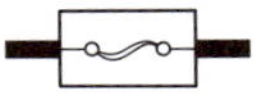	重负荷保险丝	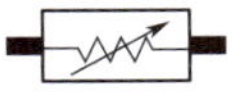	可变电阻	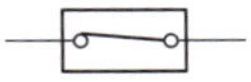	常闭开关
	电机	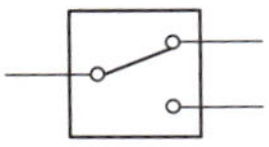	双掷开关	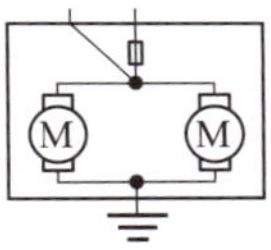	风扇组件
	加热电阻丝		喇叭	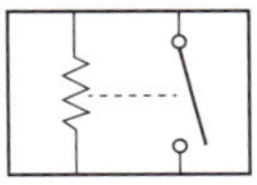	继电器
	二极管		灯泡		限位开关
	光电二极管		线方向	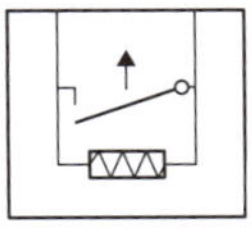	安全气囊
	发光二极管	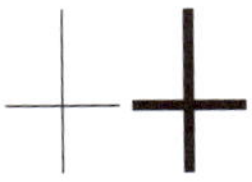	未拼接	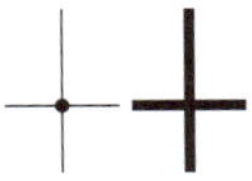	拼接
	时钟弹簧				

4.1.3 电路图中的缩略语

北汽汽车电路图中元器件及系统的缩略语与中文名称对照如表 4-1-4 所示。

表4-1-4　电路图中的缩略语与中文名称对照表

缩略语	中文名称	缩略语	中文名称
ABS	防抱死制动系统控制器	ESK	电子旋钮换挡控制器
AVM	全景影像系统控制器	EVBUS	新能源总线
BBUS	电池内部总线	EWP-FD	电子水泵控制器
BCM	车身控制器	FCBUS	快速充电总线
BMS	动力电池管理系统控制器	GW	网关控制器
Brake sw	制动开关	IBUS	信息娱乐总线
CAN	控制器局域网	ICM	组合仪表控制器
CBUS	底盘驱动总线	IEC	仪表板电器盒
CMU	充电管理控制器（慢充）	LIN	LIN 线
DiagBUS	诊断总线	MCU	驱动电机控制器
DC/DC	直流转换控制器	OBC	车载充电机控制器
DC-CHM	快充系统	PCU	P挡控制器
DLC	OBD 诊断接口	PEPS	无钥匙进入及启动控制器
DVR	行车记录仪	PEU	高压驱动集成单元
DRL	日间行车灯	PTC	电加热控制器
EAS	压缩机控制器	RPA	后泊车雷达控制器
EBUS	车身舒适总线	SRS/SDM	安全气囊控制器
EHU	中控信息娱乐控制器	TBUS	远程监控总线
EPB	电子驻车制动器	TPMS	胎压监测控制器
EPS	电动助力转向控制器	T-BoX	智能远程控制终端
ESCL	电子转向柱锁控制器	UEC	前舱电器盒

4.2　广汽汽车

4.2.1　电路图识读说明

广汽埃安电动汽车电路图如图 4-2-1 所示。

第4章 国产品牌电动汽车电路图识读范例

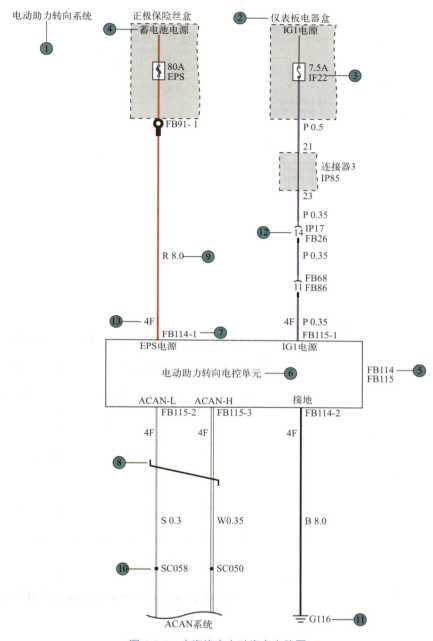

图 4-2-1　广汽埃安电动汽车电路图

1—电路系统；2—电器盒，灰色填充的方框表示电器盒或连接器；3—熔丝说明；4—电器盒内的电源说明，根据车上不同的供电状态，将电源状态分为①蓄电池电源（表示常电），② ACC 电源（ACC 继电器输出的电源），③ IG1 电源（IG1 继电器输出的电源），④ IG2 电源（IG2 继电器输出的电源）；5—电气元件代码，若电气元件的全部针脚在该系统线路图中显示，则用完整的实线框标示，否则用部分实线框标示；6—电气元件名称；7—电气元件的针脚编号，其中 FB 为前舱线束的线束代码（线束代码如表 4-2-1 所示），114 表示此电气元件的针脚为 114 针，1 表示此电路连接在 114 针电气元件的第 1 号针脚；8—此电路为双绞线，主要用于传感器的信号电路或数据通信电路；9—表示此电路的导线颜色及线径，导线颜色代码及定义如表 4-2-2 所示；10—导线连接点，分为无交叉线路和交叉线路，如图 4-2-2 所示；11—接地点；12—对接件，主要用于线束与线束之间对接，标示如图 4-2-3 所示；13—车型配置代码，广汽埃安车型配置代码如表 4-2-3 所示

表4-2-1 线束代码定义

代码	描述	代码	描述	代码	描述
FB	前舱线束	RL	左后门线束	AH	空调系统高压线束
IP	仪表板线束	RR	右后门线束	BH	电池高压线束
CN	副仪表板线束	TG	后行李箱线束	CH	充电高压线束
BD	车身线束	RF	顶棚线束	IH	电机控制器线束
FU	底盘线束	FP	前保险杠线束	AC	空调线束
FL	左前门线束	RB	后保险杠线束	LS	左座椅线束
FR	右前门线束	CS	充电插座线束	RS	右座椅线束

表4-2-2 导线颜色代码及定义

代码	导线颜色	图示
B	黑色	▬
W	白色	▬
R	红色	▬
G	绿色	▬
Y	黄色	▬
U	蓝色	▬
K	粉色	▬
P	紫色	▬
O	橙色	▬
S	灰色	▬
N	棕色	▬

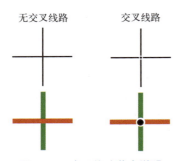

图 4-2-2 交叉线路节点说明

图 4-2-3 对接件表示方法

①—表示插接件 BD01 是插头；②—表示插接件 FB28 是插座

表示前舱线束插接件FB28的A1针脚与车身线束插接件BD01的A1针脚对接

表4-2-3 广汽埃安车型配置代码

车型配置代码	说明	车型配置代码	说明
4F	电动助力转向电控单元（天合）	16B	全景天窗
4D	转向盘调节	16C	天窗遮阳帘电源
5C	智能可变阻尼电控悬架	18Q	热泵
6A	左前安全带预紧器	19E	前向雷达
6B	左侧气帘	19H	盲区监测
6E	左后安全带预紧器	19K	驾驶员状态监测
6F	左B柱侧碰撞传感器	19G	车道偏离预警
10E	前大灯自动调节	26B	高续驶
10K	智能氛围灯	26C	低续驶
10T	前大灯手动调节	28A	集成电源系统6.6kW（双向）
10V	流水迎宾功能大灯	28B	集成电源系统10kW
11B	后视镜折叠	28F	放电
12C	T-BOX	28G	集成电源系统6.6kW（单相）
12F	GPS	29C	驱动电机（联电）
12H	左前低音扬声器	29D	驱动电机（日产电）
12V	IHU	29E	后驱动电机（日产电）
13E	全景泊车	34A	L3
13D	自动泊车	34B	自动驾驶域控制器
13G	倒车雷达	34D	CRR
15A	主驾座椅调节	34E	电控助力器及制动总泵带储液罐总成
15B	主驾座椅加热	34F	高精度地图定位模块
15C	主驾座椅通风	34G	ICAN
15D	主驾座椅记忆功能	34J	HOD离手检测
15E	乘员座椅加热调节	34K	网关（ETHERNET）
15J	后排座椅联动	35A	集成P挡电机

4.2.2 元器件图形符号

广汽汽车电路图中元器件的图形符号如表4-2-4所示。

表4-2-4　广汽汽车电路图中元器件的图形符号

符号	名称	符号	名称
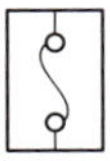	保险丝（小负载）	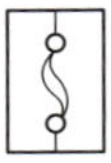	保险丝（中负载）
	保险丝（大负载）	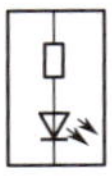	LED
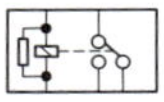	双掷继电器	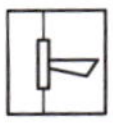	喇叭
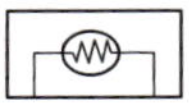	安全气囊		导线不相交
	导线相交	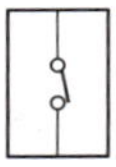	常开开关
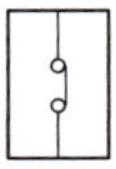	常闭开关	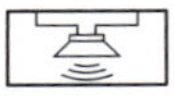	扬声器
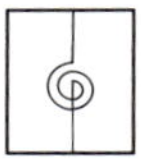	时钟弹簧	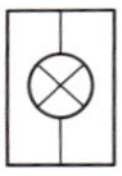	灯泡
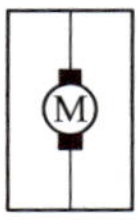	电机	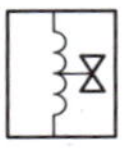	电磁阀
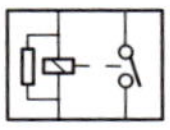	继电器	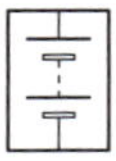	蓄电池

4.3　上汽汽车

4.3.1　电路图识读说明

上汽荣威电动汽车电路图说明如图4-3-1所示。

4.3.2　导线颜色、线束简称和配置代码

电路图中的导线颜色与车辆中的导线颜色保持一致，一般采用单色或双色导线进行标注。对于单色导线，整条导线的颜色应保持一致，但在经过插接器后，导线的颜色可能会发生变化，需注意颜色的准确性。双色导线的标注方法和电路图中的表现形式如图4-3-2所示。

第4章 国产品牌电动汽车电路图识读范例

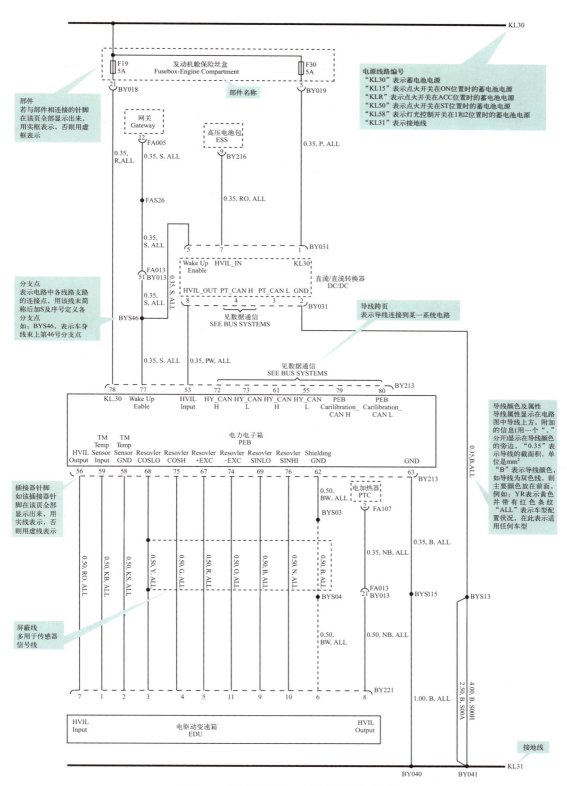

图 4-3-1　荣威电动汽车电力电子箱电路图

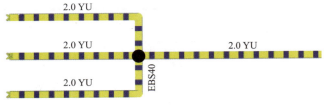

图 4-3-2 双色导线表现方式

在图 4-3-2 中,"YU"代表双色导线,其中"Y"代表主色,而"U"则代表辅助色。导线代号及其相关说明已列在表 4-3-1 中。

表4-3-1 导线代号及其相关说明

代号	英文	中文描述	代号	英文	中文描述
R	Red	红色	P	Purple	紫色
B	Black	黑色	W	White	白色
O	Orange	橙色	G	Green	绿色
S	Slate	灰色	LG	Light Green	浅绿色
K	Pink	粉色	LU	Light Blue	浅蓝色
N	Brown	棕色	TAN	Tawny	黄褐色
Y	Yellow	黄色	DU	Bark Blue	深蓝色
U	Blue	蓝色	DG	Dark Green	深绿色

整车线束根据其位置和连接部分,可以分为车身线束、中控台线束以及驾驶员车门线束等。为了统一命名,采用了双字母英文缩写的方法。表 4-3-2 展示了整车线束的缩写代号以及对应的中文描述。

表4-3-2 整车线束缩写代号及中文描述对照

代号	英文	中文描述	代号	英文	中文描述
BY	Body Harness	车身线束	HV	High Voltage Harness	高压线束
CE	Console Harness	中控台线束	PD	Passenger Door Harness	副驾驶员车门线束
DD	Driver Door Harness	驾驶员车门线束	PS	Passenger Seat Harness	副驾驶员电动座椅线束
DS	Driver Seat Harness	驾驶员电动座椅线束	RD	Rear Door Harness	后车门线束
ES	Steering Harness	电动助力转向线束	SR	Sunroof Harness	天窗线束
FA	Facia Harness	仪表板线束			

电路图中的线束配置代码根据车型配置的不同进行标注,标注方法如表 4-3-3 所示。

表4-3-3　线束配置代码及配置描述

配置代码	配置描述	配置代码	配置描述
C06C	巡航控制	S14B	普通灯泡制动灯
E102	两驱	S15D	驾驶员侧电动玻璃一键自动上下
H10H	ESP+ARP+HDC	S16D	仅驾驶员侧玻璃防夹
H11A	发光 Log	S19P	电动尾门
J17A	直接式胎压监测	S25C	后视摄像头
K17B	AUTO HOLD	S30P	双免钥匙进入以及免钥匙启动
K20B	电动室外后视镜（带折叠、加热功能）	S31E	无钥匙发动机按键启动
M05D	遮阳板带照明灯	S35A	全景天窗
M10E	自动防眩目内后视镜	S37B	蓝牙免提电话
M35A	后备箱电源插座	S40A	半自动泊车
M52B	车门内饰氛围灯	S40P	后倒车雷达
N00A	驾驶员电动座椅	S41L	车道偏离警示
N10D	副驾驶员电动座椅	S45R	自动雨刮
N45W	前排座椅加热	S53F	阿里娱乐系统
Q00S	双安全气囊（驾驶员侧及乘客舱侧）+ 侧安全气帘	S57A	行人警示系统
Q01B	胸及骨盆侧安全气囊	S76X	仪表背光不可切换
Q105	带预紧负载限制的驾驶员安全带	S78A	360°全景影像
Q11D	带预紧负载限制的副驾驶员安全带	S79A	车门照地灯
Q20R	前安全带提示报警	S85A	行车记录仪
R40A	12.3英寸全虚拟仪表	T11H	自动恒温空调 - 双区域
S00A	带自动水平调节	T21V	空气净化系统
S00H	投射式卤素大灯带水平调节	U01D	双 USB 端口
S02F	前雾灯	U058	8 扬声器
S03F	后雾灯	U11N	导航
S04A	手套箱灯	U35R	转向盘带音量调节
S10A	灯光自动控制系统	U40D	10.4 英寸彩色显示屏
S11D	日间行车灯		

4.3.3　电路图中的相关缩略语

为了在有限的空间内标注更多的信息，电路图采用了缩略语来代替某些用电器或系统名称。缩略语及其对应的中文名称解释如表 4-3-4 所示。这些缩略语的应用有助于简化电路图的复杂性，同时提高了电路图的阅读效率。

表4-3-4 缩略语及其中文名称解释

缩略语	中文名称	缩略语	中文名称
A	安培	FR	右前
A/C	空调	FVCM	前视摄像头模块
ABS	防抱死系统	GND	接地
ACFP	空调控制面板	HDC	坡道缓降
ANT	天线	HRW	后风窗加热
ATC	自动空调控制	HS	高速
AUH	自动驻车	HSD	高速信号
BCM	车身控制模块	HSU	门把手天线
BUS	数据总线	IACU	空气净化器
CAN	控制区域网络	IGN	点火挡
CDL	中控门锁	ILLUM	背光
CHSML	高位制动灯	IMMO	防盗
CTRL	控制	INTS	集成热传感器
CYL	气缸	ISG	集成启动发电机
DI	转向	ITOS NTC Ref SNR	集成热指向参考传感器
DDSP	驾驶员侧电动车窗开关	ITOS NTC SNR	集成热指向传感器
EBS	蓄电池电流传感器	ITOS SUN SNR	集成热指向阳光传感器
EMS	发动机控制系统	LDW	车道偏离报警系统
ECU	电子控制单元	LF	低频信号
EDU	电驱动变速器	LH	左侧
EF	发动机舱保险丝	LVDS	低压差分信号传输
EPB	电子驻车制动	MS	中速
EPS	电动助力转向	NAV	导航
ESCL	电子转向锁	PASS	副驾驶
EVAP	蒸发器	PACM	行人警示模块
EVP	电子真空泵	PDC	驻车辅助控制
FB	反馈	PLCM	电动尾门控制模块
FCD	中央娱乐屏幕	PSI	碰撞传感器
FCW	前方碰撞预警	PTC	电加热器
FICM	前台娱乐控制模块	PWM	脉冲宽度调节
FL	左前	PWR	电源
Flap	风门	RLY	继电器
RL	左后	RLS	雨量传感器
RR	右后	Req	请求信号
SCRN	屏蔽线	RH	右侧
SCS	动态稳定控制系统	TCCM	四驱控制模块
SCU	换挡控制单元	TEMP	温度
SIG	信号	TM	驱动电机
SPK	扬声器	TPMS	胎压监测模块
SW	开关	TTOSYS	通信模块到通信串口
SYSTOT	通信串口到通信模块	UBR	经过主继电器的电压
TBOX	通信模块总成	V	伏特

第 4 章 国产品牌电动汽车电路图识读范例

4.4 小鹏汽车

4.4.1 电路图识读说明

小鹏汽车电路图识读说明如图 4-4-1 和图 4-4-2 所示。

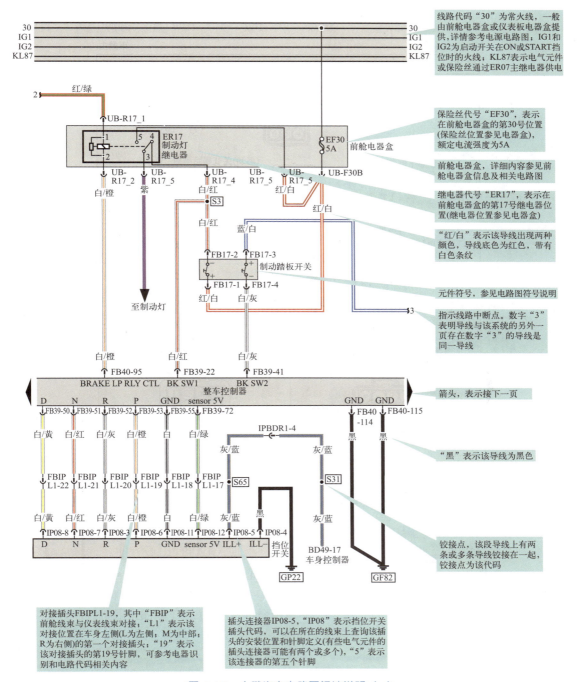

图 4-4-1 小鹏汽车电路图识读说明（一）

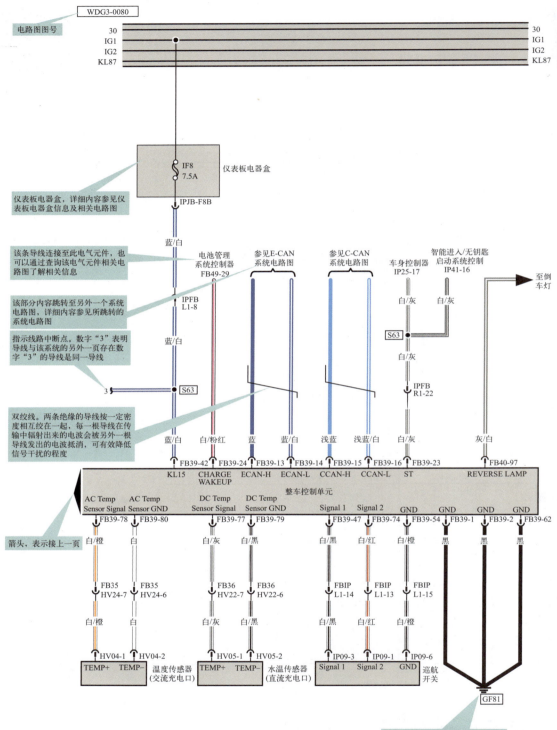

图 4-4-2 小鹏汽车电路图识读说明（二）

4.4.2 线束代码定义

(1) 电气部件端线束插接器

电路图中的线束插接器编码规则以线束代码为基础。如车身线束中的插接器 BD01，其中 BD 为线束代码，插接器序列号从 01 开始。整车线束代码如表 4-4-1 所示。

表4-4-1 线束代码对照

代码	线束名称	代码	线束名称
B	前保险杠线束	FL	左前门线束
FB	前舱线束	FR	右前门线束
IP	仪表线束	RL	左后门线束
BD	车身线束	RR	右后门线束
RB	后保险杠线束	HV	高压线束
TG	后尾门线束		

(2) 对接插接器

图 4-4-3 和图 4-4-4 分别为对接插接器在系统电路图和实车中的表示方法。

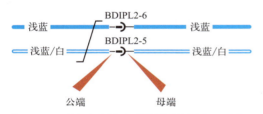 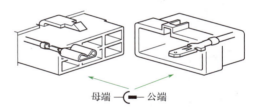

图 4-4-3 系统电路图中对接插接器的表示方法　　图 4-4-4 实车中对接插接器的表示方法

图 4-4-3 中对接插接器 BDIPL2-6，其中 BDIP 表示从车身线束到仪表线束的插接器，L2 表示仪表左侧第二个（L 为左、M 为中、R 为右），-6 表示对接插接器针脚。所有线束对接插接器都是以线束代码开头。

4.4.3 导线颜色代码

低压线束导线颜色采用双色线，使用字母表示，如导线颜色代码为 LU-Y，第一个/组代码表示导线的基本色，第二个/组字母表示条纹的颜色，如图 4-4-5 所示。低压线束颜色代码与字母对照表如表 4-4-2 所示。

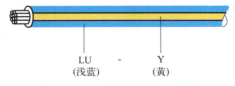

图 4-4-5 双色导线颜色示意图

表4-4-2 低压线束颜色代码与字母对照

代码	名称	图示	代码	名称	图示
R	红		G	绿	
B	黑		LG	浅绿	
S	灰		K	粉红	
U	蓝		N	棕	
LU	浅蓝		W	白	
P	紫		Y	黄	
O	橙				

高压系统导线采用国家标准中规定的橙色导线。

4.4.4 元器件图形符号

小鹏汽车电路元器件图形符号及说明如表4-4-3所示。

表4-4-3 元器件图形符号及说明

图形符号	说明	图形符号	说明
	不可拆卸式导线连接	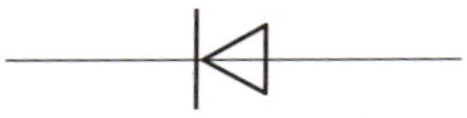	二极管
	可拆卸式导线连接	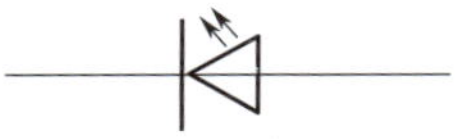	发光二极管
	部件内部导线连接（不可拆）	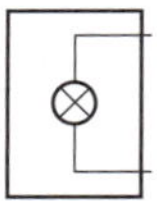	灯泡
	部件的连接器连接	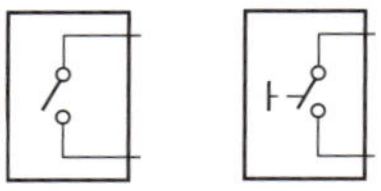	开关
	线束的连接器连接		话筒
	公连接器		油压开关
	母连接器	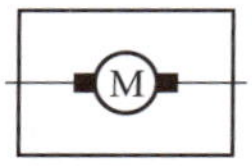	电机

续表

图形符号	说明	图形符号	说明
	公连接器与母连接器对接	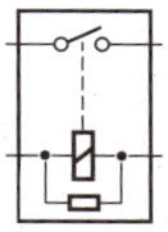	继电器
	无连接交叉导线	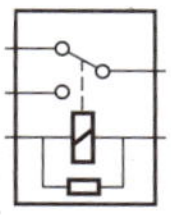	双掷继电器
	双绞线	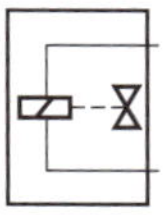	电磁阀
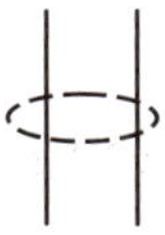	屏蔽线	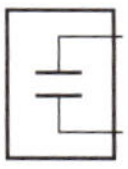	电容
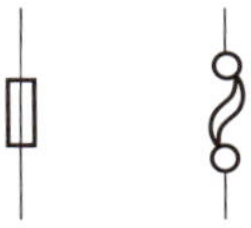	熔丝	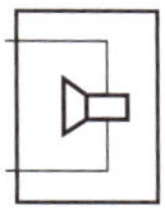	扬声器
	蓄电池	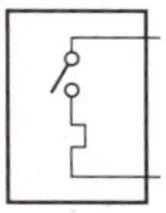	点烟器/加热丝
	接地点	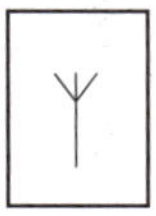	天线
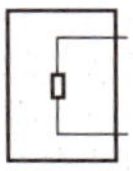	电阻		电子控制器
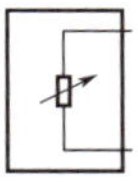	可变电阻		

4.4.5 不同类型插接器拔插操作

(1) 一般卡接结构的插接器

如图 4-4-6 所示,这是线束插接器中最常见的卡接类型,公母护套通过卡点和卡扣进行锁止。装配时应先对准,缓慢插接,最后再用力卡接到位,一般会有卡点弹起时发出的"哒"的一声。拆卸时应先按压卡点,使卡点脱出卡扣,然后再拔出插接器。

图 4-4-6 一般卡接结构

（2）带保持锁片的插接器

带保持锁片的插接器如图 4-4-7 所示，这类插接器有一个保持锁片。在插接之前需要先推出，插接到位之后需要推入锁止。反之拆卸时需要先推出保持锁片，再拔出插接器。

在保持锁片打开时插入　　　　　　推入保持锁片到位

PDU低压插接器　　　安全气囊插接器　　　安全带插接器

图 4-4-7 带保持锁片的插接器

（3）杠杆扳手式插接器

杠杆扳手式插接器如图 4-4-8 所示，这类插接器带有一个杠杆扳手，用于辅助插接。在操作这类插接器时需要注意先将扳手打开到底，对准扳手上的导向孔后插入插接器，再推扳手，推入扳手时应该用力匀速，避免用力过猛导致扳手断裂。

红圈内为导向孔　　　　　　　　　　　红圈内为导向结构

图 4-4-8　杠杆扳手式插接器

（4）带直线推入锁止结构的插接器

带直线推入锁止结构的插接器如图 4-4-9 所示，这类插接器的锁止结构在操作时朝一个方向用力。插入前需要将其推出到底（注意不是拔出），同样需要先对准导向孔再插入。

图 4-4-9　带直线推入锁止结构的插接器

（5）弹性保持锁片式插接器

这类插接器的保持锁片有弹性，插入到位时会自动弹出锁止到位。方形结构的弹性保持锁片式插接器如图 4-4-10 所示，拆卸时按上面的箭头指示推动锁片并同时按下卡扣，再拔出插接器。

图 4-4-10　方形结构的弹性保持锁片式插接器

圆形结构的弹性保持锁片式插接器如图 4-4-11 所示，插接时，红色卡点要朝正上方；拆卸时，朝分离方向推动圆形锁止结构到底并同时拔出插接器。

图 4-4-11　圆形结构的弹性保持锁片式插接器

(6) 小鹏汽车高压维修开关的断开

① 将如图 4-4-12 所示的黄色锁片推出。
② 如图 4-4-13 所示捏住黑色卡点，将短路片推出。

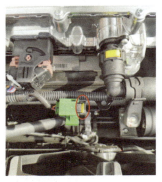 

图 4-4-12　将黄色锁片推出　　　　图 4-4-13　将短路片推出

③ 此时高压互锁回路断开，高压接触器线圈电源回路断开。维修高压系统时，在图 4-4-14 处上锁，避免他人将短路片插上，防止高压上电造成危险。
④ 安装时，取下上一步上的锁，拉起图 4-4-15 的绿色卡片，插入短路片，锁上黄色二次锁片。

图 4-4-14　上锁维修开关　　　　图 4-4-15　绿色卡片

(7) 高压插接器的断开

① 杠杆扳手式高压插接器。如图 4-4-16 所示，将蓝色锁片推出，扳动杠杆扳手，将插接

器推出。插入时操作相反。

② 圆形结构弹性保持锁片式高压插接器。如图4-4-17所示，捏住锁环沿箭头方向解锁弹性保持锁片，将插接器沿箭头方向拔出。

图 4-4-16　杠杆扳手式高压插接器断开

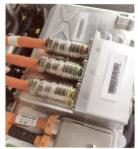

图 4-4-17　圆形结构弹性保持锁片式高压插接器断开

③ 带保持锁片的二次锁止高压插接器。先沿箭头方向推出如图4-4-18所示的二次锁片，压住图4-4-19所示的橙色大锁片，如图4-4-20所示先把插接器拉出一节，压住图4-4-21所示的橙色小锁片a拔出插接器，最后将绿色二次锁片b推入。

图 4-4-18　推出二次锁片　　　　　　　图 4-4-19　压住橙色大锁片

图 4-4-20　插接器拉出一节　　　　　　图 4-4-21　再次拔出插接器

4.5 蔚来汽车

4.5.1 电路图识读示例及特点

蔚来汽车电路图识读示例如图 4-5-1 所示。

蔚来汽车电路图采用了左右分布的布局方式,将电气元件有序地排列在电路图的左侧、中部和右侧,而导线则绘制在电路中央位置,左右连接。此外,供电线路则排列在电路图的左侧上方。这种排列方式具有清晰、易读的优点,能够明确地展示电路的走向,方便技术人员进行查看和维修。这种电路图的布局方式具有以下优点。

① 结构清晰:采用左右分布的方式,将不同类型的电气元件分别排列在电路图的左侧、中部和右侧,使得电路图的结构清晰明了,方便技术人员快速了解电路的基本构成。

② 易于维护:导线绘制在电路中央位置,左右连接,使得技术人员可以方便地查找和跟踪电路的走向,从而快速定位和解决故障。

③ 易于扩展:这种排列方式也为电路的扩展和升级提供了便利。当需要增加新的电气元件或导线时,可以很容易地在原有的电路图上找到合适的位置进行添加,而不会对原有的电路造成干扰。

④ 规范化:这种排列方式遵循了通用的电路设计规范,使得不同技术人员之间可以更容易地进行交流和协作。

⑤ 高效性:这种电路图的布局方式使得技术人员可以快速地查找到需要的电气元件和导线,从而提高了排查故障和维修的效率。

综上所述,蔚来汽车电路图采用的左右分布的布局方式,具有结构清晰、易于维护、易于扩展、规范化和高效性等优点,是一种优秀的电路图设计方式。

4.5.2 导线颜色、缩略语

在电路图中,导线以彩色线条绘制并标注了颜色和线径。导线的线径以数字形式表示,例如 0.35、0.5、0.75 等(单位为 mm^2),而导线的颜色则以 2 位字母表示,例如 YE 表示黄色线。如果是双色导线,则使用两种颜色组合表示,中间使用"/"符号隔开,前为主色,后为辅色,例如 BU/GN 表示蓝色/绿色。导线颜色代号及中文对照如表 4-5-1 所示。

表4-5-1 导线颜色代号及中文对照

颜色代码	中文对照	颜色代码	中文对照	颜色代码	中文对照
BK	黑色	GN	绿色	PK	粉色
BN	棕色	BU	蓝色	TN	褐色
RD	红色	WH	白色	DK	深色
OG	橙色	GY	灰色	LT	浅色
YE	黄色	PU	紫色		

蔚来汽车电路图中的电气元件采用了中文、英文全称或缩略语的形式进行标注,以保持标注的严谨、稳重、理性和官方风格。这种标注方式体现了蔚来汽车电路设计的专业性和规范性,方便了电路图的阅读和维护。同时,这种标注方式也符合国际惯例,有利于蔚来汽车的国际化交流和合作。

第4章 国产品牌电动汽车电路图识读范例

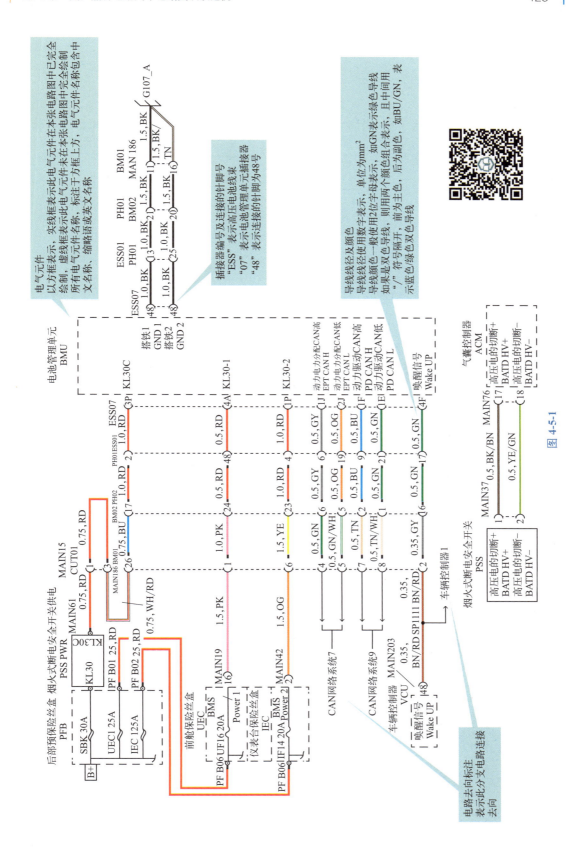

图 4-5-1

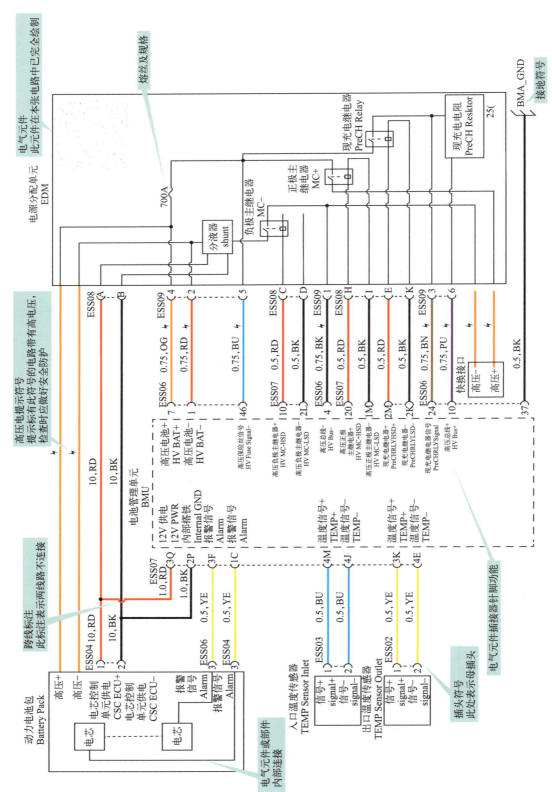

图 4-5-1 蔚来汽车电路图识读示例

在蔚来汽车电路图中，电气元件的标注主要包括中文全称、英文全称和缩略语三种形式。中文全称标注主要是为了方便国内读者阅读和理解电路图，英文全称标注则是为了便于国际读者阅读和理解电路图，而缩略语则是为了简化电路图的标注，方便电路图的阅读和维护。

缩略语及中文名称对照如表 4-5-2 所示。

表4-5-2 缩略语及中文名称对照

缩略语	中文名称	缩略语	中文名称
ICS	中央显示屏	AGS	主动进气格栅
ACM	气囊控制模块	PEU	功率控制单元
ADC	ADAS 主控制器	DC/DC	DC/DC 转换器
AMP	功放控制单元	OBCM	车载充电模块
APA	高级泊车	RCM	天窗控制模块
ASDM	空气悬架和阻尼控制模块	IEC	仪表板保险丝盒
BAU	制动助力器	EPB	电子驻车制动
BCM_F	前车身控制模块	APB	自动驻车制动
BCM_R	后车身控制模块	HPS	液压状态
BCU	制动控制单元	PWM	脉冲宽度调节
BMS	电池管理系统	LCM_D	驾驶员侧座位腰部支撑控制模块
CCU	环境控制单元	MCM_D	驾驶员侧按摩控制模块
CDC	多媒体系统主机	HVM_D	驾驶员侧加热与通风模块
CGW	中央网关控制器	LCM_P	乘客侧座位腰部支撑控制模块
EPS	电动助力转向	MCM_P	乘客侧按摩控制模块
HUD	抬头显示	HVM_P	乘客侧加热与通风模块
HVIC	高压集成件	ECU	电子控制单元
IC	数字仪表显示屏	ACC	自适应巡航控制
PEU_F	前功率控制单元	BLDC	无刷直流电机
PEU_R	后功率控制单元	NTC	负温度系数
PLG	电动尾门	HVH	高压加热器
RAD_FC	前雷达传感器	ESS	紧急制动信号
RAD_FL	前雷达左侧传感器	EDS	电驱系统

续表

缩略语	中文名称	缩略语	中文名称
RAD_FR	前雷达右侧传感器	UEC	前舱保险丝盒
RAD_RL	后雷达左侧传感器	PTC	加热器
RAD_RR	后雷达右侧传感器	TVOC	总挥发性有机物
SCM	转向柱模块	PM2.5	PM2.5 传感器
SCU_D	驾驶员侧座椅控制单元	AUTO	自动
SCU_P	乘客侧座椅控制单元	AQS	空气质量传感器
SWC	转向盘控制	HVC	高压空气压缩机
VCU	车辆控制器	BMU	电池管理单元
WLC	无线充电	PTC_F	前加热器
DSM	车门开关模块	ION	负离子发生器模块
LIN	本地内部连接网络	EXV	膨胀阀
TEC	行李箱保险丝盒	IGBT	绝缘栅双极型晶体管
NFC	近场通信	LDW	车道偏离预警
KSM	脚踢式传感器模块	ABA	主动制动辅助
RLS	雨量光纤传感器	ABP	自动制动填充
CAN	控制器局域网	AEB	自动紧急制动
EBA	紧急制动辅助	ESP	电子车身稳定系统
AWB	自动制动警告	CRC	循环冗余校验
HDC	陡坡缓降	SPI	串行外设接口
CDDS	驾驶员警示系统减速控制	RPS	转子位置传感器
ABS	防抱死制动系统	RTP	实时传输协议
SOC	充电状态	ENA	使能信号端
CAM_FC	前中摄像头	SYS	系统
FCTA	前方来车警示系统	FSW	帧同步字
LVDS	低压差分信号	NET	网络
ESG	发动机噪声发生器	SMM	系统管理模式
TSP	远程服务端	PBIS	自诊断可编程建立
DSP	数字信号处理	BERT	BUS 和 ECC 内存测试

续表

缩略语	中文名称	缩略语	中文名称
CAM_FV	前摄像头视角	CPU	中央处理器
CAM_F	前摄像头	CCM	芯片比较模块
CAM_L	左摄像头	ESM	错误信号模块
CAM_R	右摄像头	NMI	不可屏蔽中断
CAM_B	后摄像头	PTS	踏板行程传感器
CAM_IV	内摄像头视角	BCS	B6 桥式电流感应
ISRVM	内部后视镜	CDM	概念数据模型
FLM_L	左前灯模块	LTM	限制
FLM_R	右前灯模块	PDUR	PDU 路由器
IBS	智能电池传感器	EOL	下线测试
RCP	后排控制面板	IB	助力器
PFB	预保险丝盒	DTR	数据终端就绪
EBD	电子制动力分配	CDD	驾驶员辅助系统减速控制
HHA	坡道保持辅助	SAS	转向角度传感器
HBA	液压制动辅助	EMS	发动机管理系统
HBB	液压制动助力	TCU	远程控制单元
ARP	防翻滚保护	RAD	雷达
ESC	车身稳定控制	BCM	车身控制模块
DTC	拖拽扭矩控制	CAM	摄像头
TCS	牵引力控制系统	ADM	主动减振器控制模块
HFC	制动摩擦片磨损液压补偿	VLC	车辆纵向控制
HRB	后轮液压助力	ECO	节能模式
EBP	制动预夹紧	EDM	电源分配单元
BDW	制动盘清洗	CSD	电池监控电路感应和诊断
AVH	自动驻车	CSC	电池检测电路
DSR	驾驶员转向辅助	CTM	电池温度管理
CDP	电子控制减速	CVT	电池温度诊断

续表

缩略语	中文名称	缩略语	中文名称
HAZ	危险情况报警灯	BCV	电池电流电压感应和诊断
DWT	动态车轮扭矩	OBC	车载充电控制
HVI	高压互锁诊断	FCC	快速充电控制
CBL	回路平衡错误	CTD	继电器诊断
CMC	芯片上的控制模块	HSD	高边驱动
NDS	蔚来汽车售后诊断系统	LSD	低边驱动
NVM	非易失性存储器诊断	IVT	电流电压温度
RTC	实时时钟控制	PDU	高压配电盒
BMM	BMU 模式管理	THM	热控制
ISO	绝缘故障诊断	HVDC	高电平直流电压
HVIL	高压互锁	EEP	电可擦除只读存储器
CRS	碰撞信号监测	Immo	防盗系统
SOF	函数状态计算	VIN	车辆识别码
SOH	健康状态	VDC	车辆动态控制
SCI	串行通信接口	CC	巡航控制
UPA	超声波驻车辅助	AHC	远近光灯自动控制
VHM	车辆模式	MRR	中程雷达传感器

4.5.3 图形符号

蔚来汽车中的电气元件图形符号如表 4-5-3 所示。这些图形符号清晰、简洁地表示出电气元件的特征和功能，同时符号的形状和线条简洁明了，便于维护和检修人员能够快速识别和理解。

表4-5-3 电气元件图形符号

图形符号	名称	图形符号	名称
B+	12V 蓄电池电压	母端 公端 针脚号	直列式插接件
∼	保险丝		连续符号
∼	熔断丝		

图形符号	名称	图形符号	名称
	搭铁符号 注：搭铁符号后（m）表示多线搭铁点，（s）表示单线搭铁点		环形端子
	屏蔽线符号	SP1433 	线路中压合点
	双绞线符号		CAN 线符号
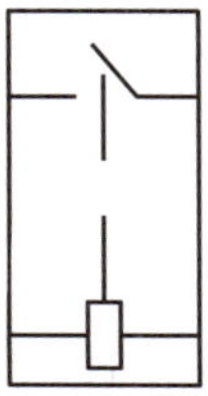	四针继电器	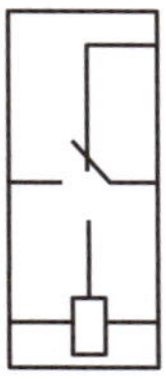	五针继电器

4.6 理想汽车

4.6.1 理想汽车电路图识读示例

理想汽车电路图采用了经典的上下布局形式，其中电气元件被安排在电路图的顶部和底部，控制模块则位于电路图的中部。此外，供电部分布置在电路图的左上方。导线被安置在电路图的中心位置，而供电及信号线路则呈现出上下走向。这种布局形式使得电路图显得严谨而稳重，便于检修时的阅读和查找。理想汽车电路图识读示例如图4-6-1所示。

4.6.2 导线颜色

在理想汽车电路图中，导线的绘制与车辆导线采用相同的颜色，包括单色和双色。单色表示线束只有一种颜色，例如 W（白色）；双色则表示线束有两种颜色，例如 W/B（白黑色）。在双色线束中，第一个颜色代表主色，应占导线的三分之二以上，而第二个颜色为辅色，仅占导线的三分之一。导线颜色代码及对照如表4-6-1所示。

表4-6-1 导线颜色代码及对照

颜色代码	中文对照	颜色代码	中文对照	颜色代码	中文对照
W	白色	B	黑色	R	红色
P	粉色	G	绿色	O	橙色
Lb	浅蓝色	Br	棕色		

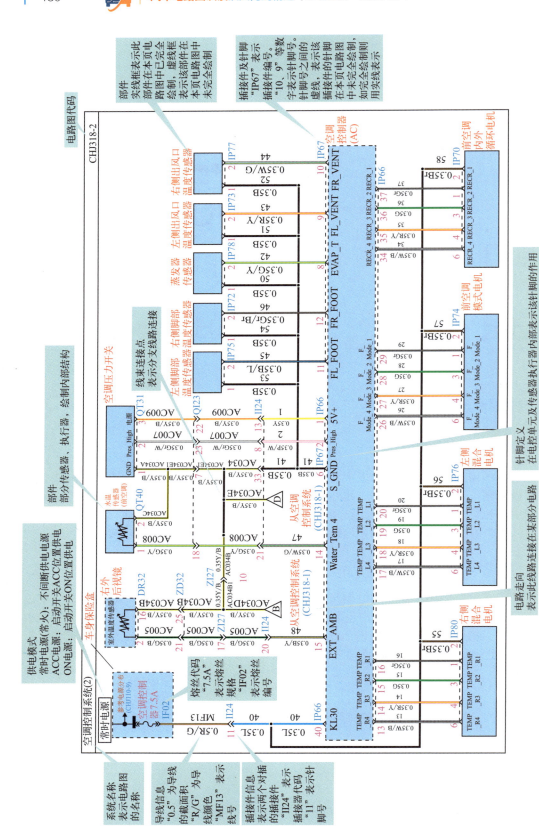

图 4-6-1 理想汽车电路图识读示例

第 4 章 国产品牌电动汽车电路图识读范例

4.7 长城哈弗汽车

4.7.1 长城哈弗汽车电路图识读示例

长城哈弗汽车的电路图设计采用了经典的上下布置形式，供电电路位于上方，控制模块、开关等元件布置在中间位置，用电器和接地点则通常布置在下方。电路图的导线绘制于中间位置，并且电路信号从上至下流动。这种布置形式的电路图具有清晰易懂的优点，能够明确供电和控制线路的走向，为维修保养工作提供了便利。哈弗 H6 电路图识读示例如图 4-7-1 所示。

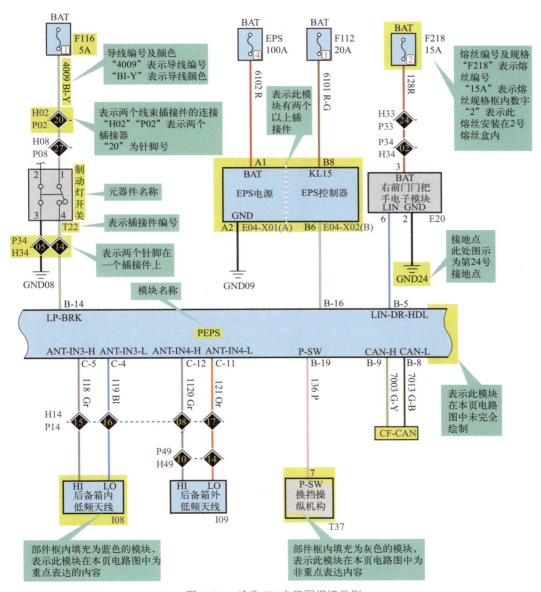

图 4-7-1 哈弗 H6 电路图识读示例

4.7.2 导线颜色及元器件图形符号

在哈弗汽车的电路图中，导线的绘制与车辆导线采用了相同的颜色标准，包括单色和双色。单色导线表示整个线束只有一种颜色，其颜色标注直接使用了表4-7-1中的字母来表示。例如，单色导线为红色时，标注为R。对于双色导线，其颜色标注的第一位表示主色，第二位表示条纹色。例如，双色导线的主色为绿色、条纹色为黑色时，标注为G-B。导线的颜色代码及对照可参考表4-7-1。此外，在哈弗汽车的电路图中，导线的绘制还遵循了其他一些规范。例如，导线的大小（横截面面积）可以根据电流的大小来选择，同时导线的布置也需要考虑到车辆的实际情况和安全性。在绘制电路图时，还需要注意到导线的连接方式、接线端子的标注等。

表4-7-1 导线的颜色代码及对照

颜色代码	中文对照	颜色代码	中文对照	颜色代码	中文对照
W	白色	B	黑色	R	红色
P	粉色	G	绿色	Gr	灰色
Bl	蓝色	Br	棕色	Y	黄色
Or	橙色				

哈弗汽车元器件的图形符号（表4-7-2）是根据相关标准进行绘制的，并部分地采用了简洁明了的方式表达元器件的原理或结构。这些图形符号必须符合国家或行业标准，以确保准确性和规范性，同时应具有可读性和可识别性，能够清晰地表达元器件的功能和特点。在绘制图形符号时，应避免使用过于复杂或难以理解的符号，以及过多的颜色或对比度，以确保阅读和理解的效果。这些图形符号不仅有助于提高汽车元器件设计的效率和质量，同时也有助于提高汽车行业的整体水平。

表4-7-2 元器件的图形符号

元器件符号	元器件名称	元器件符号	元器件名称
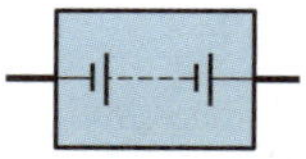 （蓄电池符号）	蓄电池	 （发光二极管符号）	发光二极管
 GND07	搭铁	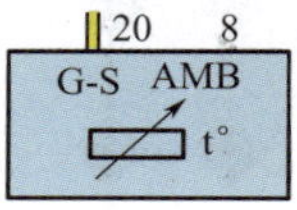 G-S AMB 20 8	温度传感器 电阻值随温度变化而变化的电阻
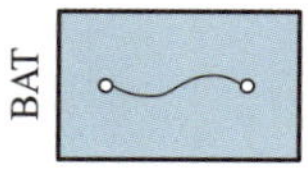 BAT	保险丝	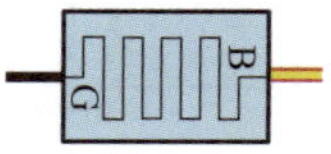 G B	除霜加热丝 电流通过加热丝时，产生热量，用以除霜
 （微动开关符号）	微动开关	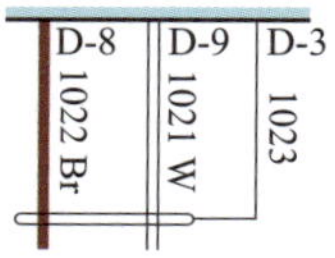 D-8 D-9 D-3 1022 Br / 1021 W / 1023	屏蔽线

元器件符号	元器件名称	元器件符号	元器件名称
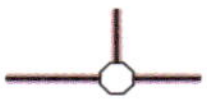	线束接合 在相交处有八角形标记的 代表线束接合	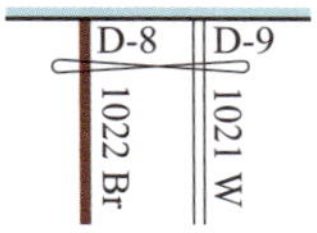	双绞线
	线束未连接 在相交处无八角形标记的 代表线束未连接		防盗线圈
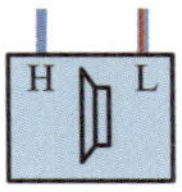	扬声器	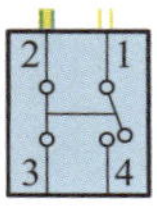	制动灯开关
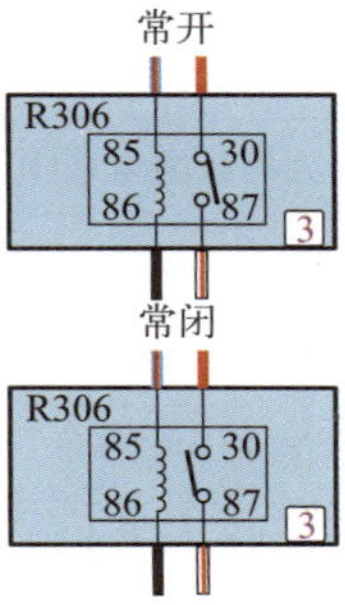	继电器 电子操作开关,一般分两 种:常闭与常开。流经小 线圈的电流可产生磁场, 磁场的通断打开或关闭附 属的开关	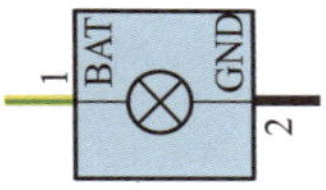	灯
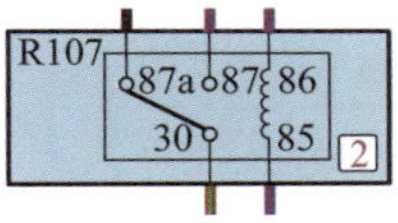	双掷继电器 一种使电流流过两组触点 中任意一组的继电器	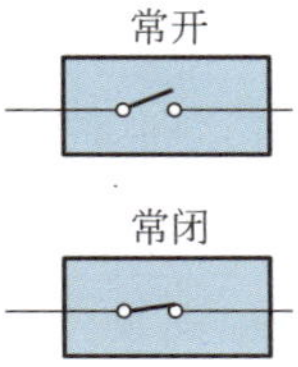	手动开关 断开和闭合电路,以此可 阻止或允许电流通过。主 要有两种:常开和常闭
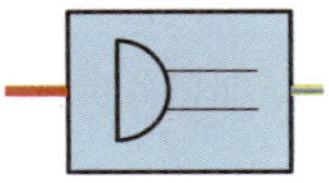	报警蜂鸣器		

4.7.3 电路图及电控系统缩略语

由于电路图的幅面有限,各元器件的注释普遍采用缩略语,哈弗汽车电路图及电控系统缩略语如表4-7-3所示。这些缩略语有的源于系统英文名称的缩写,例如,ABS表示防抱死制动系统,BMS表示电池管理系统。另外,一些端子名称也采用了所连接电器的英文缩写作为缩略语,例如,BAT表示该端子连接的是蓄电池,INJ则表示该端子连接的是喷油器。为了正确理解和阅读电路图,必须准确理解其中的缩略语。可以通过查阅英汉汽车缩略语词典来了解缩略语的含义,同时也可以参考电路图中的相关说明来加深理解。除了以上提到的两种类型的缩略语,还有一些其他的缩略语,如IGN表示点火开关,F表示保险丝,等等。这些缩略语在电路图中被广泛使用,可以帮助读者更好地理解和分析电路图。

表4-7-3　哈弗汽车电路图及电控系统缩略语

缩写	含义	缩写	含义
ABM	安全气囊模块	ALA_DR_FR	右前门上饰板氛围灯总成
ABS	防抱死制动系统	ALA_DR_RL	左后门上饰板氛围灯总成
AC	空调控制模块	ALA_DR_RL-1	左后门下侧氛围灯总成
ACC	自适应巡航控制系统	ALA_DR_RL-2	左后门下侧氛围灯总成（用于右后门）
AC-FCP	空调前面板	ALA_DR_RR	右后门上饰板氛围灯总成
ACP	空调控制面板	ALA_FLA_L	左脚窝灯总成
ACU	换挡控制器	ALA_FLA_R	右脚窝灯总成
AD	辅助驾驶	ALA_IP_C	副仪表板氛围灯总成
ADAS	高级辅助驾驶	ALA_IP_CTR	仪表板中部氛围灯总成
AGS	主动进气格栅	ALA_IP_LH	仪表板左侧氛围灯总成
ALA	氛围灯总成	ALA_IP_R	仪表板右侧氛围灯总成
ALA_C_LH	副仪表板左侧氛围灯总成	ALA_IP_RC	副仪表板后部氛围灯总成
ALA_C_RH	副仪表板右侧氛围灯总成	ALA_IP_RH	仪表板右侧氛围灯总成
ALA_DR_FL	左前门上饰板氛围灯总成	ALCM	氛围灯控制模块
ALA_DR_FL-1	左前门下侧氛围灯总成	ALS	自动前灯水平调节系统
ALA_DR_FL-2	左前门下侧氛围灯总成（用于右前门）	AMP	功放
APA	自动泊车辅助系统	APS	自动泊车系统
AR-HUD	加强型抬头显示	DSM	座椅记忆模块
AVM	360°环视	DSSM	主驾座椅支撑模块
AVP	自动代客泊车	DVR	行车记录仪
BCM	车身控制器	EAC	空调压缩机总成
BD	车身	EAH	空调加热器总成
BLE	蓝牙模块	EBS	蓄电池传感器
BMS	电池管理系统	ECLK	电子时钟
BWV	两通阀	ECM	发动机控制模块
CAN	控制器局域网络	ECU	电子控制单元
CANFD	带可变速率的控制器局域网	EDC	电磁减振控制
CCSM	中央控制开关模块	ELD	电控式差速锁
CEM	中央电子控制模块	EMS	动力管理系统
CF	舒适	E-Park	电子驻车控制器

续表

缩写	含义	缩写	含义
CLM	角激光雷达传感器	EPB	电子驻车制动系统
CMP	电动空调压缩机	EPS	电动助力转向
CP	电动侧踏模块	E-Pump	智能电子油泵
CPIU	充电口指示灯控制器	ESCL	电子转向管柱锁
CR_L	左前角雷达	ESOF	电控四驱控制单元
CR_R	右前角雷达	ESP	电子稳定程序控制
CSA	组合开关总成	ETC	不停车电子收费系统
CSM_L	左控制开关模块	Ethernet	以太网
CSM_R	右控制开关模块	EVCC	电动车辆通信控制器
CVO	喷油器针阀控制策略	EWP	发动机电子水泵
CVVL	连续可变气门升程	EXV	电子膨胀阀
DDCM	驾驶侧门模块	FCM	前向摄像头主控单元
DG	诊断	FGA	香氛发生器总成
DHL	左侧门把手模块	FLM	前激光雷达传感器
DHR	右侧门把手模块	FMCU	前驱动电机控制器
Digital IP	数字虚拟仪表	FPAS	前泊车辅助系统
DMCU	电机控制器总成	F-PBox	前保险盒模块
DMS	智能识别系统	FR	前向雷达
DMSM	驾驶模式开关	FWV	四通阀
DPWM	驾驶侧电动窗开关模块	GMCU	发电机控制器
DR	数据回传	GPF	汽油颗粒物捕集器
DSC	驾驶员座椅控制器	GW	网关
Haldex	四驱控制器总成	LID-L	左组合后灯总成（背门侧）
HAP	高级自动泊车控制器	LID-R	右组合后灯总成（背门侧）
HC	混合控制/前照灯控制器	LIN	本地互联网络
HCM_L	左组合前灯驱动模块	LMU	高精地图定位单元
HCM_R	右组合前灯驱动模块	MCU	驱动电机控制单元
HCU	混动控制器	MFSW	多功能转向盘开关模块
HDC	陡坡缓降	Nextrac	智能四驱系统
HFA	后背门感应开启控制器	OBC	车载充电机总成
HOD	转向盘脱手检测	OBD	车载诊断系统

续表

缩写	含义	缩写	含义
HUD	平视显示器（抬头显示）	OTR	外置终端电阻
HUT	多媒体播放器总成	PAS	泊车辅助系统
HVC	高压控制单元	P2M	P2 驱动电机控制单元
HVH	高压电加热器	P4M	P4 驱动电机控制单元
HVS	加热通风开关	PDCM	副驾驶侧门模块
HVSM	座椅加热通风模块	PDCU	新能源动力域控制器
IB	电子助力制动泵总成	PEPS	无钥匙进入与启动系统
iBooster	电子助力制动泵总成	PIS	电源隔离器
IDCM	智能驾驶摄像头模组	PIS1	电源隔离器 1
IDC_L2	智能驾驶控制器 L2	PIS2	电源隔离器 2
IDC_L3	智能驾驶控制器 L3	PLG	电动后背门模块
IFC	智能前视控制模块	PM2.5	PM2.5 传感器
IGC	智能电机控制模块	PPMI	预紧安全带
IMMO	发动机防盗锁止系统	PPWM	副驾驶侧电动窗开关模块
IMU	惯性导航系统	Private	私有的
InMirror	内后视镜模块	PT	动力
IP	仪表	PTS	压力温度传感器
IP3.5	3.5 英寸仪表	PWM	电动门窗模块
IP7	7 英寸仪表	RC-L	左组合后灯总成（侧围侧）
IPAS	全景融合控制器	RC-R	右组合后灯总成（侧围侧）
KBCM	车身域控制器，集成 PEPS 和 BCM	RFM	高频接收模块
LAM_L	左激光大灯辅助模块	RFR	高频接收模块
LAM_R	右激光大灯辅助模块	RHVSM	后排座椅模块
LDM_L	左 LED 驱动模块	RLPWM	左后电动窗开关模块
LDM_R	右 LED 驱动模块	RLS	雨量光线传感器
LDC	激光雷达处理模块	RMCU	后驱动电机控制器
RPAS	后雷达泊车辅助系统	TesterInterface	诊断接口
R-PBox	后保险盒模块	TMCU	驱动电机控制器
RRPWM	右后电动窗开关模块	TOD	智能（适时）四驱
RRR	后雷达控制模块	TPMS	胎压监测系统
RSDS_L	左盲区检测并线辅助雷达控制模块	Trailer	拖车控制器

续表

缩写	含义	缩写	含义
RSDS_R	右盲区检测并线辅助雷达控制模块	TWPV	三通比例阀
SAS	转向盘转角传感器	TWV	三通阀
SBWM	电子换挡器	UVC_LP	紫外线杀菌灯
SC	安全	VCU	整车控制器
SEOP	智能电子油泵	VIMS	车辆智能监控系统
SHM	座椅加热模块	VIN	车辆识别代号
SRR	侧雷达控制模块	VMDR	车辆乘员监测雷达总成
SST	维修专用工具	VSG	声音提示系统
STBS	屏幕触摸按键开关控制器	VVL	可变气门升程
SunRoof	天窗	VVT	可变气门正时
SunShade	天窗遮阳帘	W-HUD2.0	抬头显示2.0
SVM	智能内后视镜	WP	电动雨刮
SWHM	转向盘加热模块	WPC	无线充电系统
T-Box	车载无线终端	X-Box	物联网域控制器
TCS	牵引力控制系统	XBox-D	物联网外接设备连接器
TCU	变速器控制单元		

然而，对于初学者来说，理解这些缩略语可能有一定的难度。因此，建议初学者在查阅电路图时，先了解一些常见的缩略语和它们的含义，这样可以更好地理解电路图的构成和工作原理。

4.8 长安汽车

4.8.1 长安汽车电路图特点及识读示例

长安汽车电路图采用了经典的三段式构造，主要包含上部、中部和下部三个部分。其中，供电及熔丝继电器盒被安排在电路图的上部，而开关、控制模块及各类用电器则被安排在电路图的中部，搭铁部分则位于电路图的底部。电源以特定的方式从左到右、从上到下供给开关、控制模块及用电器，再通过电路图底部的搭铁点构建回路，确保用电器正常运行。这种设计的特点在于电路图整洁且条理清晰，线路走向一目了然，从而方便维修服务人员进行查阅及检修。

此外，长安汽车电路图的设计还体现了严谨、稳重、理性和官方化的语言风格。每一条线路、每一个连接点都清晰地标注了编号和名称，使得维修服务人员能够准确地理解电路图的布局和功能。同时，电路图中的各个部件和连接点都以标准化的符号和图形表示，使得维修服务人员能够轻松地识别和理解电路图的构成。长安汽车电路图识读示例如图4-8-1所示。

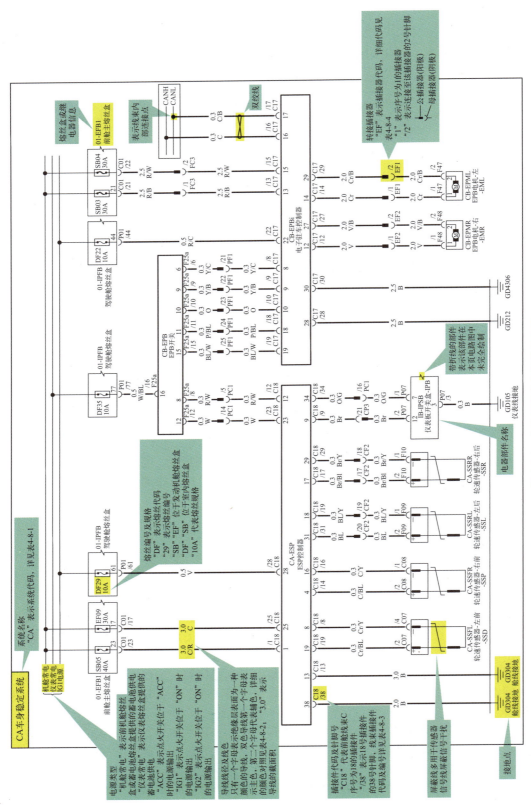

图 4-8-1 长安汽车电路图识读示例

4.8.2 电气系统命名及导线规格

长安汽车电路图中的电气系统都具备唯一的名称和代码，代码通常由两位字母组成，以实现系统的简化命名并确保命名规范统一。电气系统名称与代码如表 4-8-1 所示。

表4-8-1 电气系统名称与代码

代码	系统名称	代码	系统名称	代码	系统名称
AA	空调控制系统	LA	前照灯系统	SD	高清全景影像系统
AB	后除霜/后视镜加热系统	LB	室外灯系统	SE	车道偏移控制系统
CA	车身稳定系统	LC	室内灯系统	SG	无钥匙控制系统
CB	电子驻车系统	MA	雨刮系统	SI	泊车辅助系统
CC	电动转向系统	MB	后视镜控制系统	TA	TCU 控制系统
EA	座椅控制系统	PA	发动机控制系统	VA	多媒体控制系统
GA	启动/发电系统	PB	发动机附件系统	VB	TBOX 系统
IA	电气附件系统	SA	安全气囊系统	WA	车窗控制系统
IB	仪表系统	SB	并线辅助系统	WB	门锁控制系统
ID	网关系统	SC	自适应巡航系统	WC	天窗控制系统

长安汽车电路图中标注的导线颜色与车辆上实际的导线颜色必须一致。导线颜色分为单色和双色。对于单色导线，使用一个代表颜色的字母进行标识。而对于双色导线，则使用两个代表颜色的字母，中间以"/"符号隔开。其中，第一个字母代表主色，"/"后面的第二个字母代表辅色。导线颜色代码的具体对应关系可参考表 4-8-2。

表4-8-2 导线颜色代码

代码	线色	代码	线色	代码	线色
B	黑色	G	绿色	P	粉色
Bl	蓝色	S	灰色	V	紫色
Br	棕色	Lg	浅绿色	R	红色
Y	黄色	O	橙色	W	白色

根据导线上的标注，可以确定导线的颜色和类型。如果标注为"G"，则表示这是一条单色的绿色导线；如果标注为"G/R"，则表示这是一条带有红色条纹的绿色导线。

4.8.3 模块线束插接件和转接插接件编号及代码

长安汽车电路图中与模块和开关连接的线束插接件代号使用单一英文字母表示，表 4-8-3 给出了线束插接件代码与连接线束名称。

表4-8-3 线束插接件代码与连接线束

插接件代码	连接线束	插接件代码	连接线束	插接件代码	连接线束
B	前保险杠线束总成	E	发动机线束总成	S	副仪表板线束总成
	后保险杠线束总成		喷油器转接线束总成		日照传感器线束总成
C	发动机舱线束总成	F	底盘线束总成		
D	左前门线束总成		电子驻车电机线束总成（左）		
	右前门线束总成		电子驻车电机线束总成（右）		
	左后门线束总成	L	牌照灯线束总成		
	右后门线束总成	P	仪表板线束总成		
	背门线束总成	R	顶棚线束总成		

转接插接件使用两个大写字母作为代码，并附上表示插接件序号的数字，最后加上连接针脚号。以转接插接件"PC1/14"为例，其中"PC1"代表仪表线束接前舱线束，序号为1的转接插接件；"/14"表示该回路连接到该插接件的第14号针脚。转接插接件代码及转接线束如表4-8-4所示。

表4-8-4 转接插接件代码及转接线束

代码	连接线束	代码	连接线束	代码	连接线束
PF	仪表线束 - 底盘线束	EE	发动机线束 - 喷油器转接线束	PR	仪表线束 - 顶棚线束
FP	底盘线束 - 仪表线束	FD	底盘线束 - 四门 / 背门线束	RP	顶棚线束 - 仪表线束
PC	仪表线束 - 前舱线束	DF	四门 / 背门线束 - 底盘线束	LD	牌照灯线束 - 背门线束
CP	前舱线束 - 仪表线束	CB	前舱线束 - 前保险杠线束	DL	背门线束 - 牌照灯线束
PD	仪表线束 - 四门线束	BC	前保险杠线束 - 前舱线束	SP	副仪表板线束 / 日照传感器线束 - 仪表线束
DP	四门线束 - 仪表线束	FB	底盘线束 - 后保险杠线束	PS	仪表线束 - 副仪表板线束 / 日照传感器线束
EC	发动机线束 - 前舱线束	BF	后保险杠线束 - 底盘线束		
CE	前舱线束 - 发动机线束	FF	电子制动线束 - 底盘线束		

4.8.4 电气元件图形符号和英文缩略语含义

长安汽车电路图中的电气元件图形符号参照相关标准绘制，如表4-8-5所示。电路图中的英文缩略语及其含义见表4-8-6。

表4-8-5 电气元件图形符号

符号	含义	符号	含义
	安全气囊		双绞线
	侧碰传感器		安全带锁扣
	灯泡		倒车雷达探头
	电机		爆震传感器
	转速传感器		继电器
	快熔保险丝		安全带预紧器
	线束与线束对接		开关

符号	含义	符号	含义
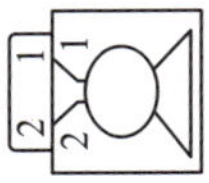	防盗喇叭	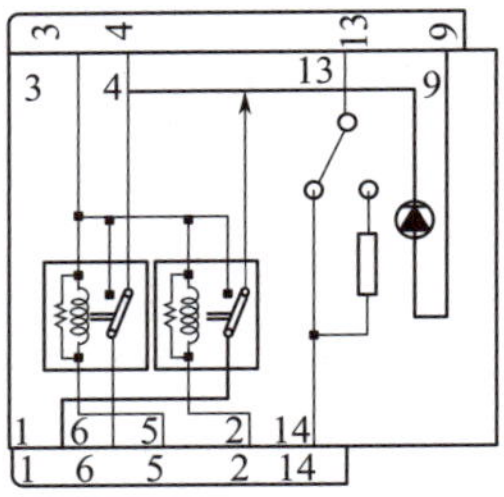	车窗开关
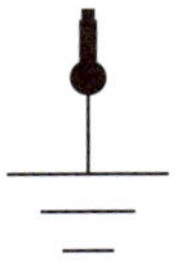	接地点		LED 灯
	开关	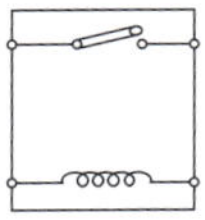	继电器
	发热电阻		慢熔保险丝

表4-8-6 电路图中的英文缩略语及其含义

缩略语	含义	缩略语	含义
AC	空调控制器	EPB	电子手制动
ACC	自适应巡航控制模块	EPBi	电子手制动集成（EPB+ESP）
ACM	换挡执行控制模块	ESCL	电子转向锁
ADB	自适应驱动大灯	ESL	电子换挡杆
AFS	自适应前照灯系统	ESP	ESP 控制器（电子稳定程序）
ALCU	氛围灯控制模块	EPS	电动助力转向系统
ALS	头灯自动高度调节系统	FCP_AC	空调前控制面板
AMP	外置功放	FCP_HU	娱乐前控制面板
APA	自动泊车辅助控制器	FSCM	前排座椅加热通风模块
AT	自动传动控制器	GR	智能发电机
ATB	全地形开关模块	GW	网关
AVM	全景模块	HU	车载娱乐基础终端（车机头）
BCM	车身控制器	HUD	抬头显示单元
BMS	48V 锂电池管理系统	IAM	集成式天线模块
BRM	启发一体机	IBS	智能电池传感器

续表

缩略语	含义	缩略语	含义
BSD	盲点检测控制器	iBCM	智能车身控制模块
CCP	中央控制面板（娱乐＋空调控制面板）	iCCU	智能座舱控制模块
DCDC	直流变换器	IP	仪表控制器
DCDC48V	48V系统直流变换器	LAS	车道辅助系统
DCT	双离合变速器	LCDAL	左侧并线辅助模块
DDWCU	主驾车窗防夹控制器	LCDAR	右侧并线辅助模块
DMS	驾驶员监测摄像头	LCM	灯光控制模块
DSM	主驾座椅模块	MFS	多功能转向盘模块
DTV	数字电视	NV	夜视控制器
DVD	数字视频碟片（DVD机芯）	OPI	变速箱油泵控制器
DVR	行车记录	PCP	副驾控制面板
ECAS	电子控制空气悬架系统	PDWCU	乘员车窗防夹控制器
EDL	电子差速锁	PEPS	无钥匙进入启动
EMS	电喷控制器（发动机管理系统）	PSDL	电动滑门模块（左）
RADM	后视辅助监测模块	PSDR	电动滑门模块（右）
RCP_AC	空调后控制面板	PTS	汽车背门控制器
RCP_HU	娱乐后控制面板	Q-Driver	中央控制器
RF	射频模块	SAS	转角传感器
RFBT	射频＆蓝牙模块	SRCU	天窗控制单元
RLDM	左后显示模块	SRS	安全气囊控制器（约束系统）
RLS	雨量灯光传感器	SSCU	天窗遮阳帘控制单元
RLWCU	左后车窗防夹控制器	SWH	转向盘加热模块
RRDM	右后显示模块	TBOX	车载通信基础终端
RRWCU	右后车窗防夹控制器	TDM	行李箱门模块
RRS	倒车雷达系统	WLCM	无线充电模块
RSCM	后排座椅加热通风模块		

4.9 宝骏汽车

4.9.1 宝骏汽车电路图特点及识读示例

宝骏汽车的电路图同样采用了经典的上下布置形式，供电电路位于上方，控制模块、开关等元件布置在中间位置，用电器和接地点则通常布置在下方。电路图的导线绘制于中间位置，并且电路信号从上至下流动。这种布置形式的电路图具有清晰易懂的优点,能够明确供电和控制线路的走向,为维修保养工作提供了便利。宝骏汽车电路图识读示例如图4-9-1所示。

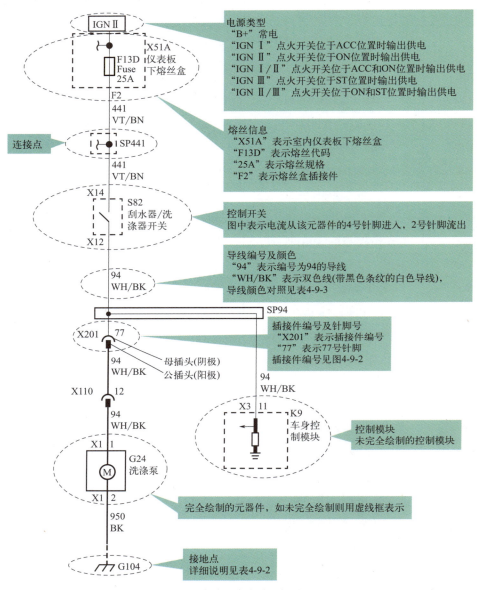

图4-9-1　宝骏汽车电路图识读示例

4.9.2　线束插接件编号及搭铁点分布规则

宝骏汽车整车分为前舱区域、仪表板区域、左前门区域、右前门区域、乘客舱区域、尾部区域和尾门区域七个区域,如图4-9-2所示。为了方便管理和维护,位于这七个区域内的线束插接件和搭铁点采用统一的编号方式,即使用一个范围内的数字进行编号,各分区内的编号如表4-9-1所示,搭铁点及线束位置如表4-9-2所示。其中,线束插接件使用字母"X"开头,搭铁点使用字母"G"开头。这种编号方式有助于快速识别和定位相关部件,提高维修效率。通过编号,我们可以明确了解到每个线束插接件和搭铁点的具体位置和所属区域。在维修过程中，如果需要查找某个特定的线束插接件或搭铁点，可以通过查阅相应的维修手册或电路图，根据编号进行快速定位。这样能够大幅缩短维修时间，提高工作效率。

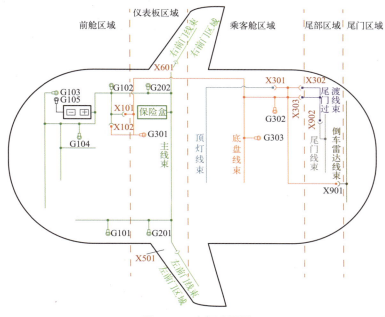

图 4-9-2　车辆分区图

表4-9-1　各分区内的编号

区域说明	编号	区域说明	编号
前舱区域 发动机舱至仪表板前方区域	100~199 001~099 为备用编号，仅在 100~199 编号用完时使用	左前门区域 左前门内	500~599
仪表板区域	200~299	右前门区域 右前门内	600~699
乘客舱区域	300~399	尾门区域	900~999
尾部区域 从后轮罩至车辆后端	400~499		

此外，这种编号方式还具有很高的通用性和可扩展性。不同车型的宝骏汽车可能存在一定的差异，但只要遵循相同的编号规则，就可以轻松实现不同车型之间的信息共享和交流。这有助于提高维修行业的标准化程度和协作效率。

表4-9-2　搭铁点及线束位置

代码	名称	位置	代码	名称	位置
G101	左前舱搭铁	前舱左侧，左前轮速传感器附近	G103	右前舱搭铁	前舱右侧，前防撞梁右侧附近
G102	右前舱搭铁	前舱右侧，右前大灯后侧	G104	ABS/ESC 搭铁	前舱右侧，ABS/ESC 模块附近

续表

代码	名称	位置	代码	名称	位置
G105	蓄电池负极搭铁	前舱左侧，蓄电池下方	X301	底盘线束到顶灯线束	车内，右B柱下部，两针脚
G201	仪表板左侧搭铁	仪表板左侧，A柱下方	X302	底盘线束到尾门过渡线束	车内，右B柱下部，八针脚
G202	仪表板右侧搭铁	仪表板右侧，A柱下方	X303	底盘线束到尾门过渡线束	车内，右B柱下部，单针脚
G301	底盘前部搭铁	仪表保险盒附近	X501	左前门线束到主线束	车内，左A柱下部板内
G302	底盘右后侧搭铁	车内，右B柱下部	X601	右前门线束到主线束	车内，右A柱下部板内
G303	安全气囊控制模块搭铁	副仪表板电子手制动附近	X901	倒车雷达线束到底盘线束	后保险杠内中部
X101	主线束到底盘线束	前舱右侧，蓄电池附近，粗线	X902	尾门线束到尾门过渡线束	尾门玻璃下部中间附近板内
X102	主线束到底盘线束	前舱右侧，蓄电池附近，细线			

4.9.3 导线颜色及电气元件图形符号

在宝骏汽车的电路图中，导线的绘制与车辆导线采用了相同的颜色标准，包括单色和双色。单色导线表示整个线束只有一种颜色。例如，单色导线为红色时，标注为RD。对于双色导线，其颜色标注的第一位表示主色，第二位表示条纹色。例如，双色导线的主色为绿色、条纹色为黑色时，标注为GN/BK。导线的颜色代码对照可参考表4-9-3。

表4-9-3 导线颜色代码对照

代码	颜色	代码	颜色	代码	颜色
RD	红色	PK	粉色	BN/BK	棕/黑色
YE	黄色	LG	浅绿色	GN/WH	绿/白色
BU	蓝色	RD/WH	红/白色	GN/BK	绿/黑色
GN	绿色	RD/BK	红/黑色	BK/BN	黑/棕色
OG	橙色	RD/YE	红/黄色	BK/WH	黑/白色
VT	紫色	RD/BU	红/蓝色	BK/YE	黑/黄色
GY	灰色	RD/BN	红/棕色	BU/BK	蓝/黑色
BN	棕色	BN/WH	棕/白色	BU/YE	蓝/黄色
BK	黑色	BN/YE	棕/黄色	VT/WH	紫/白色
WH	白色	BN/RD	棕/红色	VT/BK	紫/黑色

宝骏汽车电气元件的图形符号（表4-9-4）是根据相关标准进行绘制的，并部分地采用了简洁明了的方式表达元器件的原理或结构。

表4-9-4 宝骏汽车电气元件图形符号

图形符号	说明	图形符号	说明
	合点（不完整）	J144	完整合点
G100	搭铁	X205 32	线束连接器
	壳体接地		可调电池
	单丝灯泡		电阻器
	双丝灯泡		可调电阻器
	发光二极管		位置传感器
	电容器		输入/输出信号电阻器
	蓄电池		输入/输出控制开关
	完整部件		二极管
	保险丝		加热元件
	断路器		电机

续表

图形符号	说明	图形符号	说明
	易熔丝	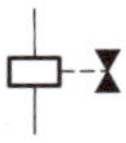	电磁阀
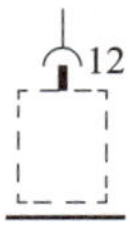	固定在部件上的连接器		线圈
	非完整部件		天线
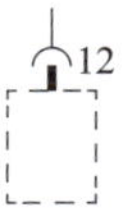	引线连接器		绞合线
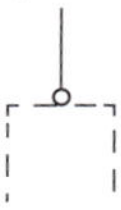	螺栓紧固式孔眼端子		屏蔽
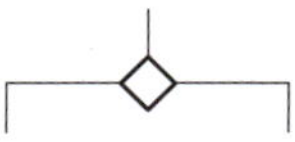	不同配置	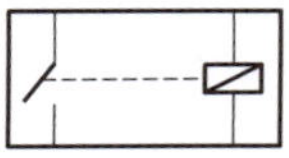	继电器
	开关	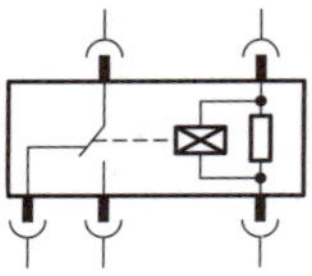	单极单掷继电器
	高压线		

4.10 红旗汽车

4.10.1 红旗汽车电路图特点及识读示例

红旗汽车电路图将蓄电池、熔丝、继电器等供电电路安排在电路图的左侧、左上方或正上方，开关则设置在电路图的中间偏上部位。控制单元被放置在电路图的中间部分，用电设备则安排在电路图的下方，而搭铁则布置在电路图的下方。蓄电池的电源从电路图的左侧或左上方开始，经过熔丝、继电器，再向下经过开关，最终供应给用电设备。此外，单元电路图的下方还会提供当前电路图中重要的插接器信息图，包括针脚编号和针脚定义。这种布局合理、稳重，符合汽车电路图的特点，便于维修人员识别和操作。此外，红旗汽车电路图还具有一些其他的特点。例如，每个电路图中都详细标注了各种元件的名称和型号，以及它们之间的连接关系，使得维修人员可以更加清晰地了解电路的工作原理和各元件的作用。

另外，红旗汽车电路图还采用了标准化的符号和标注方式，使得不同电路图之间的阅读和理解更加方便。这种标准化也使得维修人员可以更加快速地找到所需的元件和连接关系，提高了维修的效率和准确性。

红旗汽车电路图识读示例如图 4-10-1~ 图 4-10-4 所示。

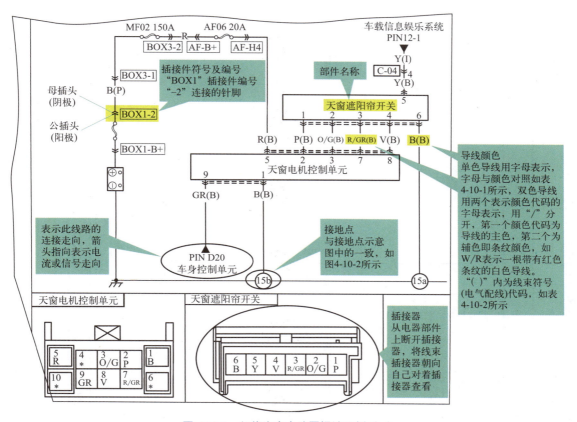

图 4-10-1　红旗汽车电路图识读示例（一）

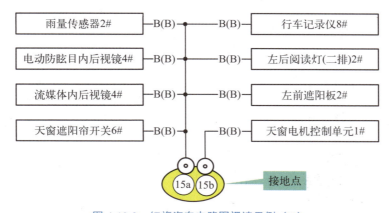

图 4-10-2　红旗汽车电路图识读示例（二）

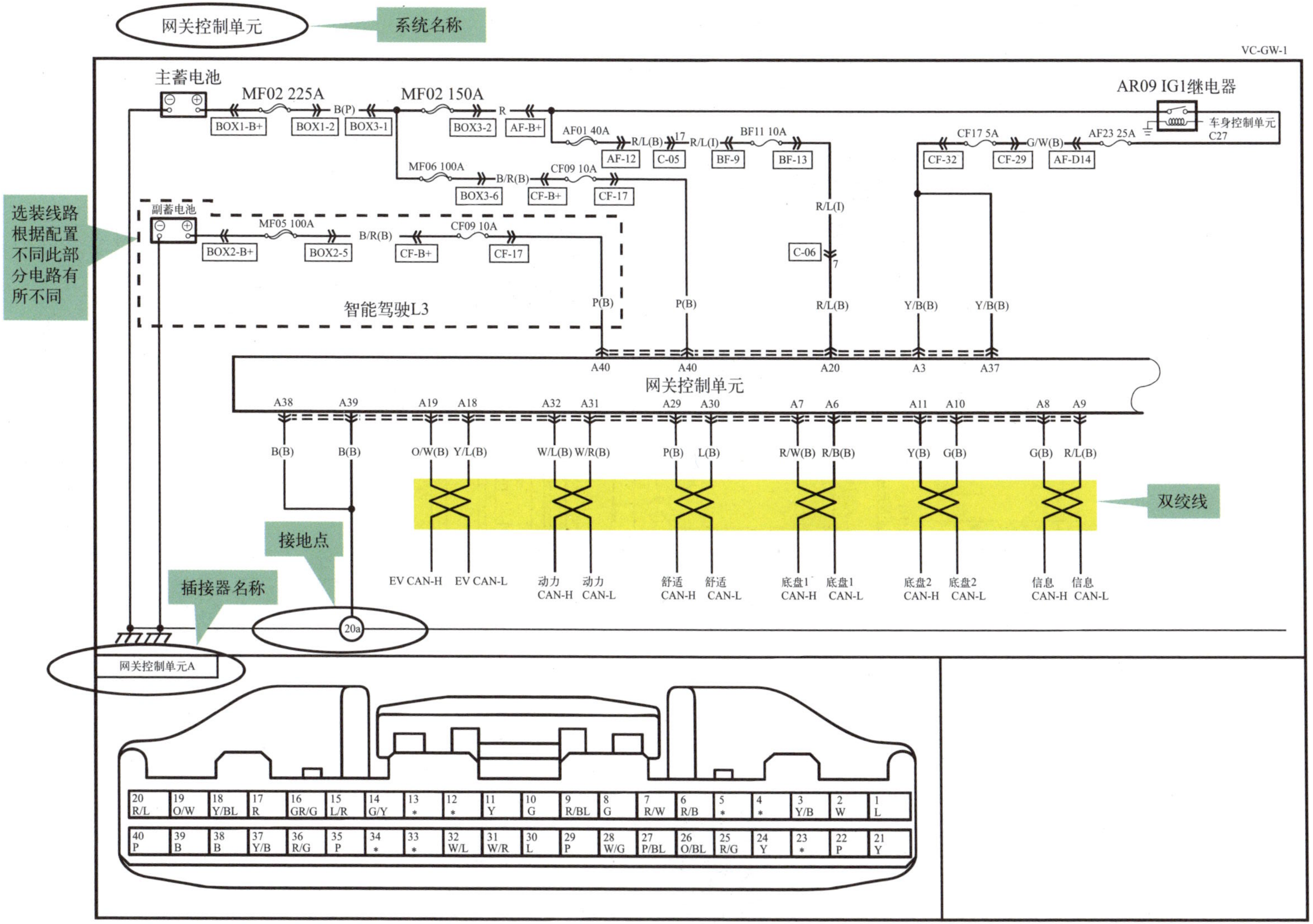

20 R/L	19 O/W	18 Y/BL	17 R	16 GR/G	15 L/R	14 G/Y	13 *	12 *	11 Y	10 G	9 R/BL	8 G	7 R/W	6 R/B	5 *	4 *	3 Y/B	2 W	1 L
40 P	39 B	38 B	37 Y/B	36 R/G	35 P	34 *	33 *	32 W/L	31 W/R	30 L	29 P	28 W/G	27 P/BL	26 O/BL	25 R/G	24 Y	23 *	22 P	21 Y

图 4-10-3　红旗汽车电路图识读示例（三）

第4章 国产品牌电动汽车电路图识读范例

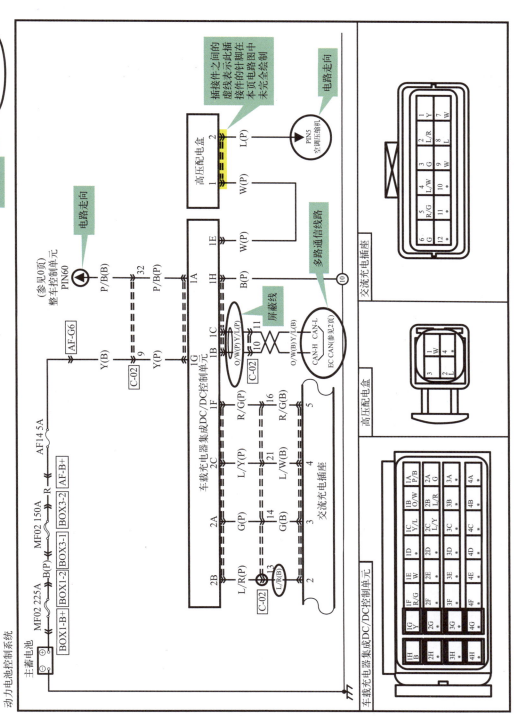

图 4-10-4 红旗汽车电路图识读示例（四）

4.10.2 导线颜色及线束符号

红旗汽车电路图中的导线颜色标准与车辆实际导线颜色一致,分为纯色导线和双色导线。纯色导线只有一种颜色,并使用一个/组字母来表示颜色代码。双色导线则使用两个/组字母来表示颜色代码,两个/组颜色代码中间以"/"进行区分。前面的字母表示导线的基色,后面的字母则表示条纹的颜色。举例来说,BR/Y 代表的是带有黄色条纹的棕色导线。导线颜色代码对照具体如表 4-10-1 所示。

表4-10-1 导线颜色代码对照

代码	颜色	代码	颜色	代码	颜色
B	黑色	G	绿色	R	红色
L	蓝色	Y	黄色	V	紫色
BR	棕色	O	橙色	W	白色
GR	灰色	P	粉色	LG	浅绿色

红旗汽车电路图中的每条线束均具有编码,并在导线颜色后的括号内进行标注。表 4-10-2 提供了详细的线束符号代码对照。红旗汽车线束编码的标注方式,使得在维修诊断检查时可以快速定位线束位置,进而提高维修效率。这种线束编码对照表的应用,不仅有助于准确判断线束故障,还能够指导技术人员进行正确的线束连接和修复。

表4-10-2 线束符号代码对照

代码	线束名称	代码	线束名称	代码	线束名称
(B)	车身线束装配总成	(DR4)	右后门线束装配总成	(Z3)	左后座椅座垫线束总成
(B2)	车身过渡线束总成	(W1)	左前轮线束总成	(Z4)	右后座椅座垫线束总成
(P)	前部动力总成线束装配总成	(W2)	左后轮线束装配总成	(K3)	左后座椅靠背线束总成
(P2)	后部动力总成线束总成	(W3)	右后轮线束装配总成	(K4)	右后座椅靠背线束总成
(I)	仪表板线束装配总成	(W4)	左后轮过渡线束总成	(S3)	左后座椅气囊线束总成
(I2)	仪表板过渡线束总成	(W5)	右后轮过渡线束总成	(S4)	右后座椅气囊线束总成
(G)	前格栅线束总成	(Z1)	驾驶员座椅座垫线束总成	(K5)	左侧第三排座椅靠背线束总成
(FF)	前保险杠线束总成	(Z2)	副驾驶员座椅座垫线束总成	(K6)	右侧第三排座椅靠背线束总成
(RR)	后保险杠线束装配总成	(K1)	驾驶员座椅靠背线束总成	(R)	后背门线束装配总成
(DR1)	左前门线束装配总成	(K2)	副驾驶员座椅靠背线束总成	(R2)	后背门过渡线束总成
(DR2)	右前门线束装配总成	(S1)	驾驶员座椅气囊线束总成	(R3)	牌照板过渡线束装配总成
(DR3)	左后门线束装配总成	(S2)	副驾驶员座椅气囊线束总成	—	—

4.10.3 电路图中的缩略语及电气元件图形符号

红旗汽车电路图中同样普遍采用了大量的缩略语，用来表达电气元件名称、开关状态、供电形式等，缩略语对照如表4-10-3所示。

表4-10-3 电路图中的缩略语对照

缩略语	名称	缩略语	名称	缩略语	名称
A	安培	GND	接地	NO	常开
A/C	空调	H/D	发热器/除霜装置	OBD	车载故障诊断系统
ABS	防抱死制动系统	HEAT	发热器	OFF	关闭
ACC	主动巡航	HI	高	ON	打开
ACU	安全气囊控制模块	HU	液压装置	PSP	动力转向压力
AMP	放大器	IG	点火	PWM	脉宽调制
ANT	天线	ILLUMI	照明	P	动力
B+	电池正极电压	INT	间歇	P/S	动力转向装置
BCM	车身控制器	JB	接线盒	PCM	动力传动控制模块
CAN	控制器区域网络	LCD	液晶显示器	PJB	乘客分线盒
CM	控制模块	LF	左前方	R	后
CONT	控制	LH	左手	RF	右前方
DEF	除霜装置	LCD	液晶显示器	RH	右手
DLC	数据链路连接器	LO	低	RPM	每分钟转数
DTC	诊断故障码（S）	LR	左后方	RR	右后方
DTM	诊断测试模式	M	电动机	SECTION	部分
ELR	紧急锁紧式安全带卷收器	MID	中间	ST	启动
EI	电子点火	MIL	故障指示灯	SW	座椅加热
ELEC	电	MIN	分钟	TCS	牵引力控制系统
EPB	电子驻车制动	MPX	多路传输	TEMP	温度伏特
EPS	电动转向装置	M	电动机	V	伏特
EHPS	电动助力转向	MID	中间	VSS	车速传感器
ESP	电子稳定程序	MIL	故障指示灯	W	瓦特
F	前	N	空挡		
FM	调频	NC	常闭		

红旗汽车电路图中的电气元件图形符号及含义如表4-10-4所示。

表4-10-4 电气元件图形符号及含义

图形符号	含义	图形符号	含义
蓄电池 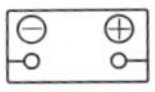	通过化学反应产生电流向电路提供直流电	照明灯 3.4W	电流流过灯丝时发光、发热
接地(1) 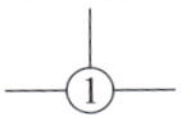	如果有电流从蓄电池的正极向负极流动，则连接点到车身或其他接地线的连接情况如下： 接地（1）表明接地点通过线束与接地体连接 接地（2）表明接地点（即部件）直接与接地体相连 接地（3）表明电线与接地体相连 备注： 如果接地有故障，则电流将不能形成回路	电阻器	电阻值恒定的电阻器。通过保持额定电压来保护电路中的电气元件
接地(2) 		电动机	把电能转变成机械能
接地(3) 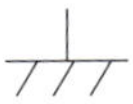		泵 P	吸入和排出流体的机械
熔断器 	电流超过电路规定的电流值时，熔断器熔断 备注： 不要使用超过规定容量的熔断器进行更换 ＜刃型熔断器＞ ＜筒型熔断器＞	点烟器	产生热量的电阻线圈
熔断器(适用于强电流的熔断器)/熔性连接 	＜盒型熔断器＞ ＜熔性连接＞	附近插座 	内部电源
		喇叭 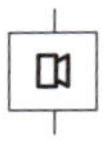	有电流通过时发出声音
加热器 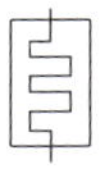	有电流通过时产生热量	扬声器 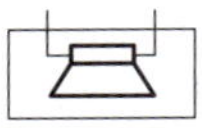	
发光二极管 (LED) 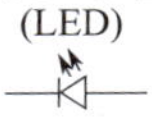	有电流流过时，二极管能够发光 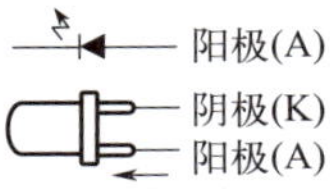 阴极(K) — 阳极(A) 阴极(K) 阳极(A) 电流的流动方向		

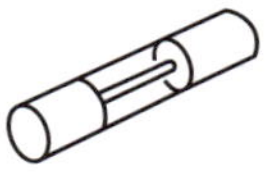

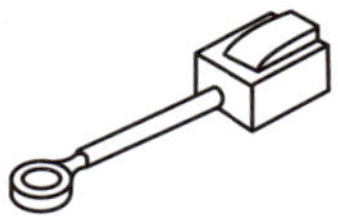

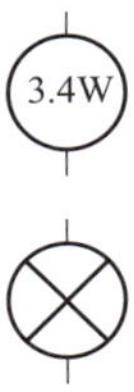

第 4 章 国产品牌电动汽车电路图识读范例

4.11 问界汽车

4.11.1 问界汽车电路图特点及识读示例

如图 4-11-1 和图 4-11-2 所示，问界汽车的电路图采用一种典型的三段式结构。这种结构的安排不仅层次分明，更有效地优化了线路的布局。在电路图的上方，可以看到供电模块的布置，它为整个电路系统提供了稳定的电力支持。而控制模块则位于电路图的中间位置，作为核心部分，它协调并管理着各个用电器的运作。至于用电器和接地点，被统一安排在电路图的下部，这样的布局不仅便于线路的连接，也提高了系统的稳定性和可靠性。

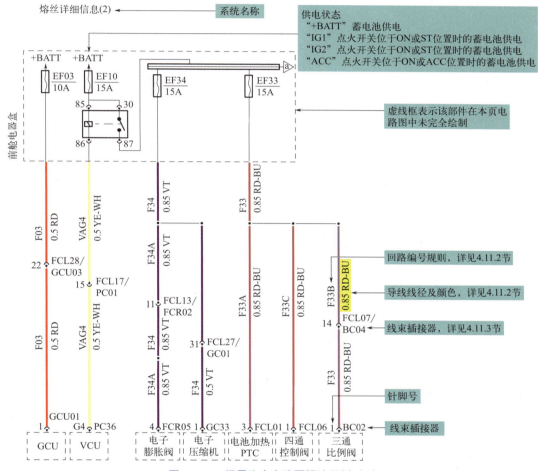

图 4-11-1 问界汽车电路图识读示例（一）

导线是连接各个模块的关键，被巧妙地布置在供电模块、控制模块和用电设备之间，从而形成了一个完整、连贯的系统。在电力和信号的传输过程中，遵循着从上到下的路径，确保了整个电路系统的顺畅运作。

在电路图中，所有元件与元件之间的导线都严格按照实车情况进行完全显示。然而，我们需要注意，电路图上的元件和导线的大小及长度并不代表它们在实际车辆中的尺寸和长度。举例来说，一根 5m 长的导线和一根只有几毫米长的导线在电路图中可能以相同的方式表示。此外，为了方便理解电器（电子）的工作原理，部件内部复杂的导线通常会被简化表示。

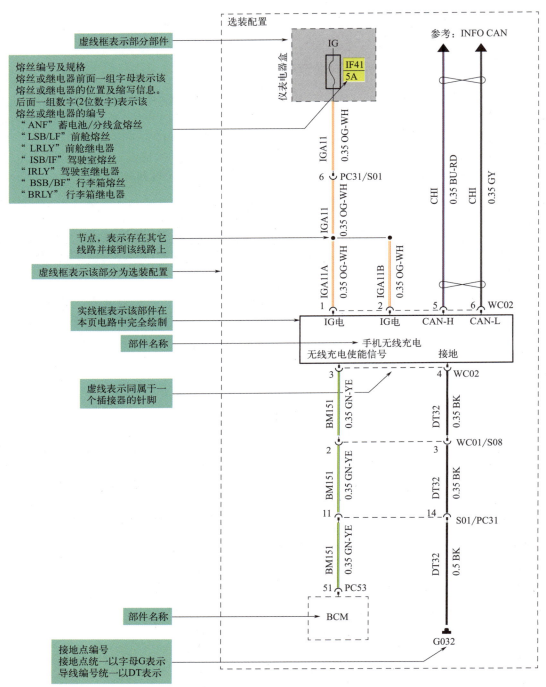

图 4-11-2 问界汽车电路图识读示例（二）

4.11.2 电气元件符号、电器识别与电路代码、导线颜色及线径

（1）电气元件符号

问界汽车电路图中的电气元件符号如表 4-11-1 所示。

表4-11-1　问界汽车电路图中的电气元件符号

电气元件符号	电气元件名称	电气元件符号	电气元件名称
	分布式连接点		电容
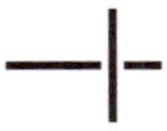	不连接交叉线		可变电容
	连接点		压电传感器
	可移动连接点		转向管柱滑动线圈
	接地	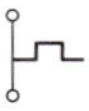	温度保护断路器
	连接器	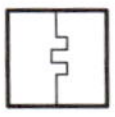	电热丝
	完整零部件		过热保护继电器
	部分零部件		仪表
	零部件壳体直接接地		天线
	带有螺栓或螺钉连接端子的零部件		点火线圈
	带有插接式连接端子的零部件		双丝灯泡
	带有引出线插接式连接端子的零部件		霍尔传感器
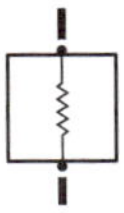	电阻丝		时钟弹簧
	部分电阻丝或加热丝		永磁单速电机
	温度或压力电位计		永磁双速电机
	外部控制电位计		导条
	蓄电池	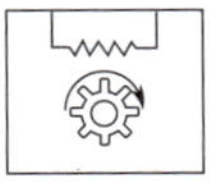	ABS轮速传感器
	线路断路器	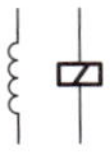	线圈

续表

电气元件符号	电气元件名称	电气元件符号	电气元件名称
	熔丝		电磁控制阀
	熔断丝		三极管
	屏蔽		灯泡
	单音喇叭或扬声器		蜂鸣器
	二极管		短路连接器
	稳压二极管		发光二极管

（2）电器识别与电路代码

问界汽车电路图中采用了统一标号规则来制定回路编号，回路编号分为功能号和分路号，如图4-11-3所示。此回路编号主要是为了帮助车辆的设计、生产而研发的。同时也可以帮助维修技师对电路故障的诊断。

① 功能号。如图4-11-3所示，前面一组字母和数字表示导线的功能。在功能号中，"CF18"表示熔丝，说明来自熔丝"CF18"。维修技师在检测回路时，回路编号中的功能部分是最有帮助的。功能号是基于一些回路之前的针脚功能名称，可以告诉技师回路的功能、来自的元件及其针脚。

② 分路号。如图4-11-3所示，功能号后面若有一组字母则表示同一功能的导线存在支路。若是一个字母说明该线路前存在一个节点；若是多个字母说明该线路前存在多个节点。

（3）导线颜色、线径说明

如图4-11-4所示，导线颜色包括一个底色和一个条纹色，它反映了导线在车上的实际颜色。在电路图中，导线颜色被放在导线的旁边，导线颜色对照如表4-11-2所示。在线色的前面标记出了线径的信息，线径是以"mm^2"为单位。

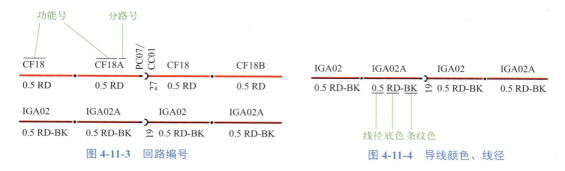

图4-11-3 回路编号　　　　图4-11-4 导线颜色、线径

表4-11-2 导线颜色对照

线色缩写	线路颜色	颜色示例
B（BK）	黑色	
Br（BN）	棕色	
Bl（BU）	蓝色	
G（GN）	绿色	
Gy（GY）	灰色	
Lg（LG）	浅绿色	
O（OG）	橙色	
P（PK）	粉色	
R（RD）	红色	
V（VT）	紫色	
W（WH）	白色	
Y（YE）	黄色	

4.11.3 熔丝、继电器、线束插接器、导线编号规则

（1）熔丝、继电器编号规则

如图 4-11-5 所示，熔丝或继电器编号前面一组字母表示该熔丝或继电器的位置及缩写信息。后面一组数字（2 位数字）表示该熔丝或继电器在车上的数字编号。熔丝、继电器位置与编号对照如表 4-11-3 所示。

表4-11-3 熔丝、继电器位置与编号对照

熔丝、继电器位置	编号	熔丝、继电器位置	编号
蓄电池熔丝	ANF-	驾驶室熔丝	ISB-/IF-
分线盒熔丝	ANF-	驾驶室继电器	IRLY-
前舱熔丝	LSB-/LF-	行李箱熔丝	BSB-/BF-
前舱继电器	LRLY-	行李箱继电器	BRLY-

（2）线束插接器编号规则

如图 4-11-6 所示，线束插接器是根据实际车辆所具有的线束来编号，首字母表示所属的线束或表示对接插接器，后部是插接器的编号。线束插接器编号对照如表 4-11-4 所示。

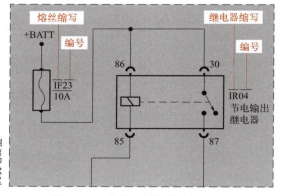

图 4-11-5 熔丝、继电器编号

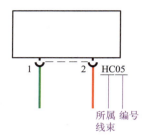

图 4-11-6 线束插接器编号

表4-11-4 线束插接器编号对照

线束接头名称	编号	线束接头名称	编号
前舱线束插接器	FC-	主驾座椅相关线束插接器	EL-
驾驶室线束插接器	PC-	副驾座椅相关线束插接器	ER-
仪表板线束插接器	IC-	中排左侧座椅相关线束插接器	ESL-
底盘线束插接器	CC-	中排右侧座椅相关线束插接器	ESR-
发动机线束插接器	GC-	前门线束总成（左）线束插接器	HC-
前保险杠线束插接器	FBC-	前门线束总成（右）线束插接器	KC-
后保险杠线束插接器	RBC-	后门线束总成（左）线束插接器	MC-
前副车架线束插接器	BC-	后门线束总成（右）线束插接器	NC-
顶棚线束插接器	RC-	前门转接线束总成（左）线束插接器	HJC-
顶棚饰板线束插接器	RBC-	前门转接线束总成（右）线束插接器	KJC-
空调线束插接器	ACB-	后门转接线束总成（左）线束插接器	MJC-
副仪表台线束插接器	S-	后门转接线束总成（右）线束插接器	NJC-
后背门相关线束插接器	TC-		

（3）导线编号规则

① CAN 线和搭铁在任何插接器里面均以 CH 和 DT 表示。

② 导线编号均取 2 位英文字母（作为首两位）+接口序列+针脚序列（阿拉伯数字），但对于控制器只有 1 个接口的导线，导线编号不需要加入接口序列。如车身稳定系统（ESP），只有一个接口，则导线编号为 2 位英文字母（作为首两位）+针脚序列（阿拉伯数字），即 ES1、ES2、ES3……；电动尾门控制器（PLG），有两个接口，接口序列为 A、B，则导线编号为 2 位英文字母（作为首两位）+接口序列+针脚序列（阿拉伯数字），即 PLA1、PLA2、PLA3……，PLB1、PLB2、PLB3……。

③ 有总线连接的控制器，首先取其英文名称缩写的第 1 位和第 2 位作为编号前两位英文字母，若与其他有总线连接的控制器重名，则取其英文名称缩写的第 1 位和第 3 位、第 1 位和第 4 位……。

④ 无总线的系统，则取其电气系统总成名称（非电气系统，则取其电气功能名称）前两位中文拼音的首字母作为编号前两位。如车灯总成（Che Deng Zong Cheng），即 CD 作为编号前两位；电源启动系统（Dian Yuan Qi Dong Xi Tong），即 DY 作为编号前两位。

⑤ 有信息交互的系统，按照总 PIN 位数量较多者系统进行编号。

⑥ 有位置限定的系统，则用位置限定词拼音的首字母前（Q）、后（H）、左（Z）、右（Y），作为编号第三位。如前鼓风机、后鼓风机，编号为 GFQ1、GFQ2……，GFH1、GFH2……。

导线编号与系统对照如表 4-11-5 所示。

表4-11-5　导线编号与系统对照

编号	系统（功能）	编号	系统（功能）
GS	换挡控制器	BC	车身控制器
SB	换挡执行器	AV	全景影像控制器
TC	变速器控制器	NV	夜视控制器
FC	风扇控制器	PD	雷达控制器
EO	电子油泵控制器	IC	仪表
WD	四驱控制器	HU	抬头显示控制器
EM	发动机控制器	WC	无线充电控制器
EP	电动助力转向	RR	信息娱乐系统
PB	电子驻车控制器	AR	行车记录仪
ES	车身稳定系统	CC	换挡面板开关
MR	中距离毫米波雷达	AL	氛围灯控制器
MP	多功能摄像头	MS	开关控制器
SR	短距离毫米波雷达	AM	车窗防夹控制器
AP	自动泊车辅助	TB	远程通信单元
DF	疲劳驾驶监测	SM	天窗
AB	安全气囊控制器	YG	雨刮
PL	电动尾门控制器	LB	喇叭
AC	空调控制器	HS	后视镜调节
DS	座椅控制器	CS	后除霜/后视镜加热
EC	电子转向柱锁	CD	车灯
AF	自适应前照灯控制	YS	压缩机
CY	12V 车载电源	DT	搭铁
CH/CL	CAN		

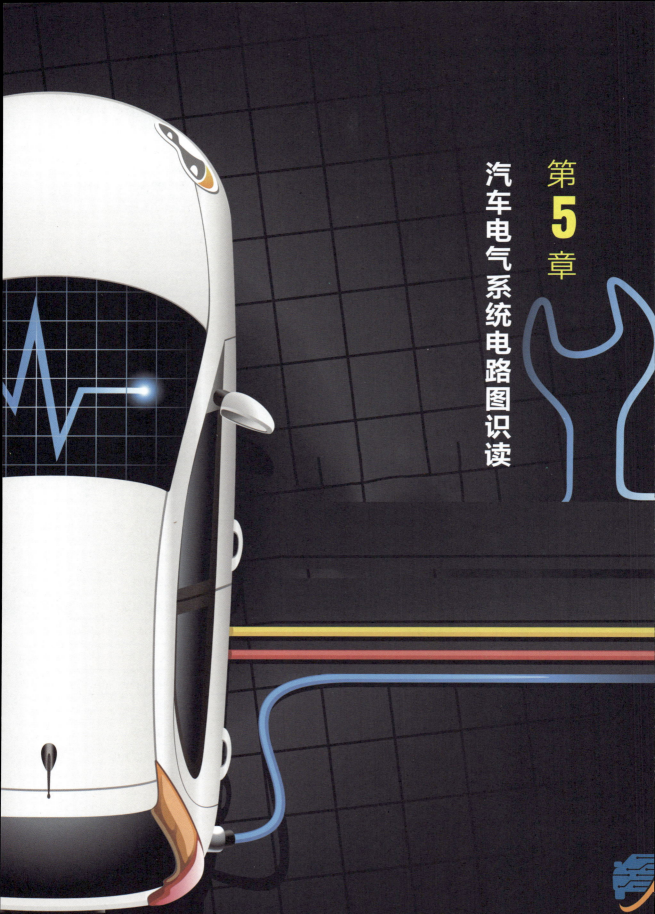

第 5 章 汽车电气系统电路图识读

第 5 章 汽车电气系统电路图识读

5.1 基础电气系统

5.1.1 启动系统

5.1.1.1 启动系统结构

（1）概述

电力启动具有操作简便、启动迅速的特点，具有重复启动的能力，并且可以实现远距离控制，因此，在现代汽车上广泛使用。本单元以目前汽车中比较常见的启动系统为例，介绍了电力启动系统的结构、工作原理以及检修等。

常见的电力起动机主要有以下三种。

① 电磁控制强制啮合式起动机（常规起动机）。磁极一般采用电磁铁，传动机构一般只是由简单的驱动齿轮、单向离合器和拨叉等组成，无特殊结构和装置。

② 永磁起动机。电动机的磁极用永磁材料制成，取消了磁场线圈，可以使结构简化、体积小、质量小。

③ 减速起动机。减速起动机采用高速、小型、低扭矩电动机，在传动机构中设有减速装置。质量和体积比普通起动机小30%～35%，但结构和工艺比较复杂。

为了完成启动的任务，不管何种起动机都要满足以下要求。

① 启动时应该平顺，起动机的齿轮与发动机的飞轮齿圈啮合要柔和，不应发生冲击。

② 发动机启动后，起动机的小齿轮应能自动打滑或脱离啮合。

③ 发动机在工作中，起动机的小齿轮不能再进入啮合，防止发生冲击。

④ 启动系统结构应简单，以保证工作可靠。

（2）常规起动机的结构和工作原理

常规起动机一般由直流串励式电动机、传动机构和控制装置（也称电磁开关）三部分组成。图 5-1-1 所示为常规起动机的齿轮和发动机飞轮齿圈的啮合关系，图 5-1-2 所示为常规起动机的结构。由图可以看出，把点火开关旋至启动挡时，电动机产生扭矩开始转动，同时电磁开关把传动机构中的小齿轮推出，使其与发动机的飞轮齿圈啮合，这样就把电动机的扭矩通过传动机构传递给飞轮，使发动机启动。

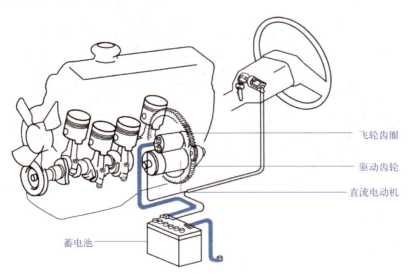

图 5-1-1 常规起动机的齿轮和发动机飞轮齿圈

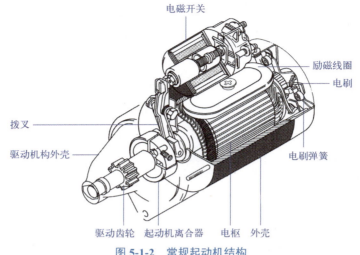

图 5-1-2 常规起动机结构

5.1.1.2 起动机控制电路

（1）无启动继电器的控制电路

下面以丰田系列乘用车和桑塔纳乘用车为例，介绍无启动继电器的控制电路。

图 5-1-3 ～图 5-1-5 所示为丰田汽车中常用的起动机控制电路及其工作过程。

如图 5-1-3 所示，当点火开关位于启动挡时，电流的流向为蓄电池"+"→点火开关启动挡→端子 50 →保持线圈→搭铁，同时吸引线圈中也通过电流，方向为蓄电池"+"→点火开关启动挡→端子 50 →吸引线圈→端子 C →励磁线圈→电枢→搭铁。此时，由于吸引线圈和励磁线圈中的电流非常小，电动机低速运转。同时，吸引线圈和保持线圈中产生的磁场吸引活动铁芯向右运动，克服复位弹簧的作用力，拉动拨叉向左运动，拨叉使离合器的驱动齿轮向左运动并与飞轮齿圈啮合。这个过程电动机的转速较低，可以保证齿轮之间平顺啮合。

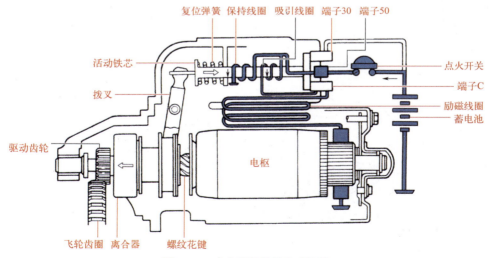

图 5-1-3 点火开关位于启动位置

当驱动齿轮和飞轮齿圈完全啮合以后，如图 5-1-4 所示，与活动铁芯连在一起的接触片向右运动，和端子 30 及端子 C 接触，从而接通了主开关，通过起动机的电流增大，电动机的转速升高。而电枢轴上的螺纹使驱动齿轮和飞轮齿圈更加牢固地啮合。此时，吸引线圈两端的电压相等，所以无电流通过。保持线圈产生的磁场力使活动铁芯保持在原位不动。此时的电流方向分别为蓄电池"+"→点火开关启动挡→端子50→保持线圈→搭铁；蓄电池"+"→端子30→接触片→端子C→励磁线圈→电枢绕组→搭铁。

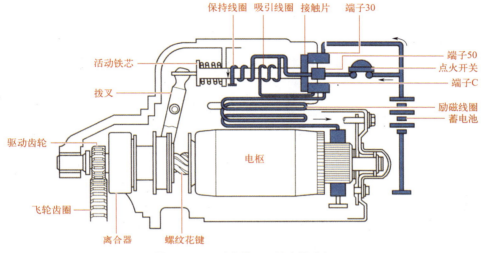

图 5-1-4　驱动齿轮和飞轮齿圈啮合

发动机启动以后，点火开关会从"START"挡回到"ON"挡，从而切断了端子50上的电压。这时，接触片和端子30及端子C仍保持接触。如图5-1-5所示，电路为蓄电池"+"→端子30→接触片→端子C→吸引线圈→保持线圈→搭铁。同时，电流还经过端子C→励磁线圈→电枢→搭铁。由于此时吸引线圈和保持线圈的电流方向相反，产生的磁场力相互抵消，在复位弹簧的作用下，活动铁芯向左运动，使得驱动齿轮与飞轮齿圈脱离，同时，接触片和两个端子断开，切断电动机中的电流，整个启动过程结束。

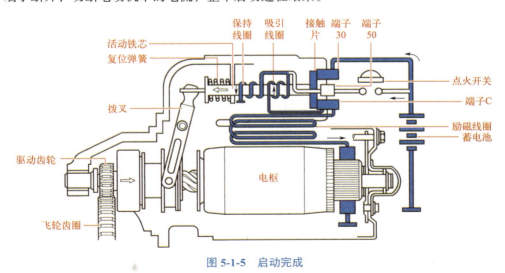

图 5-1-5　启动完成

（2）带启动继电器的控制电路

启动继电器的目的是减小通过点火开关的电流，防止点火开关烧损。启动继电器有4个接线柱，分别连接起动机、蓄电池、搭铁和点火开关，点火开关与搭铁接线柱之间是继电器的电磁线圈，起动机和蓄电池接线柱之间是继电器的触点。接线时，点火开关接线柱接点火开关的启动挡，蓄电池接线柱接电源，搭铁接线柱直接搭铁，起动机接线柱接起动机电磁开关上的起动机接线柱，如图5-1-6所示。

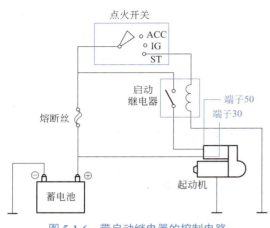

图5-1-6 带启动继电器的控制电路

发动机启动时，将点火开关启动挡接通，继电器的电磁线圈通电，使触点闭合，电源的电流便经继电器的触点通往起动机电磁开关的起动机接线柱。电磁开关通电后，便控制起动机进入工作状态。从电路图中可以看出，启动期间流经点火开关启动挡和继电器线圈的电流较小，大电流经过继电器开关流入起动机，保护了点火开关。启动过程的工作原理如前述，此处不再重复。

在一些大型货车和大型客车上，为了防止发动机启动以后启动电路再次接通，导致驱动齿轮与飞轮齿圈再次啮合而损坏起动机，在一些启动电路中还要安装带有保护功能的组合式继电器来实现保护功能。

此外目前汽车的防盗系统中，会将启动继电器线圈通过防盗系统搭铁，发动机启动时，只有防盗系统发出启动信号后，继电器线圈才能搭铁，起动机工作。如果防盗系统没有收到启动信号，则继电器线圈中无电流，起动机就不能工作，实现了防盗功能。

5.1.1.3 启动系统电路图识读

丰田卡罗拉/雷凌的启动功能是在发动机控制ECU和发动机启停ECU的协同作用下进行控制的。丰田卡罗拉/雷凌启动系统电路图如图5-1-7所示。

（1）首次启动

① 控制电路。当点火开关位于ST1挡且驻车挡/空挡位置开关位于P挡或N挡时，ST继电器电磁线圈得电，电流通路为蓄电池电压→AM2熔丝→点火开关7号端子→点火开关5号端子→4号接线连接器（A102）19号端子→4号接线连接器（A102）21号端子→驻车挡/空挡位置开关4号端子→驻车挡/空挡位置开关9号端子→6号接线连接器（A74）2号端子→6号接线连接器（A74）10号端子→4号接线连接器（A102）6号端子→4号接线连接器（A102）8号端子→ST继电器1号端子→ST继电器2号端子→搭铁，ST继电器吸合，起动机控制电路接通。

起动机控制电路电流通路为蓄电池电压→ST熔丝→ST继电器5号端子→ST继电器3号端子→起动机总成A2号端子。此时，起动机内部的电磁开关线圈得电，电磁开关触点闭合，接通起动机主电路。

② 主电路。起动机主电路电流通路为蓄电池正极→起动机总成B1号端子，起动机得电运转，启动发动机。

（2）发动机停机后再次启动

① 控制电路。发动机停机后，点火开关位于ON位置，需要再次启动时，发动机启停ECU控制2号ST继电器电磁线圈得电，电流通路为发动机启停ECU的23号端子→5号接线连接器（A73）的17号端子→5号接线连接器（A73）的18号端子→2号ST继电器的2号端子→2号ST继电器的1号端子→搭铁，2号ST继电器吸合，起动机控制电路接通。

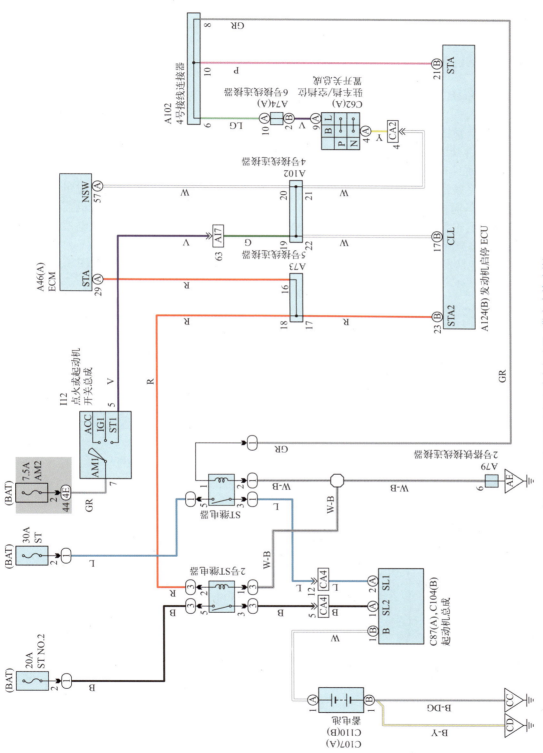

图 5-1-7 丰田车系启动系统电路图（带自启停功能）

起动机控制电路电流通路为蓄电池电压→ST NO.2 熔丝→2 号 ST 继电器 5 号端子→2 号 ST 继电器 3 号端子→起动机总成 A1 号端子。此时，起动机内部的电磁开关线圈得电，电磁开关触点闭合，接通起动机主电路。

②主电路。起动机主电路电流通路为蓄电池正极→起动机总成 B1 号端子，起动机得电运转，启动发动机。

5.1.2 充电系统

5.1.2.1 充电系统概述

为了确保驾驶的安全性和舒适性，车辆装备了许多电气装置。这些装置不仅需要在行驶时使用电力，而且在停车时也需要持续供电。因此，车辆配备了蓄电池作为电源，并具备充电系统。充电系统通过发动机的运行来发电，为所有的电气设备提供电力，同时也对蓄电池进行充电。在车辆行驶过程中，电气装置的作用至关重要。例如，车辆的发动机需要电力来驱动，车灯需要电力来照明，空调需要电力来调节车内温度，等等。因此，充电系统的作用就是确保这些电气装置能够持续地得到电力供应。

充电系统包括发电机、蓄电池、充电指示灯等部件，充电系统部件安装位置如图 5-1-8 所示。

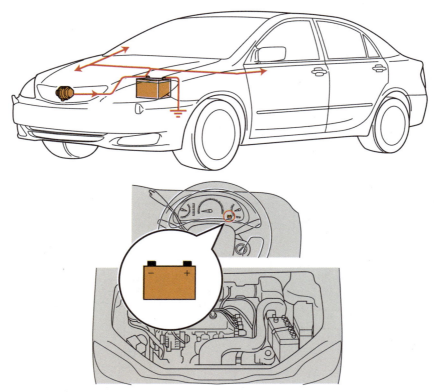

图 5-1-8 充电系统部件安装位置

5.1.2.2 交流发电机

（1）交流发电机的功能

交流发电机有三个功能：发电、整流和调节电压。发电机的作用是将来自发动机的机械能转变成电能。发动机的机械能通过带轮传给发电机，带轮带动转子转动发出交流电，然后经二极管整流器整流变成直流电。

① 发电。用多槽带把发动机的旋转传输到带轮，转动电磁化的转子，在定子线圈中产生交流电。

② 整流。因为定子线圈中产生的电是交流电，它不能直接用于车辆上安装的直流电器，所以利用整流器将交流电转变为直流电。

③ 调节电压。利用调节器调节发电机的电压，在发电机转速或负载发生变化时也能保持电压稳定。

(2) 交流发电机的结构

交流发电机的主要部件是产生磁场的转子、产生交流电的定子以及整流用的二极管。

此外，还有为了产生磁场而将电流提供给转子的电刷和滑环，使转子平滑转动的轴承、冷却转子、定子及二极管的风扇。所有这些部件均装在前后机架上，如图 5-1-9 所示。

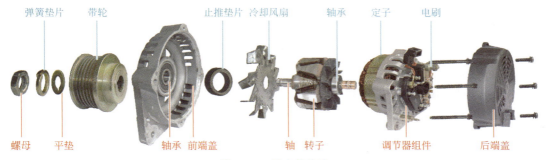

图 5-1-9　发电机构造

① 转子。转子是交流发电机的磁场部分，主要由转子轴、励磁绕组、两块爪形磁极、滑环等组成，如图 5-1-10 所示。

由低碳钢制成的两块六爪磁极压装在转子轴上，其空腔内装有导磁用的铁芯，称为磁轭。铁芯上绕有励磁绕组，励磁绕组的两根引出线分别焊在与轴绝缘的两个压装在轴上的滑环上。滑环与装在后端盖内的两个电刷相接触，两个电刷通过引线分别接在两个螺钉接线柱上。这两个接线柱即为发电机的 F（磁场）接线柱和 -（搭铁）接线柱。当这两个接线柱与直流电源相接时，便有电流流过励磁绕组，产生磁通，使两块爪极被分别磁化为 V 极和 S 极，形成犬牙交错的磁极，从而产生磁场，当发电机工作时，可在定子铁芯内部形成交变磁场。

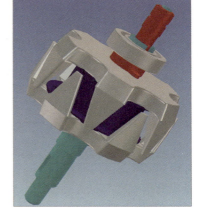

图 5-1-10　转子结构

② 定子。定子又称电枢，由定子铁芯和定子绕组组成。定子铁芯一般由一组相互绝缘且内圆带有嵌线槽的圆环状硅钢片叠制而成。为了从线圈产生的电动势中引出电流，要使用三根导线将线圈连接起来，嵌线槽内嵌有三相对称的定子绕组。定子绕组一般有两种连接法，即三角形（又称△形）和星形（又称 Y 形），如图 5-1-11 所示。

三角形接法：定子绕组采用三角形接法时，三组线圈首尾相接，这种接法使发电机高速运转时发电量大，低速运转时发电量小。由于汽车发电机必须在低速下也能保证发出足够的电量，所以三角形接法很少使用。

星形接法：采用这种接法时，只是将三组线圈尾部相接，即每相绕组的首端分别与整流器的硅二极管相接，作为交流发电机的交流输出端，每相绕组的尾端接在一起，形成中性点N。由于星形接法即使在低速下也能发出足够的电量，所以广泛应用在汽车交流发电机上。

③ 传动带轮。传动带轮通常用铸铁或铝合金制成，分单槽和双槽两种，利用风扇的半圆键装在风扇外侧的转轴上，再用弹簧垫片和螺母紧固。发动机工作时，通过风扇传动带带动发电机传动带轮转动。

④ 风扇。一般用 1.5mm 厚的钢板冲制或用铝合金压铸而成，并用半圆键装在前端盖外侧的转轴上。发电机工作时，对发电机进行冷却，有的发电机取消了风扇。

⑤ 前后端盖。前后端盖用非导磁性材料铝合金制成，漏磁少，并具有轻便、散热性好等优点。在后端盖内装有电刷架和电刷。汽车上使用的发电机的前后端盖

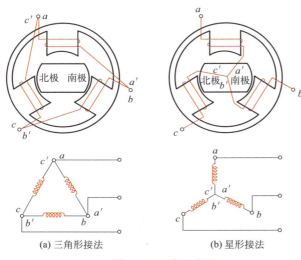

图 5-1-11　定子绕组

上通常设有通风口。当传动带轮和风扇一起旋转时，空气高速流经发电机内部对其进行冷却。有些工作环境恶劣的工程机械、农用拖拉机等为防止灰尘、泥土进入发电机内部，常采用外形尺寸较大的封闭型交流发电机，以保证其散热的需要。

⑥ 电刷与电刷架。两只电刷装在电刷架的方孔内，利用弹簧的压力使其与集电环保持良好的接触。电刷与电刷架的结构有外装式和内装式两种，其构造如图 5-1-12 所示。

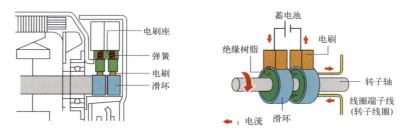

图 5-1-12　电刷和电刷架

搭铁电刷的引出线用螺钉直接固定在后端盖上（标记"-"），此方式称为内搭铁；如果此电刷的引出线与机壳绝缘接到后端盖外部的接线柱上（标记 F），这种方式称为外搭铁。

⑦ 整流器。整流器的作用是将定子绕组产生的三相交流电变成直流电输出。其次，整流器可阻止蓄电池的电流向发电机倒流。它一般由 6 个硅二极管接成三相桥式全波整流电路，如图 5-1-13 所示。

正极管：其中心引线为二极管的正极，外壳为负极，管壳底部一般有红色标记。在负极搭铁的交流发电机中，3 个正极管的外壳压装在元件板的 3 个座孔内，共同组成发电机的正极，由一个与后端盖绝缘的元件板固定螺栓通至机壳外，作为发电机的正极接线柱（标有"+"、A 或电枢）。

负极管：其中心引线为二极管的负极，外壳为正极，负极管壳底部一般有黑色标记。3 个负极管的外壳压装在后端盖的 3 个孔内，和发电机外壳一起成为发电机的负极。图 5-1-14 为

硅二极管的安装示意图。

图 5-1-13　整流器

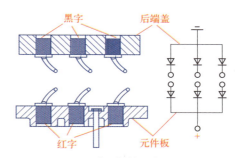

图 5-1-14　硅二极管的安装示意图

有些交流发电机的整流器采用 9 只二极管，增加的是 3 只小功率磁场二极管，专门用来供给励磁电流，这样可以提高发电机的电压调节精度。采用磁场二极管后，仅用简单的放电警告灯即可指示发电机的发电情况，从而节省了一只放电警告灯继电器。

另外，有些交流发电机为了提高中性点电压，提高发电机输出功率，增加了两只二极管对中性点电压进行整流，汇入发电机的输出端。同时具备上述两种功能的发电机整流器共有 11 只硅二极管。图 5-1-15 所示为几种不同的发电机整流器。

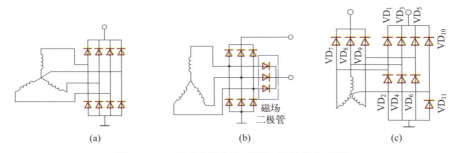

图 5-1-15　具有中性点和磁场二极管的整流器

（3）交流发电机的工作原理

① 发电原理。使磁铁在定子线圈中旋转，定子线圈中将产生电流。由于电流作用，定子线圈发电越大越易发热。因此，定子线圈装在发电机外层对冷却有好处。所以，所有交流发电机的发电线圈（定子绕组）都在外层，而旋转磁铁（转子铁芯）都在定子线圈内。

三相交流电：当磁铁在定子线圈中旋转时，定子线圈中将产生电流（电动势）。这样产生的电流为大小和方向都不断变化的交流电，如图 5-1-16 所示。

线圈中产生的电流和磁铁位置的关系如图 5-1-16（a）所示。最大电流产生在磁铁的南极和北极最靠近线圈时。电流方向随磁铁转动半圈而变化一次。以这种方式形成的正弦波形电流，称为单相交流电。如图 5-1-16（a）所示，转子每旋转 360° 为一个循环周期。

为了发出足够的电力，一般汽车交流发电机均采用如图 5-1-16（b）所示的三组线圈排列。

每组线圈 A、B、C 彼此相隔 120°。当磁铁在它们中间旋转时，便在每个线圈中产生交流电。图 5-1-16（b）表明了三组交流电与磁铁间的关系。

像这样具有三相交流特性的电流称为三相交流电。汽车发电机发出的电即为三相交流电。

每相绕组的电动势有效值的大小与转子的转速及磁极的磁通量成正比，即

$$E_\Phi = C_1 n \Phi$$

式中　E_Φ——相电动势的有效值；
　　　C_1——电动机常数；
　　　n——转子的转速；
　　　Φ——磁极的磁通量。

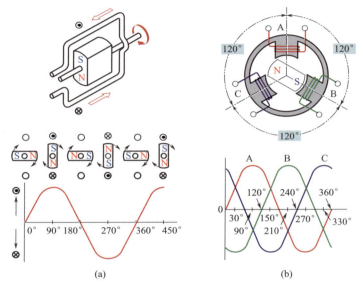

图 5-1-16　交流发电机工作原理

② 整流原理。汽车的电器在工作时需要直流电，蓄电池充电时也要使用直流电。交流发电机发出的三相交流电，若不变成直流电，则汽车的充电系统就不能应用。

将交流电变成直流电的过程称作整流。整流的方法有许多种，但是汽车交流发电机所使用的是一种既简单又有效的二极管整流法。

二极管只允许电流按一个方向流动。如图 5-1-17 所示，使用了 6 个二极管，三相交流电流经全波整流变成了直流电流。

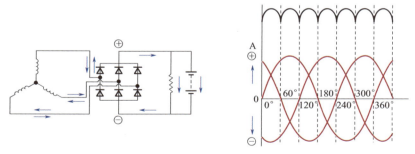

图 5-1-17　整流电路

整流过程如图 5-1-18 所示。

正极管的导通原则：由于 3 只正极管（VD1、VD3、VD5）的正极分别接在发电机三相绕组的始端（A、B、C）上，它们的负极又连接在一起，所以 3 只正极管的导通原则是在某一瞬间，正极电位最高者导通。

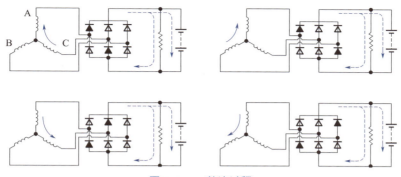

图 5-1-18 整流过程

负极管的导通原则：由于 3 只负极管（VD2、VD4、VD6）的负极分别接在发电机三相绕组的始端，它们的正极又连接在一起，所以 3 只负极管的导通原则是在某一瞬间负极电位最低者导通。

由图 5-1-17 我们可以看到，从每个线圈流到二极管的电流在 3 根导线处不断改变方向。但是从二极管出来的电流方向将固定不变，从而形成正（+）极和负（-）极。

（4）发电机的励磁方式

交流发电机开始发电时，需由蓄电池供给励磁电流。当发电机电压达到蓄电池电压时，即由发电机自己供给励磁电流，也就是由他励转变为自励。励磁电路如图 5-1-19 所示。

由于交流发电机转子的爪极剩磁较弱，所以发电机在低速运转时，加在硅二极管上的正向电压也很小。此时，二极管的正向电阻较大，较弱的剩磁产生的很小的电动势很难克服二极管的正向电阻，使发电机电压迅速建立起来。这样，发电机低速充电的要求就不能满足。因此，汽车上发电机必须与蓄电池并联，开始由蓄电池向励磁绕组供电，使发电机电压很快建立起来并转变为自励状态，蓄电池被充电的机会就多一些，有利于蓄电池的使用。

5.1.2.3 充电系统电路图识读

如图 5-1-20 所示，日产天籁车系的充电系统由带集成电路电压调节器的交流发电机、蓄电池、组合仪表内的充电警告灯、点火开关以及相关导线组成。交流发电机具有四个端子。B 端子负责为蓄电池充电并为车辆低压电器系统供电。L 端子能够控制充电警告灯的点亮，当点火开关处于 ON 或 START 位置时，充电警告灯会亮起；当交流发电机在发动机运转的情况下能够提供足够的电压时，充电警告灯会熄灭。S 端子则用于监测蓄电池电压，并通过 IC 调节器调节发电机输出电压。E 端子为接地端。整个充电系统结构简洁明了，性能稳定可靠，为车辆的正常运行提供了坚实的保障。

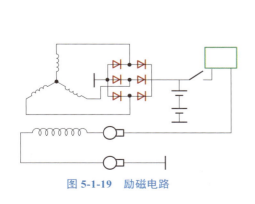

图 5-1-19 励磁电路

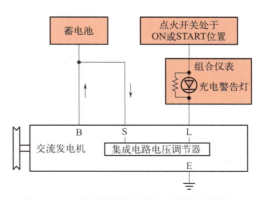

图 5-1-20 日产天籁车系充电系统示意图

日产天籁车系采用了发电机电压可控系统（图 5-1-21），该系统能够执行发电机电压可变控制，从而减少了因交流发电机发电而产生的发动机负载，进一步降低了燃油消耗。发电机电压可控系统通过蓄电池电流传感器感应蓄电池充电电流，并将其输送至发动机 ECM。发动机 ECM 根据充电需求，向 IPDM E/R（发动机舱智能配电模块）发送发电指令值信号。IPDM E/R 根据接收到的发电指令值信号，向交流发电机的 IC 调节器发送发电指令值信号（PWM 信号）。IC 调节器接收到信号后，对发电机输出电压进行调节，以满足蓄电池充电的需求。

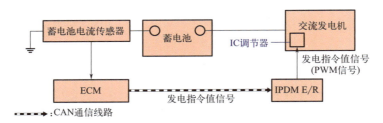

图 5-1-21　发电机电压可控系统

日产车系充电系统电路图如图 5-1-22 所示。

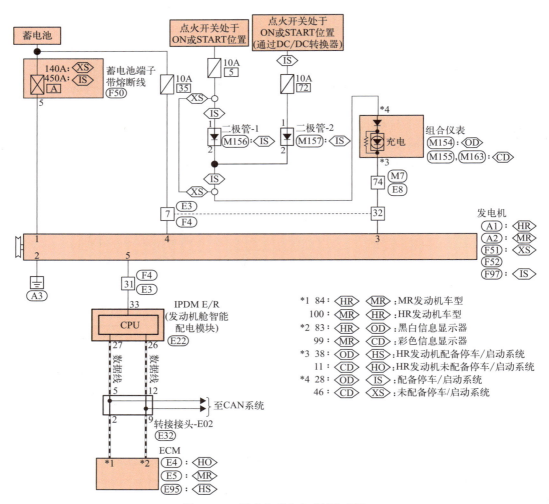

图 5-1-22　日产车系充电系统电路图

(1) IC 调节器供电电路

IC 调节器需要蓄电池供电才能检测发电机是否能够运行,并控制充电警告灯。蓄电池电压通过 10A 熔丝将供电输送至 4 号端子(S 端子),IC 调节器工作,判断发电机是否发电,并控制充电警告灯。

(2) 充电警告灯电路

在点火开关开启而发动机尚未启动的情况下,蓄电池电压会通过 10A 熔丝传输到组合仪表的 4 号端子,并从 3 号端子输出,进入发电机的 3 号端子(标记为 L 端子)。此时发电机尚未运行,IC 调节器的充电警告灯控制三极管处于导通状态,导致充电警告灯亮起。当发动机开始运转并带动发电机为蓄电池充电时,IC 调节器的充电警告灯控制三极管会关闭,导致充电警告灯熄灭。

(3) 蓄电池充电电路

发电机启动后,其 1 号端子将输出电能,并通过 F50 熔丝为蓄电池进行充电。

5.1.3 低压电器配电系统

低压电器配电系统承担着将蓄电池提供的电力通过熔丝精准分配到各个低压电器系统的核心任务,旨在确保整个低压电器系统的正常运行。

丰田典型车系配电系统电路图如图 5-1-23 和图 5-1-24 所示。

1 凯美瑞

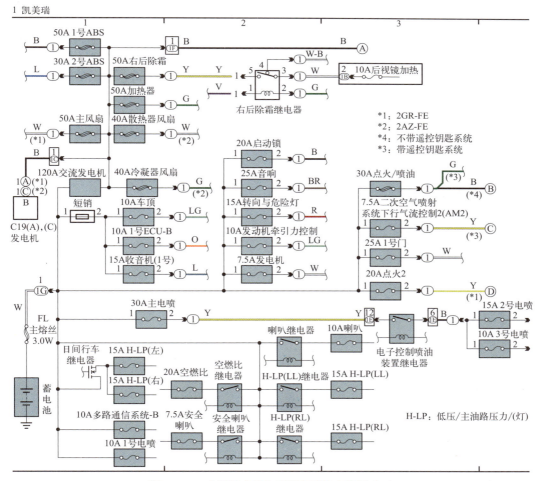

图 5-1-23 典型的丰田车系配电系统电路图(一)

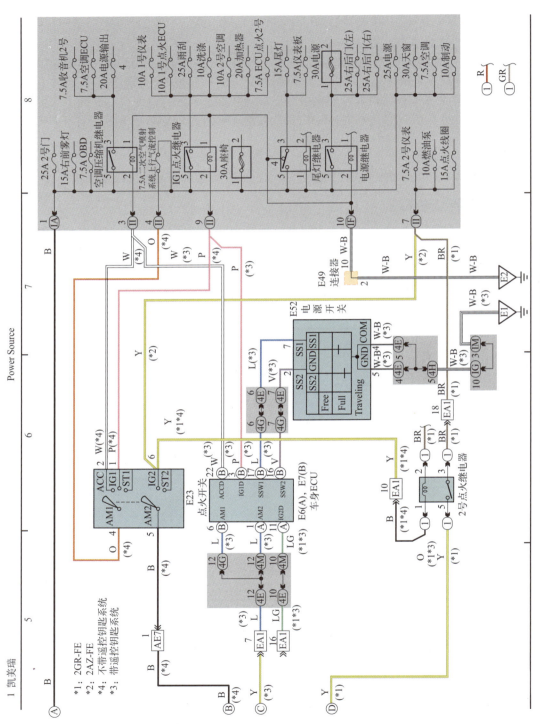

图 5-1-24 典型的丰田车系配电系统电路图（二）

当发电机未启动或发电机端电压低于蓄电池电压时，电路由蓄电池供电；发电机端电压高于蓄电池电压时，电路由发电机供电。

蓄电池供电时，蓄电池电压经过 3.0W FL 主熔丝后分多路供电给各电路。

（1）在 120A 交流发电机熔丝之后，电力分成了多条支路

支路①：经过 40A 冷凝器风扇熔丝后，为冷凝器风扇电路供电。

支路②：为发电机励磁电路供电。

支路③：经过 50A 主风扇熔丝后，为主风扇电路供电。

支路④：经过 40A 散热器风扇熔丝后，为散热器风扇电路供电。

支路⑤：经过 50A 加热器熔丝后，为加热器电路供电。

支路⑥：经过 30A ABS 2 号熔丝后，为 ABS 电路供电。

支路⑦：经过 50A 右后除霜熔丝后，为右后除霜电路供电。

支路⑧：经 50A ABS 1 号熔丝后，为 ABS 电路供电。

（2）短销熔丝将电力分为三条支路

支路①：经过 10A 车顶熔丝，为组合仪表、时钟、室内灯等电路提供电能。

支路②：通过 10A 1 号 ECU-B 熔丝，为转向角传感器电路提供电能。

支路③：经过 15A 收音机 1 号熔丝，为收音机电路提供电能。

（3）经 20A 启动锁熔丝后，为启动锁电路供电

（4）经 25A 音响熔丝后，为音响电路供电

（5）经 15A 转向与危险灯熔丝后，为转向与危险灯电路供电

（6）经 10A 发动机牵引力控制熔丝后，为发动机 ECU 供电

（7）经 7.5A 发电机熔丝后，为发电机电路供电

（8）在 30A 点火 / 喷油熔丝与点火开关的连接中，存在四种情况

① 当点火开关置于 ACC 挡时，点火开关的 4 脚与 2 脚接通，空调压缩机继电器线圈获得电源，导致空调压缩机继电器触点闭合。此时，电源经过空调压缩机继电器触点，并分为三路供电：

第一路，经过 7.5A 收音机 2 号熔丝，为收音机电路提供电源；

第二路，经过 7.5A 空调 ECU 熔丝，为空调 ECU 电路提供电源；

第三路，经过 20A 电源输出。

② 当点火开关置于 ON 挡时，点火开关的 4 脚与 1 脚连通，IG1 点火继电器线圈获得电源，其触点闭合。此时，电源经过 IG1 点火继电器触点，并分为七路供电：

第一路，经过 10A 1 号仪表熔丝，为驻车 / 空挡位置开关等电路提供电源；

第二路，经过 10A 1 号点火 ECU 熔丝，为风扇电路提供电源；

第三路，经过 25A 雨刮熔丝，为雨刮电路提供电源；

第四路，经过 10A 洗涤熔丝，为洗涤电路提供电源；

第五路，经过 10A 2 号空调熔丝，为空调电路提供电源；

第六路，经过 20A 加热器熔丝，为座椅加热电路提供电源；

第七路，经过 7.5A ECU 点火 2 号熔丝，为座椅换挡锁止控制、变速器控制开关、ABS 等电路提供电源。

③ 当点火开关置于 ON 挡时，点火开关的 5 脚与 6 脚接通，电源经过点火开关后分为三路：

第一路，经过 7.5A 2 号仪表熔丝后，为组合仪表提供电源；

第二路，经过 10A 燃油泵熔丝后，为燃油泵继电器、发动机 ECU、转向锁 ECU、安全气囊传感器总成等提供电源；

第三路，经过 15A 点火线圈熔丝后，为点火线圈提供电源。

④ 当点火开关置于 ON 挡时，2 号点火继电器获得电源，其 5 脚与 3 脚连接。此时，电源分为三路：

第一路，经过 7.5A 2 号仪表熔丝后，为组合仪表提供电源；

第二路，经过 10A 燃油泵熔丝后，为燃油泵继电器、发动机 ECU、转向锁 ECU、安全气囊传感器总成等提供电源；

第三路，经过 15A 点火线圈熔丝后，为点火线圈提供电源。

（9）经 7.5A AM2 熔丝供电给主车身 ECU

（10）经 25A 1 号门熔丝供电给 1 号门

（11）经 30A 主电喷熔丝后供电给电子控制喷油装置继电器（喷油继电器）的触点

当发动机启动后，喷油继电器线圈得电，其触点闭合，电源经喷油继电器后分两路：一路经 15A 2 号电喷后供电给发动机 ECU；另一路经 10A 3 号电喷后供电给真空电磁阀、空气流量计和碳罐泵模块。

（12）经喇叭继电器和 10A 喇叭熔丝后供电给喇叭电路

（13）经 H-LP（LL）继电器和 15A H-LP（LL）熔丝后供电给左低前照灯电路

（14）经 H-LP（RL）继电器和 15A H-LP（RL）熔丝后供电给右低前照灯电路

（15）经空燃比继电器和 20A 空燃比熔丝后供电给空燃比传感器电路

（16）经安全喇叭继电器和 7.5A 安全喇叭熔丝后供电给安全（警示）喇叭

（17）经日间行车继电器后分两路

一路经 15A H-LP（左）熔丝后供给左高前照灯电路；另一路经 15A H-LP（右）熔丝后供给右高前照灯电路。

（18）经 10A 多路通信系统 -B 熔丝后供电给组合仪表电路

（19）经 10A 1 号电喷熔丝后供电给遥控钥匙系统的验证 ECU 和身份密码盒电路

5.1.4　电动汽车高压系统配电电路

（1）高压配电系统组成

高压配电系统在电动汽车中发挥着核心作用，其功能是将动力电池的高压电分配给电机控制器、电动空调压缩机、PTC 加热器等高压部件。尽管不同车系的高压配电系统的组成部件名称有所不同，如高压配电箱、高压分线盒、高压配电单元、高压接线盒、高压配电模块、高压控制盒等，但其基本功能和布局在各种车型中保持一致。

在部分车型中，高压配电箱是单独安装的，还有些车型则将其与其他部件封装在一起。无论其具体安装方式如何，高压配电箱在电动汽车中的作用都是相似的。

一般而言，高压配电系统由多个组件组成，包括高压分线盒、直流充电接口、交流充电接口、高压配电线束、电动空调压缩机线束、PTC 加热器线束以及电机三相线等。这些组件协同工作，以确保电动汽车的正常运行和高效能源分配。

小鹏 G9 高压配电系统如图 5-1-25 所示。系统由动力电池、高压配电盒（PDU）、电机控制器（IPU）、PTC1 和 PTC2、电动空调压缩机（ACP）、车载充电机 / 直流转换器（CCS&DCDC）、慢充口等组成。高压配电盒的作用是将动力电池的高压直流电分别分流到电机控制器、车载充电机 / 直流转换器、电动空调压缩机以及高压 PTC，并在相关线路上设置熔断器，防止单个高压部件故障造成高压回路其他部件损坏，同时保证动力电池的安全。

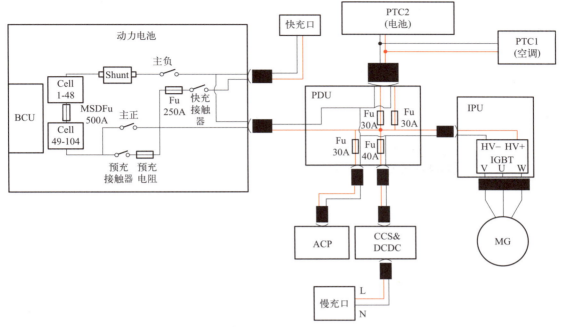

图 5-1-25　小鹏 G9 高压配电系统

（2）高压配电系统电路图识读

图 5-1-26 所示为小鹏汽车高压配电系统的电路图。由于高压配电系统中涉及的部件较少，并且部件之间传递的是高压电，因此部件之间的连接采用双线连接，使得整个系统相对简单。

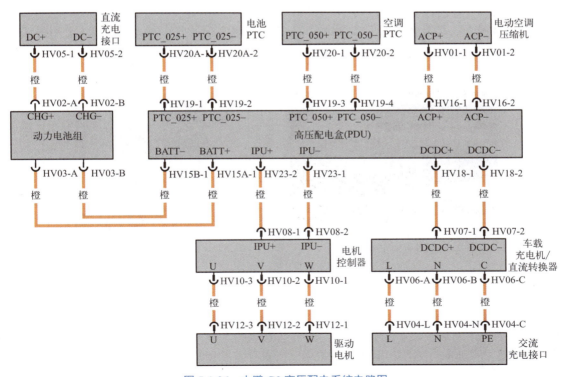

图 5-1-26　小鹏 G9 高压配电系统电路图

动力电池的高压电将通过高压配电盒的 HV15B-1 和 HV15A-1 端子进行输送。在高压配电盒内，这些高压电经过各熔丝后被分配给相应的高压用电器，如图 5-1-27 所示。

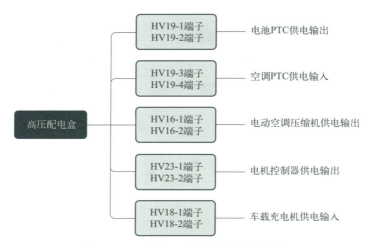

图 5-1-27　小鹏 G9 高压配电盒输入输出

5.1.5　照明系统

5.1.5.1　前照灯系统

前照灯电路有使用开关和继电器控制的，也有通过汽车电脑进行控制的，车载网络和智能化前照灯的使用，使得汽车前照灯控制电路形式也多种多样。

（1）前照灯系统组成

① 灯光开关。灯光开关的形式有拉钮式、旋转式和组合式等多种，现代汽车上用得较多的是将前照灯、尾灯、转向灯及变光灯开关等制成一体的组合式开关，或是用旋钮式灯光开关与拨杆式变光和转向开关进行组合，如图 5-1-28 所示。

(a) 拨杆式组合开关　　　　　　　　(b) 旋钮式组合开关

图 5-1-28　灯光开关

使用图 5-1-28（a）所示的拨杆式组合开关时，转动开关端部，便可依次接通尾灯（包括位置灯）和前照灯，将开关向下压，便由近光变为远光，将开关向上扳，亦可变为远光，不同的是，松手后开关自动弹回近光位置，此位置用来作为夜间行车时的超车信号。前后扳动开关，可使左右转向灯工作。用旋钮开关可以依次打开示宽灯和前照灯近光，再利用拨杆进行远近光切换。

② 变光开关。变光开关可以根据需要切换远光和近光，一般与转向盘侧的组合开关组成一体。

③ 灯光继电器。前照灯的工作电流较大，特别是四灯制的汽车，如用车灯开关直接控制前照灯，车灯开关易烧坏，因此在灯光电路中设有灯光继电器，用来保护车灯开关。电路工作时，较小的电流通过车灯开关，大的电流通过车灯。

图 5-1-29 所示为触点为常开式的前照灯继电器结构和引线端子，当接通前照灯开关后，继电器铁芯通电，触点闭合，通过变光开关向前照灯供电。

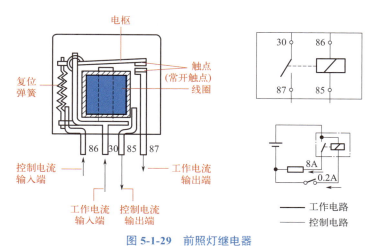

图 5-1-29 前照灯继电器

（2）别克车系前照灯电路图识读

图 5-1-30 所示为别克汽车的前照灯电路图。其电路主要由灯光开关、变光开关、前照灯继电器及前照灯组成。

① 近光电路。前照灯继电器电磁线圈供电回路：在点火开关处于开启状态时，将灯开关旋转至"近光"挡位，从而接通前照灯继电器的电磁线圈供电回路。蓄电池供电通过仪表板熔断丝盒线束插接器 C201 的 12 号端子供应到 F6 10A 熔丝上，随后从 C201 的 24 号端子输出，供电被输送到前照灯继电器的 86 号端子，并从其 85 号端子输出，进入灯开关 5 号端子，从灯开关的 4 号端子送出，供电再分别经过 C201 的 9 号端子和 4 号端子后，最终在搭铁点 G201 处搭铁，从而接通前照灯继电器的电磁线圈供电回路。

近光灯电路：在灯光继电器电磁线圈供电回路接通后，灯光继电器吸合，进而接通近光灯供电电路。蓄电池供电通过发动机熔断丝盒内的 Ef12 25A 熔丝输出至前照灯继电器的 30 号端子，并从其 87 号端子输出。该供电通过线束插接器 C102 的 1 号端子分别进入发动机熔断丝盒的 Ef20 10A 熔丝和 Ef27 10A 熔丝，然后分别从线束插接器 C104 的 11 号端子和 16 号端子输出，输送至左前照灯和右前照灯的 5 号端子，并分别送至左右前照灯的 6 号端子，最后输出至搭铁点 G101 和 G102 处，实现搭铁。前照灯近光灯供电回路接通，前照灯近光灯点亮。

② 远光电路。变光电路：在操作变光开关时，蓄电池供电会通过发动机熔断丝盒内部的 Ef12 25A 熔丝输送到线束插接器 C101 的 9 号端子，并从线束插接器 C202 的 54 号端子输出，供应到前照灯开关的 7 号端子。供电经前照灯开关的 4 号端子输出后，通过连接点 S201 分为两路。其中一路供应给仪表组，实现闪光指示。另一路供电进入线束插接器 C202 的 34 号端子，从线束插接器 C102 的 2 号端子进入发动机熔断丝盒中的 Ef15 15A 熔丝。随后分别从线束插接器 C104 的 18 号端子和 17 号端子输出并输送至左右前照灯的 4 号端子，并从左右前照灯的 1 号端子输出，分别送至搭铁点 G101 和 G102 处，实现搭铁，从而变光回路接通。

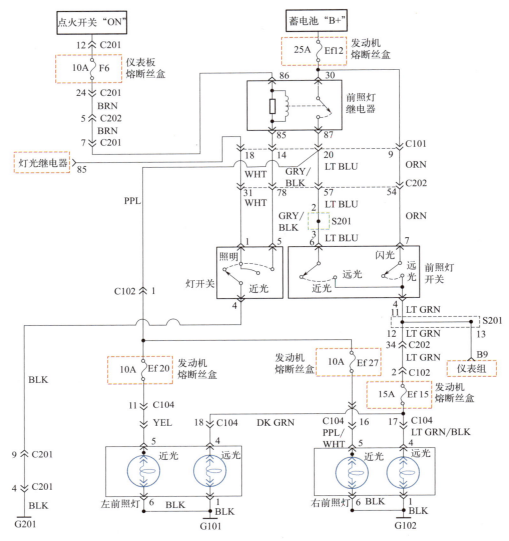

图 5-1-30　别克车系前照灯电路图

远光灯电路：在近光灯开启的基础上，将前照灯开关置于远光位置时，前照灯继电器 87 号端子的供电会从线束插接器 C101 的 20 号端子输入，然后从线束插接器 C202 的 57 号端子输出。此供电会进入连接点 S201 的 2 号端子，并从 3 号端子输出，进一步供电给前照灯开关的 6 号端子，并从 4 号端子输出，进入连接点 S201 的 11 号端子，分为两路。其中一路会从连接点 S201 的 13 号端子输出，为仪表组提供远光指示灯所需的电能。另一路供电会从连接点 S201 的 12 号端子输出，进入线束插接器 C202 的 34 号端子，再从线束插接器 C102 的 2 号端子进入发动机熔断丝盒中的 Ef15 15A 熔丝。随后，此供电会分别从线束插接器 C104 的 18 号端子和 17 号端子输出，输送至左右前照灯的 4 号端子，并从左右前照灯的 1 号端子输出，分别送至搭铁点 G101 和 G102 处，实现搭铁，从而接通远光灯回路。

(3) 大众车系前照灯电路

图 5-1-31 所示为一汽大众高尔夫 6 轿车的灯光电路，该车使用氙气前照灯。电路中灯光开关和变光开关等的信号输入给 J519 车载电网控制单元，由电脑控制灯光的电源接通和断开，同时通过联网系统可以实现不同路况下灯光模式的切换。

第5章 汽车电气系统电路图识读

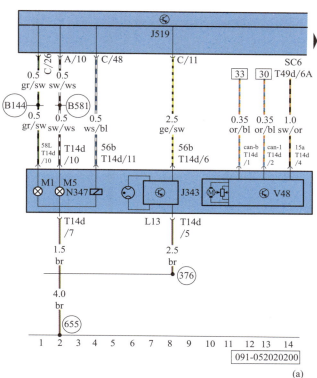

(a)

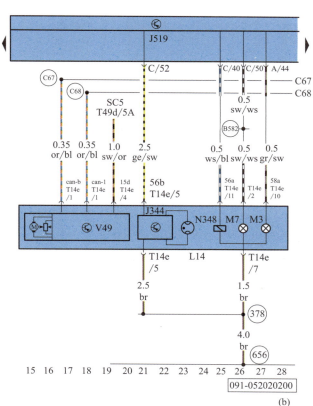

(b)

图 5-1-31

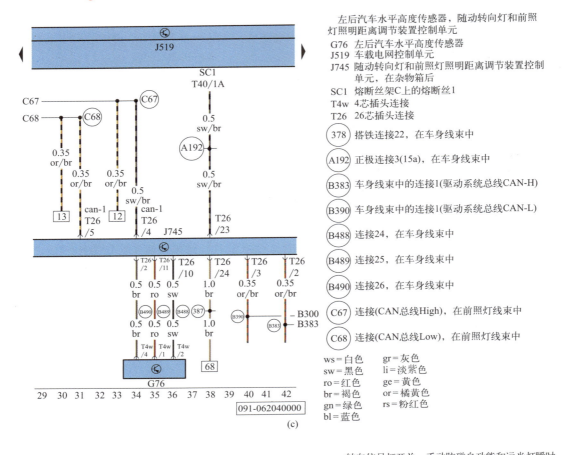

(c)

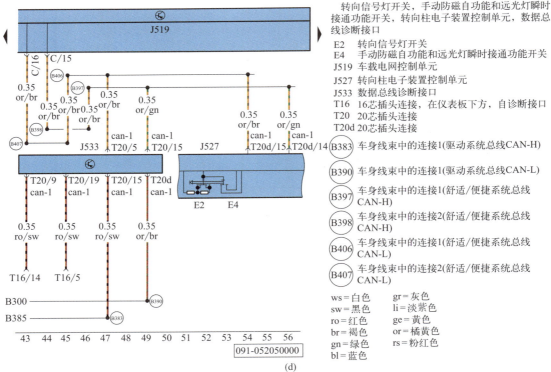

(d)

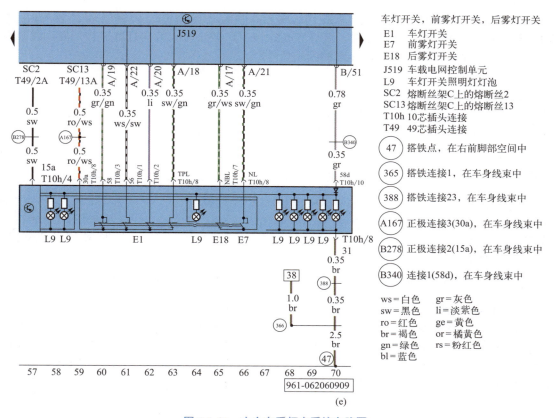

图 5-1-31　大众车系灯光系统电路图

5.1.5.2　转向信号灯及闪光器

（1）概述

当汽车要驶离原方向，需接通左侧或右侧转向信号灯，以提醒其他车的驾驶员，其组成主要包括开关、信号灯和闪光器，其中闪光器是主要器件。当遇有特别情况时，所有转向信号灯应同时闪烁，作为危险警告信号。

转向信号闪光器是使转向信号灯按一定时间间隔闪烁的器件，转向信号闪光器可根据不同的原理运作。目前使用的闪光器主要有电热式、电容式、电子式。由于电子式闪光器具有性能稳定、可靠性高、寿命长的特点，已获得广泛应用。电子式闪光器可分为触点式（带继电器）和无触点式（不带继电器），不带继电器的电子式闪光器又称为全电子式闪光器。

（2）带继电器触点式晶体管闪光器组成

如图 5-1-32 所示，当接通电源开关和转向灯开关后，主线路为蓄电池"+"极→电源开关 SW→接线柱 B→R_1→继电器 J 的触点→接线柱 S→转向开关→转向灯及转向指示灯（左或右）→搭铁→蓄电池"-"极，转向灯亮。当继电器 J 的触点闭合时，转向灯亮，触点断开时，转向灯灭，而触点的闭合与否取决于晶体管的导通状况，电容 C 的充放电使晶体管反复导通截止，这样触点也就时通时断，使转向信号灯闪烁发光。

（3）不带继电器无触点式晶体管闪光器组成

无触点式晶体管闪光器又称全电子式闪光器，即把触点式晶体管闪光器中的继电器去掉，采用大功率晶体管来取代原来的继电器，如图 5-1-33 所示。该闪光器电路的振荡部分实际上是一个典型的非稳态多谐振荡器，其电路结构对称，也就是说，$R_1=R_4$、$R_2=R_3$、$C_1=C_2$、VT

与 VT_2 为同型号的晶体管,且其参数相同。闪光器的输出级采用一只大功率晶体管 VT_3,当 VT_3 导通时,可将转向灯电路接通,使灯点亮;当 VT_3 截止时,转向灯电路被切断而使灯变暗,从而发出频率为 70～90 次/min 的闪光信号。

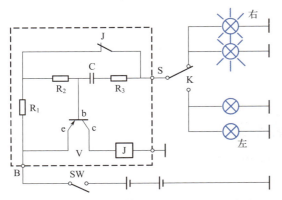

图 5-1-32　带继电器触点式晶体管闪光器电路

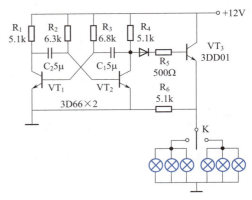

图 5-1-33　不带继电器无触点式晶体管闪光器电路

(4) 电子控制转向信号及危险警告灯识读

目前大部分厂家直接使用电脑来控制转向信号灯的工作,将转向开关和危险警告灯开关的信号送给电脑,由电脑直接控制转向灯的闪烁。如图 5-1-34 所示为上海通用科鲁兹的转向灯控制电路。该电路将汽车转向开关信号和危险警告灯开关信号送给车身控制模块 BCM,由车身控制模块控制转向灯的闪烁频率。

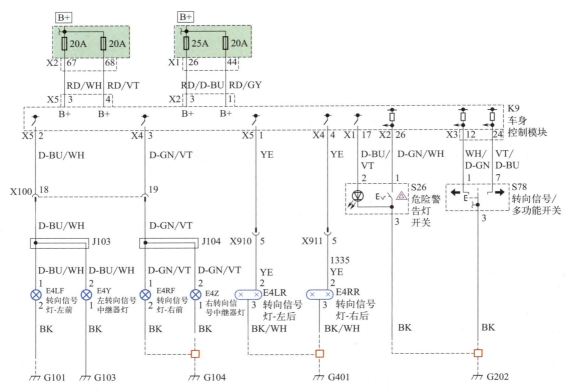

图 5-1-34　由车身控制模块控制的转向灯电路

第 5 章 汽车电气系统电路图识读

根据图 5-1-34，转向信号/多功能开关和各转向灯的一端均接地，另一端则直接或间接（通过连接点或线束插接器）与车身控制模块连接。以左转向为例，当操纵转向信号/多功能开关至左侧时，车身控制模块将通过线束插接器 X3 的 12 号端子向转向信号/多功能开关的 1 号端子输出供电，并从 3 号端子输出供电，通过 G202 接地点接地，从而接通转向开关电路。一旦车身控制模块检测到左转信号，它将分别向左前和左后转向信号灯供电，具体的供电回路如下。

左前转向灯：车身控制模块的 X5 的 2 号端子输出供电，经过线束插接器 X100 的 18 号端子，再经过连接点 J103 后，供应给左前转向信号灯的 1 号端子和左转向信号中继器灯的 2 号端子。随后，从左前转向信号灯的 2 号端子和左转向信号中继器灯的 1 号端子输出，至搭铁点 G101 和 G103，左前转向信号灯和左转向信号中继器灯将闪烁。

左后转向灯：车身控制模块的 X5 的 1 号端子输出供电，经过线束插接器 X910 的 5 号端子，供应至左后转向信号灯的 2 号端子，并从其 3 号端子输出至搭铁点 G401，从而接通供电回路，左后转向信号灯将闪烁。

5.1.5.3 制动信号灯和倒车灯

（1）制动信号灯

制动信号灯安装在车辆尾部，以便通知后面车辆该车正在制动，避免后面车辆与其后部相撞，其简化电路如图 5-1-35 所示。

由电路图可知，制动信号灯由制动信号灯开关控制，按控制的方式不同可分为气压式、液压式和机械式三种。其中气压式和液压式制动开关一般装于制动管路中，工作情况都是利用气压或液压使开关中两接线柱相连，从而导通制动信号灯电路，这两种开关经常在载重货车上使用。小型轿车经常使用机械式开关，一般安装于制动踏板下方，当踩下制动踏板时，制动开关内的活动触点便将两接线柱接通，使制动信号灯点亮；当松开踏板后，断开制动信号灯电路。

目前，大部分车辆将制动信号送给电控单元，由电控单元来控制制动信号灯的通断。

（2）倒车灯

倒车灯安装于车辆尾部，给驾驶员提供额外照明，使其能够在夜间倒车时看清车的后部，也警告后面车辆，该车驾驶员想要倒车或正在倒车。当点火开关接通变速器换至倒车挡时，倒车灯点亮，其简化电路如图 5-1-36 所示。

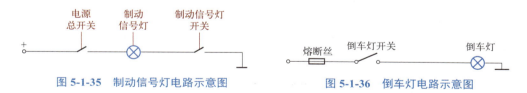

图 5-1-35 制动信号灯电路示意图   图 5-1-36 倒车灯电路示意图

倒车灯开关装在变速器盖上，为了提醒后面行人或车辆注意，有些车上装有倒车蜂鸣器。自动挡汽车的倒车灯开关与变速器开关一体，由变速器开关为变速器电控单元提供倒车信号，再通过网线将此信号送给仪表电控单元，点亮倒车灯。

（3）制动信号灯电路图识读

图 5-1-37 为小鹏 G9 电动汽车制动（信号）灯和倒车灯电路图。小鹏 G9 具有 AEB 自动紧急制动系统，AEB 紧急制动时，制动灯由整车控制器控制。

小鹏 G9 电动汽车的制动灯控制存在两种情况。一种是由驾驶员踩踏制动踏板进行操作，另一种是由 AEB 自动紧急制动系统在特定情况下触发。

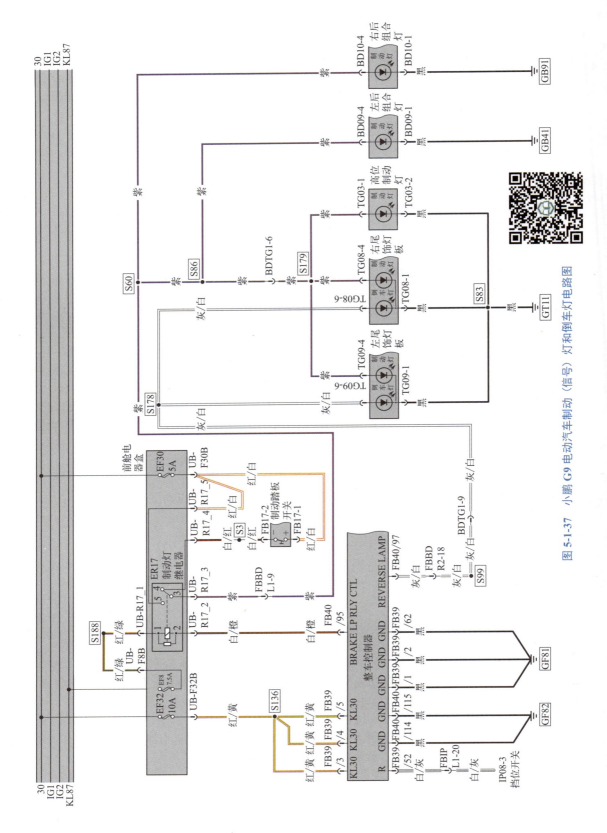

图 5-1-37 小鹏 G9 电动汽车制动（信号）灯和倒车灯电路图

① 驾驶员踩踏制动踏板时制动灯的控制。当驾驶员踩踏制动踏板时，制动踏板开关闭合，蓄电池充电经过前舱电器盒内的 EF30 5A 熔丝，通过 UB-F30B 端子输出，然后输送至制动踏板开关的 FB17-1 号端子。接下来，供电从 FB17-2 号端子进入前舱电器盒的 UB-R17_4 端子，供应到 ER17 制动灯继电器的 4 号端子（常开触点）。此供电再经过 3 号端子至前舱电器盒的 UB-R17_3 端子，最后输出供电给左尾饰灯板的 TG09-4 端子、右尾饰灯板的 TG08-4 端子、高位制动灯 TG03-1 端子、左后组合灯 BD09-4 端子和右后组合灯的 BD10-4 端子。供电进入各组合灯的制动灯后，分别输出至搭铁点 GT11、GB41、GB91，最终制动灯回路接通，制动灯亮起。

② AEB 自动紧急制动时制动灯的控制。整车控制器检测到 AEB 系统作用时，控制器 FB40/95 端子搭铁，接通制动灯继电器电磁线圈回路。

制动灯继电器电磁线圈回路供电：KL87 供电经前舱电器盒内的 EF8 7.5A 熔丝输出，通过 UB-F8B 端子进行传输，经过连接点 S188 后连接到前舱电器盒的 UB-R17_1 端子，并供应至内部的制动灯继电器 1 号端子。同时，供电还从制动灯继电器的 2 号端子输出，经过前舱电器盒的 UB-R17_2 端子输出，最终到达整车控制器的 FB40/95 端子。在整车控制器内部，供电被引导至接地线路。这样，制动灯继电器的电磁线圈供电回路就被接通了，使得制动灯继电器能够正常吸合。

制动灯供电电路：蓄电池供电经过前舱电器盒内的 EF30 5A 熔丝，经 UB-F30B 端子输出，再经过前舱电器盒的 UB-R17_5 端子进入，提供给制动灯继电器的 5 号端子。由于制动灯继电器处于吸合状态，供电从制动灯继电器的 3 号端子经前舱电器盒的 UB-R17_3 端子输出。此电源输出后，将分别向左尾饰灯板的 TG09-4 端子、右尾饰灯板的 TG08-4 端子、高位制动灯 TG03-1 端子、左后组合灯 BD09-4 端子和右后组合灯的 BD10-4 端子提供电力。电源进入各组合灯的制动灯后，将分别输出至搭铁点 GT11、GB41、GB91，制动灯回路接通，制动灯亮起。

（4）倒车灯电路图识读

如图 5-1-37 所示，小鹏 G9 电动汽车的倒车灯由整车控制器进行控制。当整车控制器接收到倒挡位置信号时，会输出倒车灯的供电信号，从而点亮倒车灯。

当驾驶员将挡位杆置于 R 挡时，整车控制器 FB39/52 端子接收到 R 挡位置信号后，将倒车灯供电从其 FB40/97 端子输出。该供电经过线束插接器 FBBD 的 R2-18 号端子、连接点 S99、线束插接器 BDTG1 的 9 号端子，再经过连接点 S178 分别输送至左尾饰灯板的 TG09-6 端子、右尾饰灯板的 TG08-6 端子，进入饰灯板内部的倒车灯端子。随后，供电从左右尾饰灯板的 1 号端子输出，经连接点 S83 输送到搭铁点 GT11，倒车灯供电回路接通，最终倒车灯点亮。

5.1.6 电动辅助电气系统

5.1.6.1 电动车窗

（1）电动车窗概述

电动车窗采用永磁或串励绕组式双向电动机。每个车门各有一个电动机，通过改变电动机中的电流方向从而控制玻璃的升降。控制开关一般有两套，一套为总开关，大多装在驾驶员侧的车门上。另一套为分开关，分别安装在每个车窗上。由于所有车窗的电动机都要通过总开关搭铁，如果总开关断开，分开关就不能起作用。

电动车窗有手动控制和自动控制功能。手动控制是指按着相应的手动按钮，车窗可以上升或下降，若中途松开按钮，上升或下降的动作即停止；而自动控制是指按下自动按钮，松开手后车窗会一直上升至最高或下降至最低,即通常所说的"一键升降"。一般玻璃升降开关有两个挡位,第一挡是手动升降挡,第二挡是自动控制挡。

(2) 无网络控制的车窗玻璃升降控制电路

无网络控制的车窗玻璃升降控制电路如图 5-1-38 所示。以驾驶员侧的玻璃升降为例,电动车窗主开关位于驾驶员侧,用虚线框标识。某个单独开关内部有两个开关,用虚线连接起来表示操作时主开关内部是联动关系。

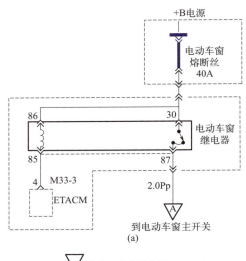

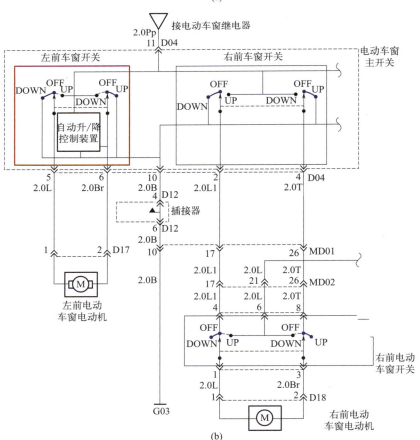

第 5 章 汽车电气系统电路图识读

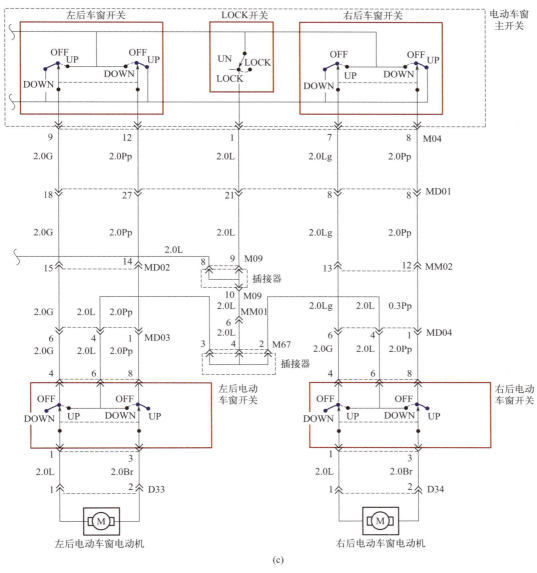

(c)

图 5-1-38 无网络控制的车窗玻璃升降控制电路

① 手动控制玻璃升降。如图 5-1-38（a）所示，当点火开关位于 ACC 或 ON 的位置时，电流便经过电动车窗继电器的电磁线圈，通过 ETACM（时间和信息系统控制模块）搭铁，车窗继电器的开关闭合。此时若使车窗向下运动，应按下左前车窗的 DOWN 按钮 [图 5-1-38（b）]，此时，电流的流向为电源 +B→电动车窗熔断丝→电动车窗继电器开关→左前车窗开关中右侧的 DOWN 端子→电动车窗主开关端子 6→左前电动车窗电动机端子 2→左前电动车窗电动机端子 1→电动车窗主开关端子 5→左前车窗开关中左侧的 DOWN 端子→电动车窗主开关端子 10→搭铁。此时，电动机工作，车窗玻璃向下运动。玻璃上升时的电流流向此处不再重复，此时电动机中电流方向相反，其运动方向也相反。车窗上升或下降的中途若松开开关，开关就自动回到 OFF 位置，电动机也停止工作。

② 自动控制玻璃升降。按下自动按钮后，主开关内自动升降控制装置起作用，电流经过自动升降控制装置为车窗电动机供电，直至车窗完全关闭或停止。

（3）带网络控制功能的车窗控制电路

带网络控制功能的车窗控制电路如图5-1-39所示。

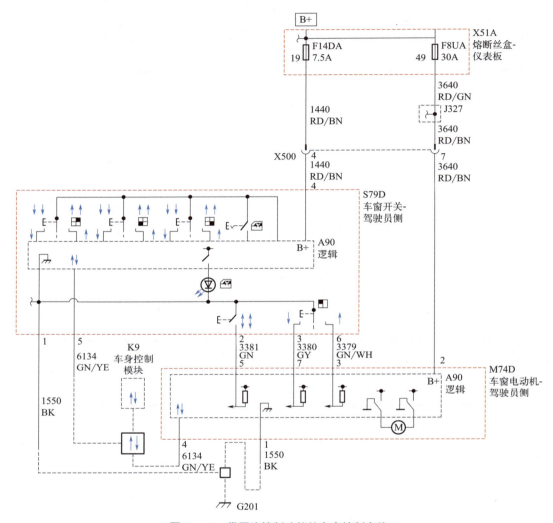

图 5-1-39　带网络控制功能的车窗控制电路

以主开关为例，操作驾驶员侧车窗开关的升、降或快速升降按钮后，驾驶员侧车窗电动机控制模块会接收到相应端子的信号，由控制模块来控制电动机的旋转方向和速度，同时通过数据线将开关信号及电动机工作信号传递至K9车身控制模块。

若使用驾驶员侧开关控制其余三个车窗电动机，开关相关的动作信号由主开关内的模块通过数据线传递至K9车身控制模块，再由车身控制模块控制相应电动机的动作。

驾驶员侧主开关上还设置有车窗锁止开关，按下后将通过数据线向车身控制模块传递锁止信号，则其余三扇车窗的分开关将不能控制车窗的升降。

5.1.6.2　电动座椅
（1）基本组成

为了实现座椅位置的调节，普通电动座椅包括若干个双向电动机、传动装置和控制电路（包括控制开关）这三个主要部分。双向电动机产生动力，传动装置可以把动力传至座椅，通过控制开关实现座椅不同位置的调节。电动座椅基本组成如图 5-1-40 所示。

(2) 电动座椅控制电路图识读

典型的电动座椅控制电路如图 5-1-41 所示。该电动座椅包括滑动电动机、前垂直电动机、倾斜电动机、后垂直电动机和腰椎电动机等，可以实现座椅的前后移动、前部高度调节、靠背倾斜程度调节、后部高度调节及腰椎前后调节。下面以座椅靠背的倾斜调节为例，介绍电路的控制过程。

当电动座椅开关处于倾斜位置时，如果要调整靠背向前倾斜，则闭合倾斜电动机的向前方向开关，即端子 4 置于左位时，电路为：蓄电池正极→ FLALT → FLAM1 → DOOR CB →端子 14 →（倾斜开关"向前"）→端子 4 → 1（2）端子→倾斜电动机→ 2（1）端子→端子 3 →端子 13 →搭铁。此时，座椅靠背前移。

当端子 3 置于右位时，倾斜电动机反转，座椅靠背后移。此时的电路为蓄电池正极→ FLALT → FLAM1 → DOOR CB →端子 14 →（倾斜开关"向后"）→端子 3 → 2（1）端子→倾斜电动机→ 1（2）端子→端子 4 →端子 13 →搭铁。

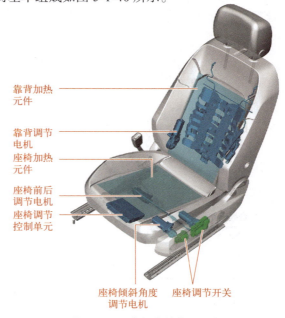

图 5-1-40　电动座椅基本组成

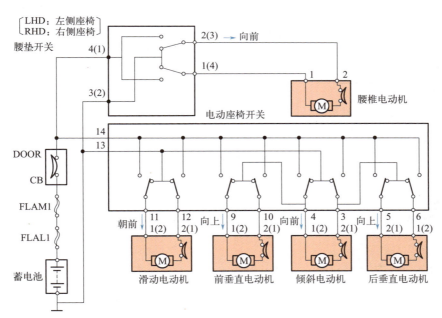

图 5-1-41　典型的电动座椅控制电路

(3) 座椅加热电路图识读

本田雅阁车系座椅加热系统电路图如图 5-1-42 所示。此座椅加热器的加热速度可以调节。驾驶员和副驾驶员座椅的加热器和加热控制开关相同。其中 HI 表示高位加热，LO 表示低位加热。该座椅加热系统可以单独对驾驶员侧或副驾驶员侧的座椅进行加热，也可以同时对两座椅进行加热。下面以驾驶员侧的座椅加热器为例，分析其工作过程。

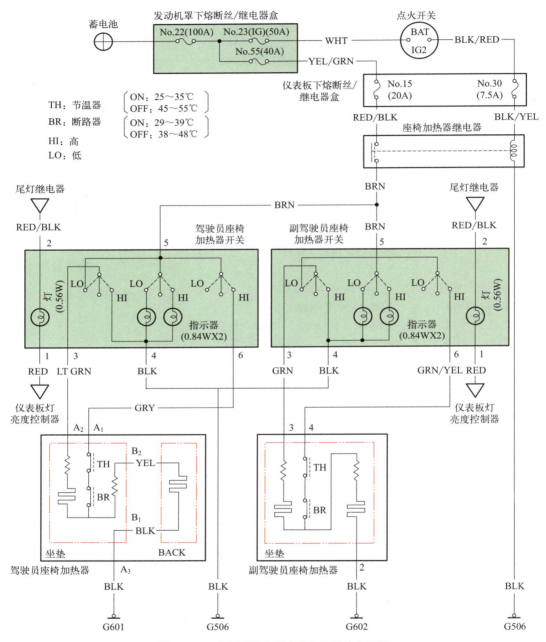

图 5-1-42　本田雅阁车系座椅加热系统电路图

① 加热器开关处于 HI 位置。当加热器开关处于 HI 位置时，电流首先经过点火开关给座椅加热器继电器线圈通电，线圈产生磁场使继电器开关闭合。此时，加热器的电路为蓄电池"+"→熔断丝→继电器开关→加热器开关端子 5，然后电流分为三个支路：一路经指示器→继电器端子 4→搭铁，指示器亮；另一路经加热器开关端子 6→加热器端子 A_1→节温器→断路器→靠背线圈→搭铁；还有一路经加热器开关端子 6→加热器端子 A_1→节温器→断

路器→坐垫线圈→加热器端子 A_2→加热器开关端子 3→加热器开关端子 4→搭铁。此时，靠背线圈和坐垫线圈并联加热，加热速度较快。

② 加热器开关处于 LO 位置。当加热器开关处于 LO 位置时，电流流向为蓄电池"+"→熔断丝→继电器开关→加热器开关端子 5，然后分为两个支路：一路经指示器→加热器开关端子 4→搭铁，低位指示器亮；另一路经加热器开关端子 3→加热器端子 A_2→加热器坐垫线圈→加热器靠背线圈→搭铁。此时，靠背线圈和坐垫线圈串联加热，电路中电流较小，因此加热的速度较慢。

（4）自动座椅控制系统电路图识读

自动座椅的基本结构及驱动方式与普通的电动座椅相似，只是在普通电动座椅的基础上增加了一套具有存储记忆功能的电子控制系统。电子控制系统中可以存储不同驾驶员或乘客的座椅位置，不同的驾驶员或乘客可以通过一个按钮调出自己的座椅位置，使得座椅的调整更加方便快捷。

图 5-1-43 所示为自动座椅控制电路图，其中图 5-1-43（a）使用滑动电位计传感器，图 5-1-43（b）使用霍尔传感器。座椅位置记忆模块控制每个座椅定向电动机的移动。所有的座椅电动机均独立工作。每台电动机都包含一个电子断路器（PTC），该断路器在电路过载情况下断开，而且只有在电路上没有电压后才会复位。

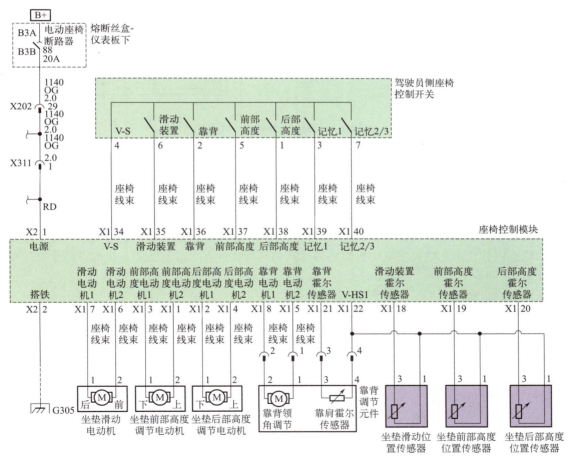

(a)

图 5-1-43

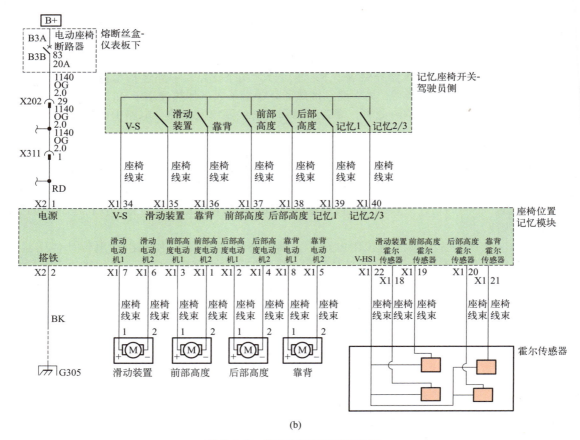

(b)

图 5-1-43 自动座椅的控制电路图

该电路中共有 4 个可移动座椅位置的双向直流电动机。它们是座椅水平调节电动机、前部垂直调节电动机、后部垂直调节电动机和倾角调节电动机。操作座椅某个调整开关时，座椅位置记忆模块收到相应的信号后，按照操作者的要求控制电动机的转动方向和调整距离。调整好所有位置后可以按下记忆 1、2 或 3，存储此时的座椅位置。需要恢复至某个先前位置时，只需要按下相应的记忆按键，模块即可将座椅调整至先前的位置。记忆模块为每个座椅电动机提供软止点，模块在电动机即将到达其物理行程终点之前就会停止供电以防止电动机过载。

5.1.6.3 电动后视镜

典型的电动后视镜控制系统电路图如图 5-1-44 所示。

首先说明，电动后视镜开关中用实线框和虚线框分别表示操作时总开关内部的联动情况。在这里我们只讨论一侧后视镜中一个电动机的工作情况。若要调节左电动后视镜垂直方向的倾斜程度，按下"升/降"按钮。

（1）"升"的过程

实线框"升/降"开关中的箭头开关均和"升"接通，此时电流的方向为电源→熔断丝 30→开关端子 3→"升右"端子→选择开关中的"左"→端子 7→左电动后视镜连接端子 8→"升/降"电动机→端子 6→开关端子 5→升 1→开关端子 6→搭铁，形成回路，这时左电动后视镜向上倾斜。

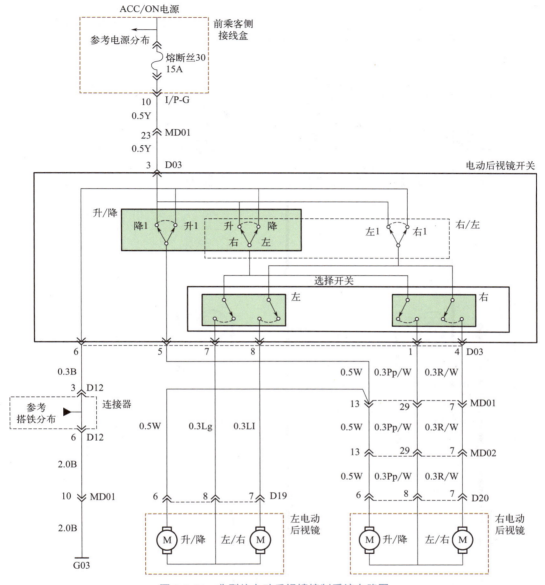

图 5-1-44 典型的电动后视镜控制系统电路图

(2)"降"的过程

实线框"升/降"开关中的箭头开关均和"降"接通,此时的电流方向为电源→熔断丝30→开关端子3→降1→开关端子5→左电动后视镜连接端子6→"升/降"电动机→左电动后视镜连接端子8→开关端子7→选择开关中的"左"→"降左"端子→开关端子6→搭铁,形成回路,此时左电动后视镜向相反的方向倾斜。

5.1.6.4 风窗玻璃刮水器
(1)大众车系刮水器电路图识读

图 5-1-45 所示为大众迈腾汽车刮水器电路,该车型刮水器控制开关有复位停止挡、间歇挡、低速挡、高速挡和电动挡。间歇挡的时间可以调整。

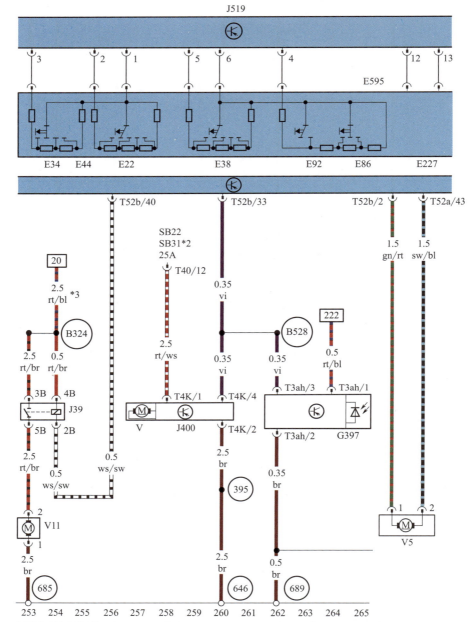

图 5-1-45 大众迈腾汽车刮水器电路

E22—间歇式刮水器控制开关；E34—后窗玻璃刮水器开关；E38—间歇调节开关；E44—车窗玻璃洗地泵开关；G397—雨水和光照强度传感器；J400—刮水器电动机控制单元；V—车窗玻璃刮水器电动机；V5—车窗玻璃清洗泵电动机；J519—车载电网控制单元

操作该刮水器工作时，刮水器相关的开关信号输入至 J519 车载电网控制单元中，由 J519 通过 LIN 总线控制刮水器电动机的相关动作。此外，雨量传感器可以将信号通过 LIN 线送至 J519，电脑根据雨量和车速情况调节刮水器电动机的速度。刮水器电动机的速度控制是由 J400 刮水器电动机控制单元调节的。

（2）别克车系刮水器电路图识读

图 5-1-46 所示为别克车系刮水器控制电路。

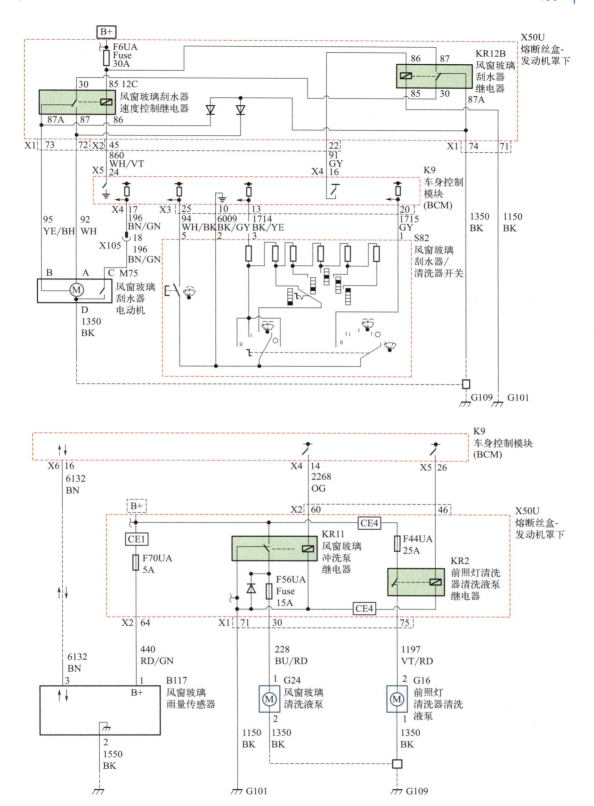

图 5-1-46 别克车系刮水器控制电路

该系统由前后风窗玻璃刮水器电动机总成、继电器、雨量传感器、组合控制开关、风窗玻璃清洗液泵等组成。组合控制开关有高速、低速、间歇、点动等挡位。其中间歇挡可以通过控制开关的旋钮进行间歇时间调整。开关内部有 6 个电阻，在不同间歇位置时送给车身控制模块的信号电压不同，由车身控制模块控制刮水器继电器的通电时间，从而控制间歇刮水时间。雨量传感器通过 LIN 线将雨量信息送给车身控制模块，同时车身控制模块也会结合车速信息对刮水速度进行调整。该电路的控制方法与上述两个电路不同，但刮水器电动机的工作情况基本相同，在此不予赘述。

（3）丰田车系风窗玻璃刮水器电路图识读

图 5-1-47 所示为丰田车系风窗玻璃刮水器控制电路，其控制开关有 5 个挡位，分别是低速挡（LO）、高速挡（HI）、停止复位挡（OFF）、间歇刮水挡（INT）和喷洗器挡。下面分析其工作过程。

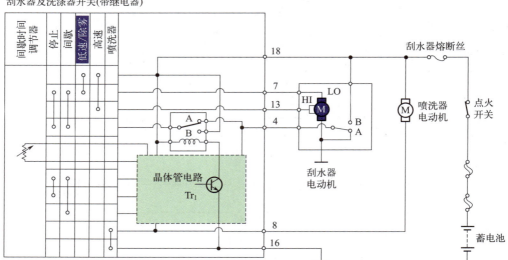

图 5-1-47　丰田车系风窗玻璃刮水器控制电路

① 低速挡（LO）。当刮水器开关在低速位置时，电流的回路为蓄电池"+"→端子 18 →刮水器开关低速/除雾触点→端子 7 →刮水器电动机低速电刷 LO →公共电刷→搭铁，形成回路，此时电动机低速运行。

② 高速挡（HI）。当刮水器开关在高速位置时，电流的回路为蓄电池"+"→端子 18 →刮水器开关高速触点→端子 13 →刮水器电动机高速电刷 HI →公共电刷→搭铁，形成回路，此时电动机高速运转。

③ 间歇刮水挡（INT）。当刮水器开关在间歇刮水（INT）位置时，晶体管电路 Tr_1 先短暂导通，此时电路为蓄电池"+"→端子 18 →继电器线圈→ Tr_1 →端子 16 →搭铁。线圈中产生磁场，使得继电器常闭触点 A 打开，常开触点 B 关闭。这时电动机低速运转，电路为蓄电池"+"→端子 18 →继电器触点 B →刮水器开关间歇触点→端子 7 →刮水器电动机低速电刷 LO →公共电刷→搭铁。然后 Tr_1 截止，继电器的触点 B 断开，触点 A 闭合，电动机转动时，凸轮开关的触点 A 断开，B 闭合，所以电流继续流至电动机的低速电刷，电动机低速运转，此时的电路为蓄电池"+"→凸轮开关触点 B →端子 4 →继电器触点 A →刮水器开关间歇触点→端子 7 →刮水器电动机低速电刷 LO →公共电刷→搭铁。当刮水器转至停止位置时，凸轮开关 B 断开，A 接通，电动机停止运转。

刮水器电动机停止运转一段时间以后，晶体管电路 Tr_1 再次短暂导通，刮水器重复间歇动作，其间歇时间调节器可以调节间歇时间的长短。

喷洗器开关接通时，在喷洗器电动机运转时，晶体管电路 Tr_1 在预定的时间内接通，使刮水器低速运转 1～2 次。喷洗器的电路为蓄电池"+"→喷洗器电动机→端子 8→喷洗器开关端子→端子 16→搭铁。刮水器的电路为蓄电池"+"→端子 18→继电器触点 B→刮水器开关间歇触点→端子 7→刮水器电动机低速电刷 LO→公共电刷→搭铁。这样可以边喷洗边间歇刮水。

5.2 动力系统电路图识读

5.2.1 发动机控制系统

5.2.1.1 发动机控制系统原理

（1）发动机控制系统概述

发动机控制系统是由微处理器控制的系统，主要由传感器、基于微处理器的 ECU 和执行器等组成。传感器的作用是检测发动机运行的各种工作参数，并发送给 ECU；ECU 分析传感器信号，产生并输出控制信号，发送给执行器；执行器一般是电磁阀或电动机，接收 ECU 的控制信号，执行命令，按照预定要求动作，从而实现各种控制功能。发动机控制系统的基本组成框图如图 5-2-1 所示，发动机控制系统组成元件安装位置如图 5-2-2 所示。

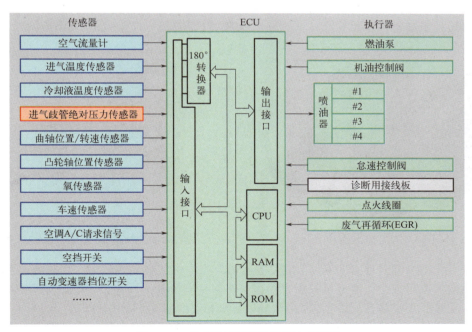

图 5-2-1　发动机控制系统基本组成框图

（2）传感器

① 空气流量计。空气流量计（图 5-2-3）用来将吸入的空气流量转换成电信号送给电子控制单元，作为决定喷油量的基本信号之一，按照空气流量计的结构形式，可将其分为翼片式空气流量计、卡门旋涡式空气流量计和热线式空气流量计三种。

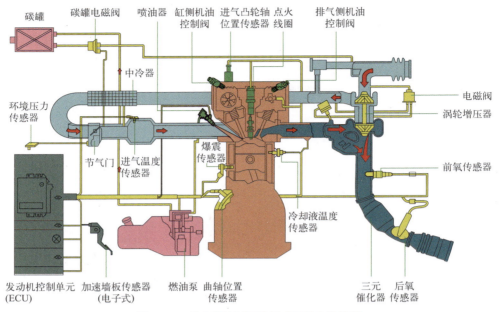

图 5-2-2　发动机控制系统组成元件安装位置

热线式空气流量计主要由防护网、取样管、铂热线、温度补偿电阻和控制电路等组成。根据铂热线在壳体内安装部位的不同，可分为主流测量方式和旁通道测量方式。图 5-2-4 所示为主流测量方式的热线式空气流量计结构，铂热线和温度补偿电阻安装在主进气道中，控制电路板安装在流量计下方。

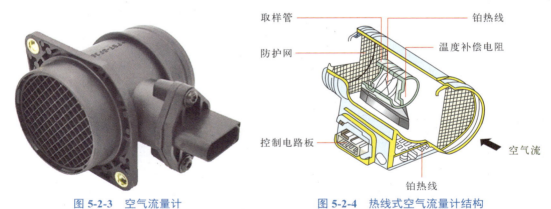

图 5-2-3　空气流量计　　　　　图 5-2-4　热线式空气流量计结构

热线式空气流量计工作原理如图 5-2-5 所示。当空气流经铂热线时，铂热线温度就会降低，铂热线的电阻减小，使电桥失去平衡，若要保持电桥平衡，就必须增加流经铂热线的电流，以恢复其温度和阻值，测量电阻两端的电压也相应增加。流经铂热线的空气流量（质量流量）不同，铂热线的温度变化量不同，其电阻变化量也就不同，为保持电桥平衡，需增加流经铂热线的电流，从而使测量电阻两端的电压也相应变化，将这种因空气流量变化而引起的流过铂热线的电流的变化，转化成测量电阻两端的电压输入给 ECU，即测得进气量。

② 进气歧管绝对压力传感器。进气歧管绝对压力传感器（图 5-2-6）是速度 - 密度法电控汽油喷射系统中最重要的传感器。它能依据发动机负荷状况，测出进气歧管中绝对压力的变化，将其转换成电压信号与转速信号一起送到电子控制单元，作为基本喷油量的依据。该传

感器种类很多，常用的有半导体压敏电阻式和电容式两种，其中以半导体压敏电阻式应用最广泛。这种传感器具有体积小、精度高、成本低、响应和抗振性能较好等优点。

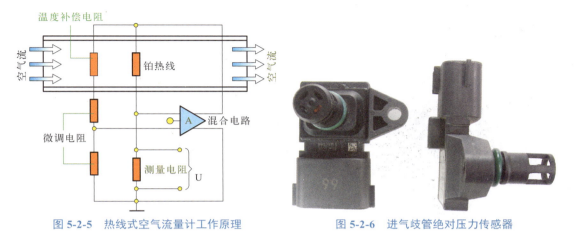

图 5-2-5　热线式空气流量计工作原理　　　图 5-2-6　进气歧管绝对压力传感器

半导体压敏电阻式进气歧管绝对压力传感器结构和原理如图 5-2-7 所示。

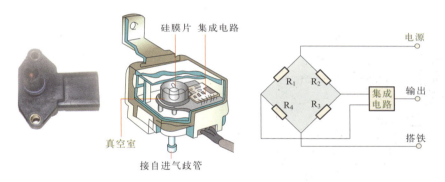

图 5-2-7　半导体压敏电阻式进气歧管绝对压力传感器结构和原理

半导体压敏电阻式进气歧管绝对压力传感器主要由真空室、硅膜片和集成电路组成。硅膜片的一侧是真空室，而另一侧承受进气歧管内的压力，在此压力作用下使硅膜片产生变形。由于真空室的压力是固定的，进气歧管绝对压力变化时，硅膜片也发生应变，其应变与压力成正比，附着在硅膜片上的应变电阻的阻值与压力成正比变化，导致硅膜片所处的电桥电路输出电压发生变化，电桥电路输出的电压（很小）经集成电路放大后输送给 ECU。

③ 节气门位置传感器。节气门位置传感器负责检测节气门的开度及其变化，包括怠速（全关）、全开以及节气门开启和关闭的速率信号。这些信号会被输入到电子控制单元（ECU）中，用于控制燃油喷射和其他辅助控制功能，例如废气再循环（EGR）和开闭环控制等。该传感器安装在节气门体上（图 5-2-8），并由节气门轴驱动。根据工作方式的不同，节气门位置传感器可以分为线性式和触点式等类型。

线性式节气门位置传感器：此类型的节气门位置传感器是一个与节气门联动的电位计，节气门开度的

图 5-2-8　节气门位置传感器安装位置

输出电压与节气门开度之间为线性关系,传感器结构及原理如图 5-2-9 所示。传感器有两个与节气门联动的动触点。一个在电阻体上滑动,当节气门开度变化时,测得的输出电压也呈线性变化。根据电压值,可知节气门开度。另一个动触点在节气门全关时与怠速触点接触,给 ECU 提供怠速信号,ECU 据此判断发动机处于怠速状态。

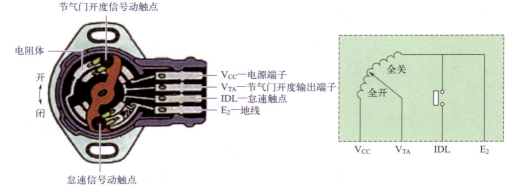

图 5-2-9　线性式节气门位置传感器结构及原理

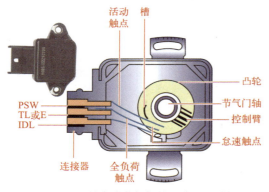

图 5-2-10　触点式节气门位置传感器结构

触点式节气门位置传感器:此类型的节气门位置传感器由一个活动触点和两个固定触点构成,结构如图 5-2-10 所示。当节气门处于全关状态时,活动触点与怠速触点接触,ECU 根据此信号判定发动机处于怠速状态从而对混合气进行调整;而在节气门接近全开时,活动触点与全开触点(全负荷触点)闭合;节气门开度在中间位置时,活动触点与两个固定触点均断开。ECU 根据触点的闭合情况确定发动机处于怠速、中等负荷或全负荷工况。

④ 曲轴位置传感器/凸轮轴位置传感器。曲轴位置传感器也称转速传感器,用来检测曲轴转角位移,给 ECU 提供发动机转速信号和曲轴转角信号,作为燃油喷射控制和点火控制的主控制信号。

凸轮轴位置传感器是一个气缸判别定位装置,它向 ECU 提供第一缸压缩上止点信号,是点火控制的主控制信号。

凸轮轴位置传感器和曲轴位置传感器的结构和工作原理基本相同,一般安装在与曲轴有精确传动关系的位置处,如曲轴、凸轮轴或飞轮处(图 5-2-11)。

⑤ 进气温度传感器。进气温度传感器装在进气歧管或空气流量计上,检测进入进气歧管的空气温度,向 ECU 输入进气温度信号,作为燃油喷射和点火正时的修正信号。进气温度传感器如图 5-2-12 所示。传感器壳体内装有一个热敏电阻,进气温度变化时,热敏电阻的阻值发生变化。一些进气温度传感器常和进气压力传感器做在一起,称进气压力/温度传感器。

⑥ 冷却液温度传感器。冷却液温度传感器检测发动机冷却液温度信号,并输入到发动机 ECU,作为燃油喷射和点火正时控制的修正信号,同时也是其他控制系统(如 EGR 等)的控制信号。

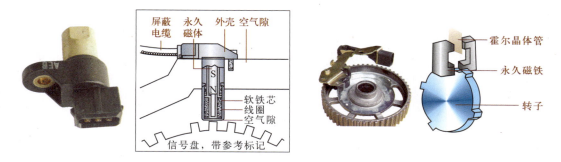

(a) 磁电式曲轴位置传感器　　　(b) 霍尔式凸轮轴位置传感器

图 5-2-11　曲轴位置和凸轮轴位置传感器

冷却液温度传感器一般安装在气缸水道上或冷却水出口处。冷却液温度传感器的结构和电路如图 5-2-13 所示，其工作原理与进气温度传感器相同。同一车型装用的冷却液温度传感器与进气温度传感器特性一般完全相同。

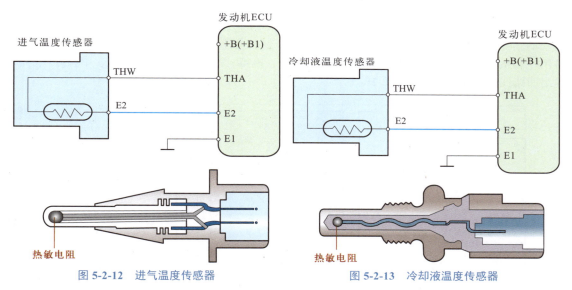

图 5-2-12　进气温度传感器　　　图 5-2-13　冷却液温度传感器

⑦ 爆震传感器。如图 5-2-14 所示，安装在缸体侧面，感知发动机爆震情况，将信号反馈给 ECU，经 ECU 处理后，控制点火提前角，抑制爆震产生。

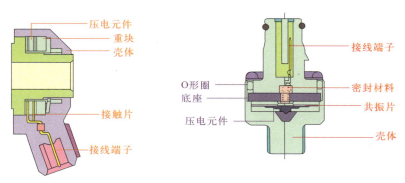

图 5-2-14　爆震传感器

⑧ 氧传感器。如图 5-2-15 所示，安装在发动机排气管上，用来检测尾气中氧的浓度，并将信息反馈给控制单元，调整喷油量，从而实现发动机的闭环控制，改善发动机的燃烧情况，减少有害气体的排放。氧传感器加热电阻与氧传感器为一个整体，因为氧传感器要在 300℃以上工作性能才能良好，所以在刚着车时就会通过电阻加热尽快让氧传感器工作良好。

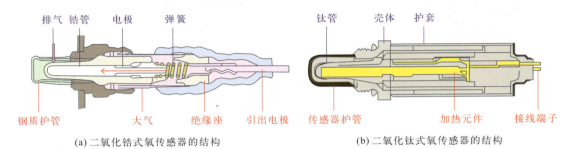

图 5-2-15 氧传感器

（3）控制单元

控制单元（ECU）是发动机控制系统的核心部件。其功能是根据各种传感器和控制开关输入的信号参数，对喷油量、喷油时刻、点火时刻、怠速、进气、排放、自诊断失效保护和备用控制系统等进行控制。ECU 主要由输入回路、模拟/数字（A/D）转换器、中央处理器和输出回路四部分组成，如图 5-2-16 所示。

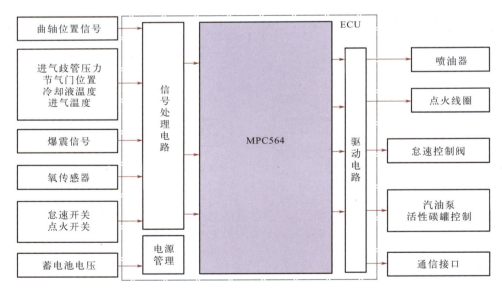

图 5-2-16 ECU 结构

从传感器传来的信号，首先进入输入回路。在输入回路里，对输入信号进行预处理，再转换成输入电平。A/D 转换器的作用是将模拟信号转换为数字信号后再输入中央处理器。如果传感器输出的是脉冲（数字）信号，经过输入回路处理后可以直接进入中央处理器。

在发动机运转过程中 ECU 根据发动机控制系统的各传感器送来的信号，判断发动机当前所处的运行工况和工作条件，并从 ROM 中查取相应的控制参数数据，经中央处理器的计算和必要的修正后，输出相应的控制信号，控制发动机运转。

(4) 执行器

执行器主要包括喷油器、点火线圈、怠速控制阀以及各种电磁阀等。执行器受ECU控制，是具体执行某项控制功能的装置。一般是由ECU控制执行器电磁线圈的搭铁回路，也有的是由ECU控制某些电子控制电路，如电子点火控制器等。

① 喷油器。喷油器的作用是按照电控单元的指令将一定数量的汽油以雾状喷入进气道或进气管内。喷油器可分为轴针式和孔式两种。喷油器主要由滤网、电气插头、电磁线圈、回位弹簧、衔铁和针阀等组成，针阀与衔铁制成一体，如图5-2-17所示。喷油器不喷油时，回位弹簧通过衔铁使针阀紧压在阀座上，防止滴油。当电磁线圈通电时，产生电磁吸力，将衔铁吸起并带动针阀离开阀座，同时回位弹簧被压缩，燃油经过针阀并从轴针与喷口的环隙或喷孔中喷出。当电磁线圈断电时，电磁吸力消失，回位弹簧迅速使针阀关闭，喷油器停止喷油。在喷油器的结构和喷油压力一定时，喷油器的喷油量取决于针阀的开启时间，即电磁线圈的通电时间。

② 怠速控制阀。怠速控制阀安装在节气门旁通空气孔上，其作用是自动控制发动机怠速。当发动机的工作参数偏离正常值时，便使用该阀来调整怠速转速，怠速转速的调整是通过控制旁通节气门体的空气量来实现的。

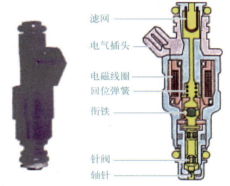

图5-2-17 喷油器结构

步进电动机式怠速控制阀是应用最多的一种怠速控制装置。它主要由转子、定子线圈、进给丝杆及阀芯等部分组成，如图5-2-18所示。发动机启动后，怠速控制阀开启一段时间进气量增加，使发动机怠速转速提高。当发动机冷却液温度较低时，怠速控制阀开启，以获得适当的快怠速。发动机ECU根据不同的冷却液温度，通过改变传导怠速控制阀的信号强度来控制阀芯的位置，发动机ECU输出步进信号进行转换控制，使转子可以正转，也可以反转，从而使进给丝杆进行伸缩运动以达到调节旁通空气道流通截面的目的，从而控制发动机怠速工况下的进气量。

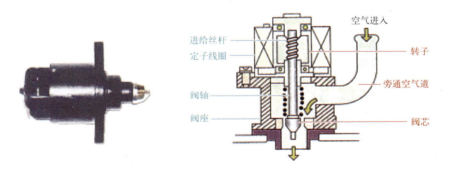

图5-2-18 步进电动机式怠速控制阀

5.2.1.2 发动机控制系统电路图识读

发动机控制系统电路图的复杂性虽高，但在识别与解读过程中，我们仍能遵循一定的规律。为了更好地理解电路图，我们可以将其分为三个主要部分：供电电路、传感器电路和执行器电路。这种分解方式有利于我们从组件的角度逆向理解电路。

在解读供电电路时，最重要的是确定电源的来源。具体来说，就是要找出蓄电池电源是如何供应给电控单元（ECU）的各个针脚的，并了解在这个过程中涉及的各种熔丝或继电器等元件。

对于传感器电路，我们需要找到其供电、信号和接地线路。值得注意的是，传感器电路有时会共用电源线和接地线，但信号线往往是单独输入ECU内部的，不会与其他线路共享。

在执行器电路中，可能会存在共用电源线、接地线和控制线的情况，但控制线始终是从ECU输出的。

这里以卡罗拉/雷凌8ZR-FXE发动机控制系统电路为例介绍发动机控制系统电路图识读方法。

（1）ECU供电电路

ECU供电电路图如图5-2-19所示。

在点火开关处于关闭状态时，ECU内部的存储器仍然需要供电，以确保能够存储临时的运行数据和用户数据。为了实现这一目的，通过20A EFI-MAIN熔丝将蓄电池电源供应到ECU的A1号端子。

当点火开关处于开启状态时，ECU-IG2 NO.1 10A熔丝将12V电源开关信号传输到ECU的A6号端子。一旦ECU接收到电源开关信号，它会从A46号端子发出12V主继电器信号，该信号作用于EFI-MAIN继电器的6号端子。随后，供电通过EFI-MAIN继电器的5号端子输出，经过2号搭铁接线连接器（A79）接地。在此过程中，EFI-MAIN继电器会吸合，使得蓄电池电压通过20A的EFI-MAIN熔丝传送至EFI-MAIN继电器的3号端子，并从其4号端子输出。此输出经过节点后分为四路，其中两路分别为ECU的A2号和A3号端子供电。只有当ECU接收到供电后，才会启动正常的程序准备工作。

（2）燃油泵控制电路

燃油泵控制电路参见图5-2-19。

① C/OPN（燃油泵）继电器供电。当点火开关处于开启状态时，ECU-IG2 NO.1 10A熔丝将12V电源开关信号传输到ECU的A6号端子。一旦ECU接收到电源开关信号，它会从A46号端子发出12V主继电器信号，该信号作用于EFI-MAIN继电器的6号端子。随后，供电通过EFI-MAIN继电器的5号端子输出，经过2号搭铁接线连接器（A79）接地。在此过程中，EFI-MAIN继电器会吸合，使得蓄电池电压通过20A的EFI-MAIN熔丝传送至EFI-MAIN继电器的3号端子，并从其4号端子输出。此输出经过节点后分为四路，其中一路供电供应到C/OPN继电器的5号端子。

② 燃油泵继电器控制。在点火开关开启后，确保ECU的正常供电。此时，ECU控制器A41号端子电路与接地电路连接，蓄电池供电经过20A EFI-MAIN熔丝，向C/OPN继电器的1号端子提供电力，并从其2号端子输出到ECU A41号端子，以完成ECU内部的接地连接。这样，C/OPN继电器电磁线圈得以通电，促使继电器吸合。

上一步中，来自EFI-MAIN继电器的4号端子的供电从C/OPN继电器的5号端子输入，然后从3号端子输出到燃油泵总成（带泵和仪表的燃油吸油管总成）的4号端子，并从其5号端子输出接地。这样，燃油泵开始工作。

（3）点火与喷油控制电路

① 点火控制电路。丰田车系点火控制电路图如图5-2-20所示。丰田车系的直接点火系统（DIS）采用了四个点火线圈总成，每个气缸一个。与火花塞直接接触的火花塞帽与点火线圈总成集成为一体。

根据图5-2-20，我们可以清楚地看到四个火花塞共用一根供电线。这条供电线从ECM的C77（B）插接器的71号端子输出，然后供应到四个火花塞线束插接器的2号端子。同时，四个点火线圈的3号端子均由ECM进行单独控制，从而实现单缸独立点火。

第5章 汽车电气系统电路图识读

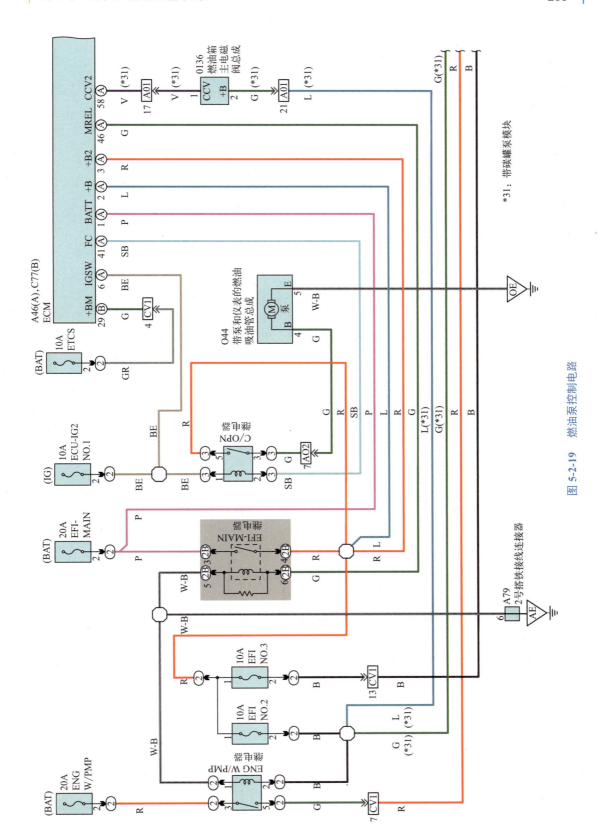

图 5-2-19 燃油泵控制电路

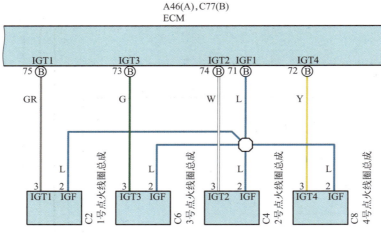

图 5-2-20　点火控制电路

② 喷油器控制电路。如图 5-2-21 所示，喷油器的供电电源由 INJ 10A 熔丝提供，并通过线路供应到各喷油器的 1 号端子上。电子控制模块（ECM）通过不同的端子控制喷油器 2 号端子的搭铁，进而控制喷油器电磁线圈的通电状态。ECM 根据车辆的运行状态和发动机的需求，通过控制喷油器电磁线圈的通电时间，实现对喷油量和喷油时刻的精确调控。

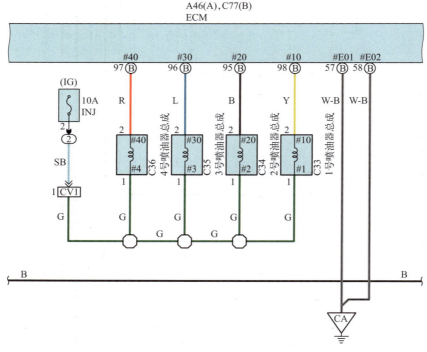

图 5-2-21　喷油器控制电路

（4）传感器电路

① 空气流量计和节气门位置传感器。丰田卡罗拉/雷凌车系空气流量计（进气质量空气流量计分总成）和节气门位置传感器（带电动机的节气门体总成）电路图如图 5-2-22 所示。

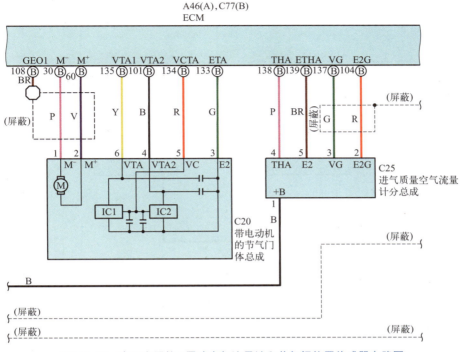

图 5-2-22　丰田卡罗拉/雷凌空气流量计和节气门位置传感器电路图

C25 进气质量空气流量计分总成内部集成了进气温度传感器和空气流量传感器。该部件的 1 号端子接收来自 EFI NO.3 10A 熔丝的供电，为空气流量计提供电源。2 号和 3 号端子分别为空气流量传感器的信号接地端子和信号端子。4 号端子为 ECM 供电给进气温度传感器的端子，同时也是信号端子。这个端子的供电随着进气温度的不断升高而减小，ECM 根据这个电压变化判断当前的进气温度。5 号端子为进气温度传感器接地端子。

节气门体总成（C20）内部集成了节气门位置传感器和节气门电机，以满足电动驱动的需求。其中，3、4、5、6 号端子为节气门位置传感器端子，其中 5 号端子为 ECM 供电给节气门位置传感器的端子，3 号端子为接地端子，4 号端子为节气门位置传感器的信号端子，6 号端子为节气门位置传感器的故障检测端子。ECM 通过检测节气门位置信号，从其插接器 C77（B）的 60 号端子输出驱动节气门电机的正信号至 C20 的 2 号端子，以实现节气门按照控制要求的开度打开。

② 氧传感器和空燃比传感器。丰田卡罗拉/雷凌车系氧传感器和空燃比传感器电路图如图 5-2-23 所示。

空燃比传感器（C55）和氧传感器（C57）的电源线是共享的，该电源线由 EFI NO.3 10A 熔丝提供，分别连接到 C55 和 C57 的 2 号端子。C55 和 C57 的 1 号端子则是接收 ECM 输出的加热信号。3 号端子和 4 号端子是传感器的信号输出端，为了防止信号干扰，这两根线束上还额外添加了屏蔽线。

③ 曲轴位置传感器和爆震传感器。丰田卡罗拉/雷凌车系曲轴位置传感器和爆震传感器电路图如图 5-2-24 所示。

曲轴位置传感器为非能量驱动型传感器，因此无需外部供电。在丰田卡罗拉/雷凌车型中，该传感器采用的是拾波线圈型位置传感器。曲轴正时转子由 34 个齿组成，其中包含 2 个缺齿。每旋转 10 个齿，曲轴位置传感器就会输出一个曲轴旋转信号，同时利用缺齿产生的信号变化来确定上止点。

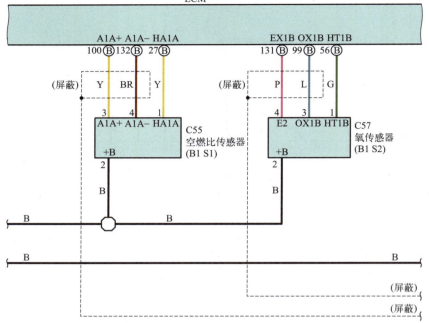

图 5-2-23　丰田卡罗拉/雷凌车系氧传感器和空燃比传感器电路图

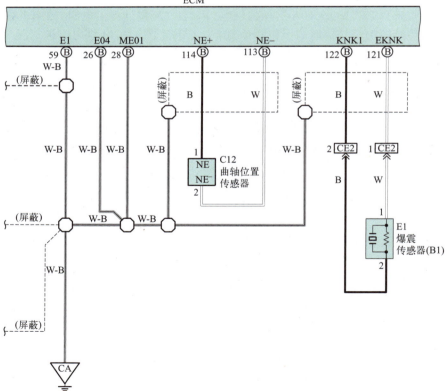

图 5-2-24　曲轴位置传感器和爆震传感器

爆震传感器采用的是压电元件式，当爆震产生的振动传递到压电元件上时，压电元件会产生电动势。ECM 通过 C77（B）的 122 号端子和 121 号端子检测这个电动势，并通过内部计算得出爆震产生的时刻。根据这一结果，ECM 会调整点火提前角以减轻或消除爆震。

曲轴位置传感器和爆震传感器由于输出的电压较低，为了防止电磁信号的干扰，在这两个传感器的线束外都包裹了屏蔽线，从而达到隔离干扰的目的。

5.2.2　电动汽车动力电池系统

5.2.2.1　动力电池管理系统电路图识读

小鹏 G9 电动汽车动力电池管理系统电路图如图 5-2-25 所示。

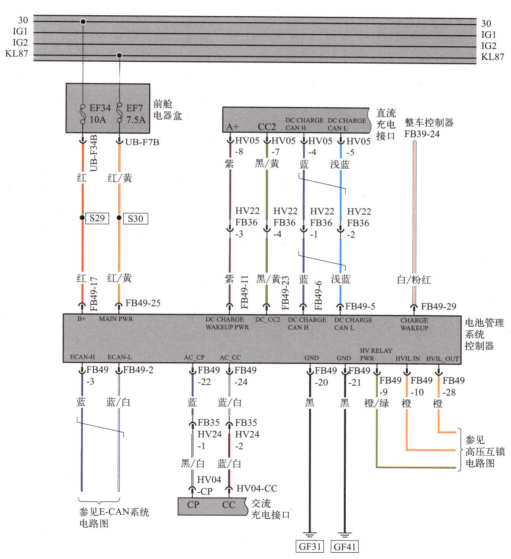

图 5-2-25　电池管理系统电路图

电池管理系统主要涵盖电池状态监控、充电管理以及与其他电控单元的通信等功能。其中，电池状态监控包括对电芯电压采集、模组温度采集以及均衡控制等环节的监控。这些传感器设备都被封装在动力电池内部。在解读动力电池管理系统的电路图时，可以将动力电池视为一个"黑匣子"。由于动力电池内部存在高压，因此进行动力电池内部维修需要具备专业资质、工具、场地以及专业防护套装。在此，我们只关注动力电池外围的电路部分。

（1）动力电池管理器供电与接地电路

动力电池管理系统采用两路低压供电，一路是由蓄电池提供的常电（30供电），另一路则是KL87供电。蓄电池供电通过前舱电器盒内的EF34 10A熔丝，从前舱电器盒的UB-F34B端子输出，最终供应到电池管理系统控制器的FB49-17端子。另外，KL87供电通过前舱电器盒内的EF7 7.5A熔丝，从前舱电器盒的UB-F7B端子输出，最终供应到电池管理系统控制器的FB49-25端子。这两路供电线路是确保电池管理系统控制器正常运行的重要前提。

此外，电池管理系统控制器的接地线路包括两条，分别从控制器的FB49-20端子和FB49-21端子引出，最终连接到搭铁点GF31和GF41。

（2）充电接口电路

直流充电接口与交流充电接口均通过低压信号与电池管理系统控制器建立连接，以便向控制器提供各种信号。在此过程中，这些接口会通过特定的通信协议与控制器进行信息交互，以确保充电过程的安全和稳定。这种交互不仅包括电池充电状态的反馈，还涉及充电设备的运行状态和安全防护等信息。因此，直流和交流充电接口在充电过程中扮演着重要的角色，它们需要具备高度的可靠性和稳定性，以确保整个充电系统的正常运行。

① 直流充电接口电路。直流充电接口有四个与电池管理系统控制器相连接的端子。其中，HV05-4端子和HV05-5端子分别与电池管理系统控制器的FB49-6端子和FB49-5端子相连接，这两个端子通过CAN总线与充电机进行通信。HV05-7端子与电池管理系统控制器FB49-23端子相连接，用于传输CC2充电连接确认信号。另外，HV05-8端子与电池管理系统控制器FB49-11端子相连接，用于传送充电唤醒信号。

② 交流充电接口电路。交流充电接口的CC（充电连接确认）和CP（充电控制确认）端子与电池管理系统控制器的FB49-24和FB49-22端子相连接，用于传输充电连接确认和充电控制确认信号。

（3）高压互锁电路

高压互锁信号通过FB49-10端子输入，并从FB49-28端子输出。在电池管理系统控制器未能检测到高压互锁信号输入的情况下，将立即切断高压电输出。

5.2.2.2 车载充电机电路图识读

车载充电机是负责将三相交流电转换成直流高压电，从而为车辆的动力电池进行充电的重要设备。此设备的运行需要在整车控制器和电池管理系统控制器的联合控制下进行。车载充电机系统电路图如图5-2-26所示。

（1）车载充电机和DCDC低压供电电路

车载充电机和DCDC低压供电均为常电30供电，蓄电池供电通过前舱电器盒内的EF34 10A熔丝供出，分别供应到车载充电机线束插接器FB30的1号、2号和3号端子。其中1号和2号为车载充电机低压供电，3号端子为DCDC低压供电。车载充电机和DCDC接地由线束插接器FB30的9号、10号和11号端子通过搭铁点GF41实现，其中9号和10号端子为车载充电机搭铁，11号端子为DCDC搭铁。

（2）车载充电机和DCDC的唤醒

车载充电机和DCDC的唤醒是通过KL87供电实现的。KL87供电经过前舱电器盒内的EF7 7.5A熔丝供应给车载充电机线束插接器FB30的6号和7号端子。其中6号端子为DCDC唤醒信号，7号端子为车载充电机唤醒信号。

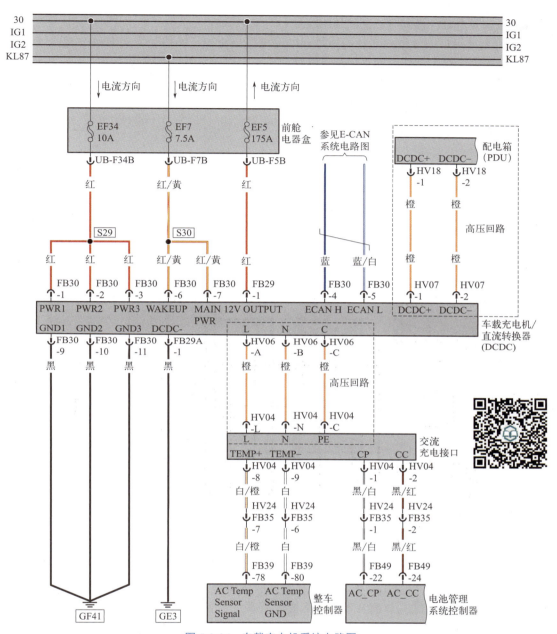

图 5-2-26 车载充电机系统电路图

（3）低压电池充电

在 DCDC 唤醒后，配电箱输送的高压直流电被转换为 14V 左右的低压直流电。该直流电通过线束插接器 FB29 的 1 号端子，为前舱电器盒内的 EF5 175A 熔丝供电，从而为低压蓄电池充电。同时，DCDC 输出的负极通过线束插接器 FB29A 的 1 号端子，经过搭铁点 GE3 实现接地。

（4）交流充电接口电路

交流充电接口的 1 号和 2 号端子分别代表充电控制确认（CP）和充电连接确认（CC）的端子。CP 端子接收来自交流充电设备的充电控制确认信号，当电池管理系统控制器接收到此信号后，会唤醒车载充电机进行充电。而 CC 端子则接收充电连接确认信号，当电池管理系统控制器确认充电枪已插入时，会发送此信号。

交流充电接口的 8 号和 9 号端子是充电枪温度检查端子，用于将充电枪的温度信号传递给整车控制器。这个功能有助于监测充电枪的温度，确保充电过程的安全。

三相交流电通过充电接口的 L、N、PE 端子供应给车载充电机。在车载充电机被唤醒后，它会将三相交流电转换为直流高压电，为动力电池进行充电。

5.2.3 双离合器变速器系统

5.2.3.1 双离合器变速器结构

双离合器变速器可以形象地设想为将两台变速箱的功能合二为一，并建立在单一的系统内。变速器内含两台自动控制的离合器，由电子控制及液压推动，能同时控制两组离合器的运作，结构形式如图 5-2-27 所示。当变速器运作时，一组齿轮啮合，而接近换挡之时，下一组挡位的齿轮已被预选，但离合器仍处于分离状态；当换挡时一台离合器将使用中的齿轮分离，同时另一台离合器啮合已被预选的齿轮，在整个换挡期间能确保最少有一组齿轮在输出动力，令动力不会出现间断的状况。

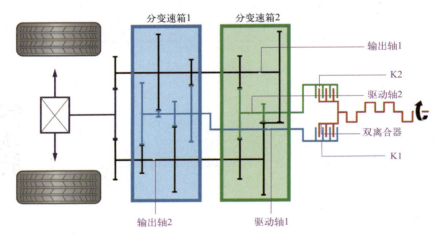

图 5-2-27 双离合器变速器结构形式

（1）双离合器

双离合器有干式和湿式两种。干式双离合器结构相对简单，但长时间工作会造成过热，降低运行的可靠性。湿式双离合器的离合器片浸在变速器油液中，可更好地散热，工作可靠性高，但结构相对复杂。

干式双离合器由两套类似于手动变速器的离合器装置组件组装在一起，包括两个离合器摩擦片、两个压盘、两个离合杆。干式双离合器的结构如图 5-2-28 所示。

干式双离合器中有两个独立的干式离合器在工作。它们各自将扭矩传输给每个分变速箱。可能有两种离合器位置：

◆ 发动机停机和怠速时，两个离合器都分离；

◆ 行驶过程中，两个离合器中总是只有一个结合。

离合器通过花键与变速箱的驱动轴相连，磨损后自动进行调整。通过离合器执行器将带有离合轴承的离合杆压在碟形弹簧上，从而将各个离合器压盘压在旋转着的主动轮上。

湿式双离合器变速器的双离合器一直在变速箱机油中运转。湿式双离合器的结构如图 5-2-29 所示。

图 5-2-28 干式双离合器结构　　图 5-2-29 湿式双离合器结构

通过从动盘将发动机扭矩传递到位于每个外膜片体处的两个离合器上。外膜片体与膜片式离合器的主轮毂相焊接，因此始终可以实现动力啮合。

每个离合器单元都是由钢膜片和摩擦片组成，通过动力啮合，它可以将扭矩传递到离合器 K1 或者离合器 K2 的内膜片体上。这些钢膜片与离合器的外膜片体严丝合缝地连接在一起，摩擦片与内膜片体也是如此。膜片单元由液压力压合在一起，它将内膜片体的扭矩通过啮合齿传递到相应的驱动轴上。

离合器 K1 的内膜片体和驱动轴 1 相连，离合器 K2 的内膜片体和驱动轴 2 相连。

（2）输入轴（以大众 DQ380、DQ500 双离合器为例）

双离合器变速器有两根输入轴，分别为两个分变速箱提供动力输入。输入轴 2 是中空的，输入轴 1 穿过中空的输入轴 2 运转。

输入轴与离合器通过啮合齿相连。它根据挂入的挡位将发动机扭矩传递给输出轴。每根轴上都有滚动轴承，通过滚动轴承可将驱动轴导入外壳内。输入轴具体结构如图 5-2-30 所示。

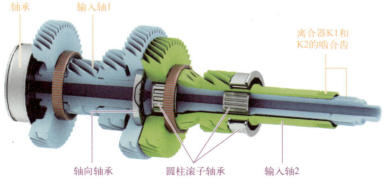

图 5-2-30 输入轴结构

输入轴 1 和离合器 K1 通过啮合齿相连。通过离合器可以在 1、3、5 和 7 挡之间切换。为了获取驱动轴的转速，在此轴上装有用于驱动轴转速传感器的传感器轮。输入轴 1 的结构如图 5-2-31 所示。

输入轴 2 是空心轴。它与离合器 K2 通过啮合齿相连。通过离合器可以实现 2、4、6 挡和倒车挡之间的切换。为了获取输入轴的转速，在此轴上装有用于输入轴转速传感器的传感器轮。输入轴 2 结构如图 5-2-32 所示。

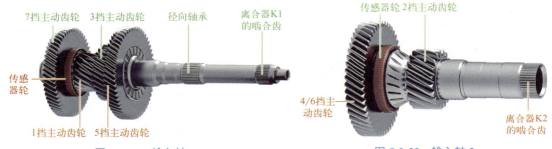

图 5-2-31 输入轴 1　　图 5-2-32 输入轴 2

(3) 输出轴（以大众 DQ380、DQ500 双离合器为例）

在变速箱外壳内有两根输出轴。根据所挂入的挡位，发动机扭矩由驱动轴传递到输出轴上。每一根输出轴上都有滑动齿轮，借助它可将扭矩通过从动齿轮传递给车轴驱动装置的圆柱齿轮。

在输出轴 1 上安装有第 1、4、5 挡和倒挡的从动齿轮，1 挡和倒挡的同步器（三倍同步器），4 挡和 5 挡的同步器（单倍同步器），驻车制动器轮，等等。输出轴 1 结构如图 5-2-33 所示。

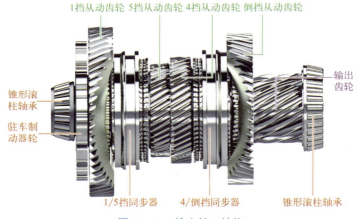

图 5-2-33　输出轴 1 结构

在输出轴 2 上安装有 3 挡和 7 挡的从动齿轮，2 挡和 3 挡的同步器（三倍同步器），6 挡和 7 挡的同步器（单倍同步器），等等。输出轴 2 的结构如图 5-2-34 所示。

图 5-2-34　输出轴 2 结构

5.2.3.2 双离合器变速器控制系统

双离合器变速器控制单元通过采集传感器信号（如车速信号、发动机转速信号、奇数轴转速信号、偶数轴转速信号、奇数轴离合器电磁阀压力信号、挡位信号、拨叉位置信号等），进行车辆行驶状态的判断。然后，控制换挡电磁阀进行换挡操作，以实现车速与发动机转速的良好平衡效果。哈弗 GW7DCT 型 7 速双离合器变速器的控制系统图如图 5-2-35 所示。

图 5-2-35　哈弗 GW7DCT 型 7 速双离合器变速器控制系统图

5.2.3.3 双离合器变速器电路图识读

以长城魏派 VV7 车型搭载的 GW7DCT 双离合器变速器为例。

（1）供电电路

长城魏派 VV7 车型搭载的 GW7DCT 双离合器变速器供电电路如图 5-2-36 所示。

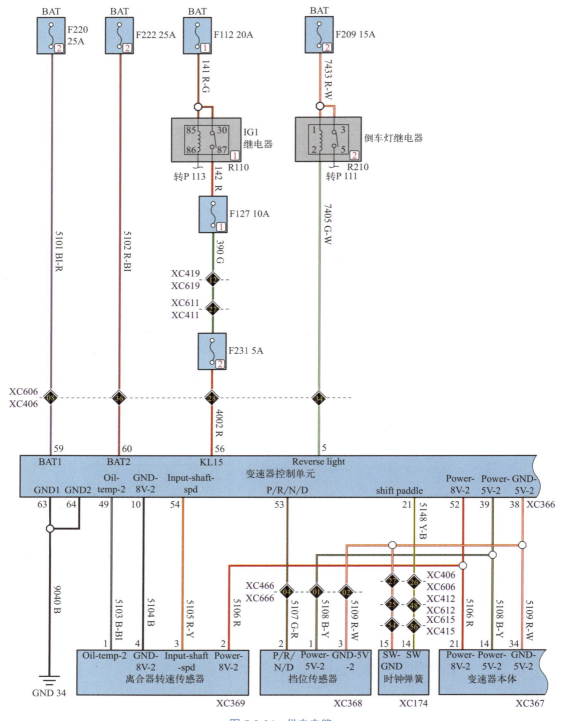

图 5-2-36　供电电路

变速器控制单元的供电由三路电源组成：两路常电供电和一路KL15供电。常电供电由F220 25A熔丝和F222 25A熔丝分别供出，经过插接器XC606的8号、36号端子分别供应给变速器控制单元的59号和60号端子。KL15供电由蓄电池供电熔丝供电，经过IG1继电器和两个熔丝供出。具体流程如下：蓄电池电压经F112 20A熔丝供应到IG1继电器上，点火开关打开IG1继电器电磁线圈得电，继电器吸合，供电由IG1继电器的87号端子输出，经F127 10A熔丝后进入插接器XC419的12号端子，再由插接器XC611的27号端子输出至F231 5A熔丝，再次经插接器XC606的28号端子供应到变速器控制单元的56号端子上。

（2）倒车灯继电器电路控制

如图5-2-36所示，蓄电池供电通过F209 15A熔丝，供应到倒车灯继电器的1号和3号端子上。当变速器控制单元检测到挡位挂入R挡时，通过其5号端子接通倒车灯继电器电磁线圈回路。倒车灯继电器吸合，从而电流流向倒车灯电路。

（3）挡位传感器和离合器转速传感器电路

如图5-2-36所示，离合器转速传感器由离合器油温传感器和输入轴转速传感器两部分组成，其供电由变速器控制单元的52号端子提供，并通过2号端子供应到离合器转速传感器。4号端子为接地端子，由变速器控制单元通过10号端子提供。离合器转速传感器1号端子输出离合器油温信号至变速器控制单元的49号端子，为变速器控制单元提供离合器油温信息。而离合器转速信号即输入轴转速信号由传感器的3号端子输出至变速器控制单元的54号端子，为变速器控制单元提供离合器转速信息。

挡位传感器负责向变速器控制单元传递当前挡位信号，其供电和接地均由变速器控制单元提供。供电由变速器控制单元的39号端子输出，供应到挡位传感器的1号端子。挡位传感器的3号端子为接地端子，连接变速器控制单元的38号端子，由变速器控制单元提供接地。挡位传感器2号端子输出当前选择的挡位信号至变速器控制单元的53号端子，变速器感知当前挡位信号，并通过CAN总线将挡位信号传递给仪表显示。

（4）换挡操纵机构电路

换挡操纵机构电路图如图5-2-37所示。

换挡机构的KL15供电流程如下：蓄电池通过F112 20A熔丝向IG1继电器供电。当点火开关打开时，IG1继电器的电磁线圈会得电，从而使继电器吸合。此时，供电会由继电器的87号端子输出至F126 10A熔丝，再供应到换挡操纵机构插接器XC037的3号端子上。

在停车后，通过按下P挡开关，换挡操纵机构从其1号端子发出P挡电磁阀驱动信号至变速器控制单元的32号端子。在接收到此信号后，变速器控制单元将控制P挡电磁阀开始工作，进而使变速器处于P挡位置。同时，XC037的7号端子会输出P挡信号至PEPS控制器和电动后背门控制器，确保相关功能的正常运作。

XC037的6号和5号端子负责输出手动升挡和降挡的电子信号。这些信号经过插接器传输至变速器控制单元的47号和6号端子。变速器控制单元根据接收到的信号，控制相应的电磁阀进行工作。

（5）变速器电子冷却液泵控制电路

变速器电子冷却液泵控制电路如图5-2-38所示。变速器电子冷却液泵由主继电器供电，供电流程如下：蓄电池通过F203 30A熔丝向主继电器的85和30端子供电。变速器控制单元控制主继电器电磁线圈得电，使主继电器吸合。主继电器的87号端子输出供电，经过F224 15A熔丝和插接器XC606的29号端子，最终到达TCU电子冷却液泵的3号端子。电子冷却液泵的1号端子作为接地端。变速器控制单元通过其46号端子输出电子冷却液泵控制信号，该控制信号被输送到电子冷却液泵的 2 号端子上，从而在变速器控制单元的控制下使电子冷却液泵工作。

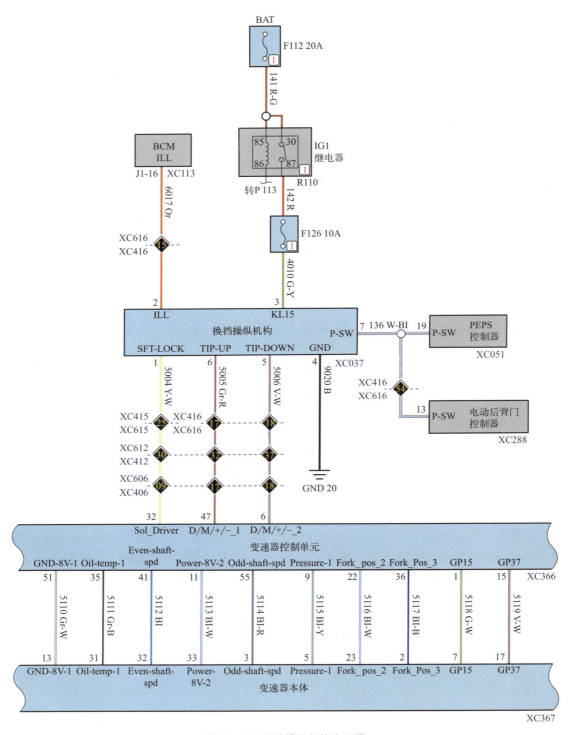

图 5-2-37　换挡操纵机构电路图

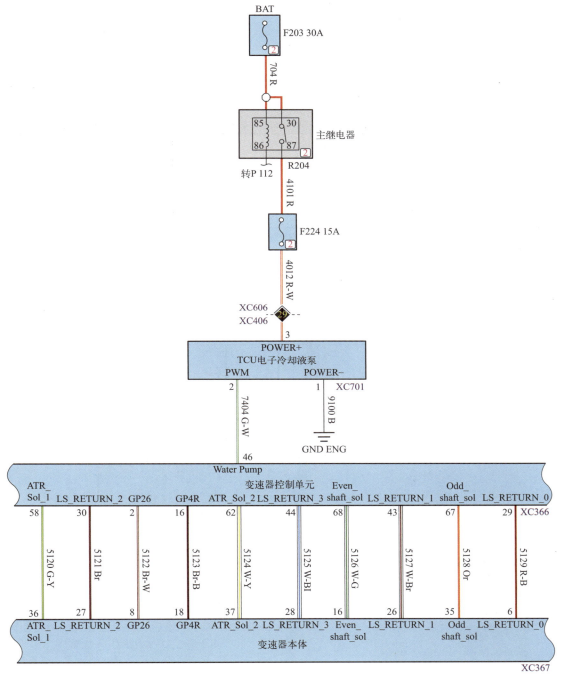

图 5-2-38 变速器电子冷却液泵控制电路

(6) 变速器本体电路

变速器本体电路如图 5-2-39 所示,其他部分参见图 5-2-36～图 5-2-38 中的"变速器本体"部分。变速器本体部分集成变速器的各类电磁阀和传感器,与变速器控制单元通过穿缸插接器 XC367 连接。

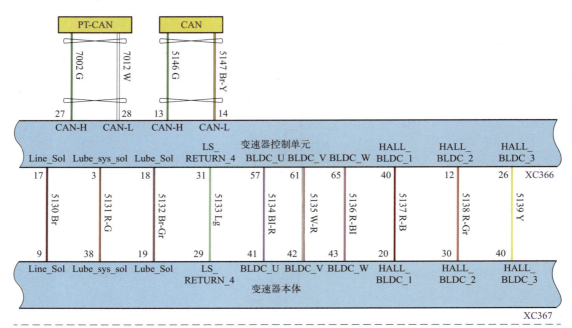

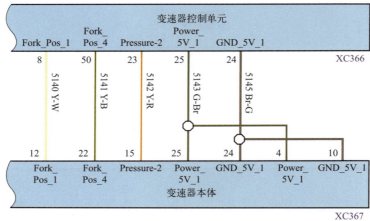

图 5-2-39 变速器本体电路图(部分)

变速器本体部分 XC367 插接器端子信息如表 5-2-1 所示。

表5-2-1 变速器本体部分XC367插接器端子信息

端子	功能	端子	功能
1	—	4	电子泵电机霍尔传感器1—电源 5V_SN1
2	拨叉位置信号_3(3-N-7)		电子泵电机霍尔传感器2—电源 5V_SN1
3	奇数轴转速信号		电子泵电机霍尔传感器3—电源 5V_SN1
4	拨叉位置信号_1(2-N-6)传感器电源 5V_SN1	5	奇数轴离合器电磁阀压力传感器信号
	拨叉位置信号_4(4-N-R)传感器电源 5V_SN1	6	奇数轴离合器电磁阀低边回路信号
	偶数轴离合器电磁阀油压传感器电源 5V_SN1	7	1、5挡电磁阀高边线性输出

续表

端子	功能	端子	功能
8	2、6挡电磁阀高边线性输出	22	拨叉位置信号_4(4-N-R)
9	—	23	拨叉位置信号_2(5-N-1)
10	拨叉位置信号_1(2-N-6)传感器地线 GND_5VSN1 拨叉位置信号_4(4-N-R)传感器地线 GND_5VSN1 偶数轴离合器电磁阀油压传感器地线 GND_5VSN1 电子泵电机霍尔传感器1—地线 GND_5VSN1 电子泵电机霍尔传感器2—地线 GND_5VSN1 电子泵电机霍尔传感器3—地线 GND_5VSN1	24	拨叉位置信号_1(2-N-6)传感器地线 GND_5VSN1 拨叉位置信号_4(4-N-R)传感器地线 GND_5VSN1 偶数轴离合器电磁阀油压传感器地线 GND_5VSN1 电子泵电机霍尔传感器1—地线 GND_5VSN1 电子泵电机霍尔传感器2—地线 GND_5VSN1 电子泵电机霍尔传感器3—地线 GND_5VSN1
11	—	25	预留模拟输入信号
12	拨叉位置信号_1(2-N-6)	26	偶数轴离合器电磁阀低边回路信号
13	油底壳温度传感器地线 GND_8VSN1	27	1、5挡电磁阀低边回路信号 3、7挡电磁阀低边回路信号 AR1电磁阀低边回路信号
—	—		
—	—		
14	拨叉位置信号_2(5-N-1)传感器电源 5V_SN2 拨叉位置信号_3(3-N-7)传感器电源 5V_SN2 奇数轴离合器电磁阀油压传感器电源 5V_SN2 挡位传感器(P/R/N/D)电源 5V_SN2	28	2、6挡电磁阀低边回路信号 4、R挡电磁阀低边回路信号 AR2电磁阀低边回路信号
		29	润滑流量电磁阀低边回路信号 开关电磁阀低边回路信号
		30	电子泵电机霍尔传感器信号2
15	偶数轴离合器电磁阀压力传感器信号 GND_5VSN1	31	油底壳温度传感器信号
		32	偶数轴转速信号
16	偶数轴离合器电磁阀高边线性输出	33	偶数轴转速传感器电源 8V_SN2
17	3、7挡电磁阀高边线性输出	34	拨叉位置信号_2(5-N-1)传感器地线 GND_5VSN2 拨叉位置信号_3(3-N-7)传感器地线 GND_5VSN2 奇数轴离合器电磁阀油压传感器地线 GND_5VSN2
18	4、R挡电磁阀高边线性输出		
19	开关电磁阀高边线性输出		
20	电子泵电机霍尔传感器信号1		
21	离合器转速传感器(输入轴转速)电源 8V_SN1 奇数轴转速传感器电源 8V_SN1		

续表

端子	功能	端子	功能
34	挡位传感器（P/R/N/D）地 GND_5VSN2	39	偶数轴离合器电磁阀油压传感器电源 5V_SN1
	换挡拨片地线 GND_5VSN2		电子泵电机霍尔传感器 1—电源 5V_SN1
35	奇数轴离合器电磁阀高边线性输出		电子泵电机霍尔传感器 2—电源 5V_SN1
36	AR1 电磁阀高边线性输出		电子泵电机霍尔传感器 3—电源 5V_SN1
37	AR2 电磁阀高边线性输出	40	电子泵电机霍尔传感器信号 3
38	润滑流量电磁阀高边线性输出	41	电子泵电机 _U 相输出
39	拨叉位置信号_1（2-N-6）传感器电源 5V_SN1	42	电子泵电机 _V 相输出
	拨叉位置信号_4（4-N-R）传感器电源 5V_SN1	43	电子泵电机 _W 相输出

5.2.4 电动汽车电力驱动系统

5.2.4.1 电力驱动系统组成

电动汽车的电力驱动系统主要由驱动电机、电机控制器和减速器三部分构成。驱动电机与电机控制器之间通过三相高压线束和低压线束进行连接。电机控制器的主要功能是将动力电池提供的直流电转换为三相交流电，然后传递给驱动电机。

驱动电机的温度传感器和旋转变压器通过低压连接线路与电机控制器相连。这些传感器将驱动电机的转子温度和转子位置信息传递给电机控制器，以便电机控制器能够更精确地控制驱动电机的运行。

电动汽车电力驱动系统如图 5-2-40 所示。

图 5-2-40　电动汽车电力驱动系统

5.2.4.2 小鹏 G9 电力驱动系统电路图

小鹏 G9 电力驱动系统电路图如图 5-2-41 所示。

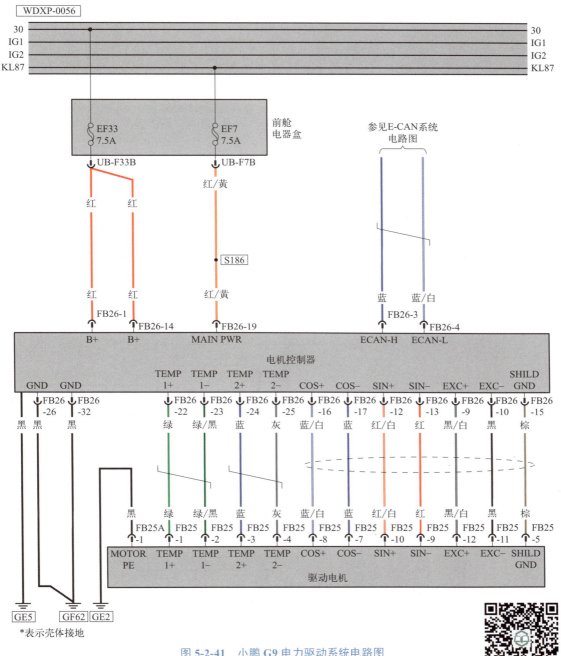

图 5-2-41 小鹏 G9 电力驱动系统电路图

（1）电机控制器供电电路

电机控制器接受三路供电，其中两路为 30 常电供电，另一路为 KL87 主继电器供电。具体供电流程如下。

30 常电供电：蓄电池通过前舱电器盒内的 EF33 7.5A 熔丝向电机控制器提供 1 号和 14 号端子的电源。

KL87 主继电器供电：整车控制器控制主继电器电磁线圈得电，主继电器吸合后输出 KL87 供电。该供电经过前舱电器盒内的 EF7 7.5A 熔丝供应到电机控制器的 19 号端子。

接地线路：电机控制器的接地是通过26号和32号端子连接到搭铁点GF62实现的。同时，电机控制器外壳的接地则是通过搭铁点GE5实现的。

（2）驱动电机温度传感器电路

在驱动电机低压线路中，包含两个电机温度传感器。电机控制器22号、23号、24号和25号端子分别为电机温度传感器1和2的正、负信号输入端子。通过这些端子，电机控制器能够感应驱动电机的运行温度，并实时调整冷却系统的效率，以确保电机在最佳状态下运行。

（3）驱动电机旋转变压器电路

旋转变压器作为电机转子位置传感器，其作用是向电机控制器提供驱动电机转子的位置信息。旋转变压器的信号分为正弦信号、余弦信号和励磁信号。根据图5-2-41所示，旋转变压器的正弦信号（SIN+/SIN-）通过电机控制器的12号和13号端子接收。余弦信号（COS+/COS-）则通过电机控制器的16号和17号端子接收。励磁线圈的正负极则分别连接至电机控制器的9号和10号端子。为了防止信号受到干扰，旋转变压器线束外围包裹有屏蔽线，屏蔽线接地是通过电机控制器的15号端子实现的。

5.2.4.3 问界M7双电机增程系统电路图识读

问界M7前驱采用双电机增程系统（DHT前驱），包含DHT双电机控制器、P1发电机、P3驱动电机和减速器等。前驱系统基本原理如图5-2-42所示。

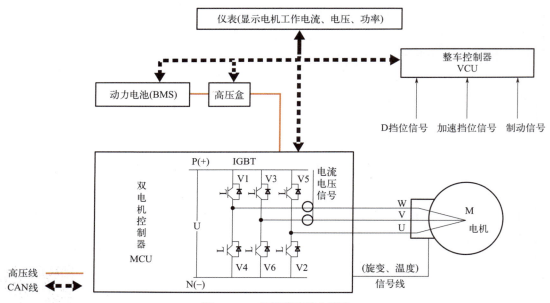

图5-2-42 前驱系统基本原理

问界M7前驱双电机增程系统电路图如图5-2-43所示。

（1）系统供电电路

DHT双电机控制器供电有两路常电供电和一路KL15供电。

常电供电流程：蓄电池供电经过前舱电器盒内的LF13 10A熔丝，经过插接器FC45的2号端子后分为两路。其中，一路供电直接供应至DHT双电机控制器的10号端子，另一路供电则供应至DHT双电机控制器的11号端子。

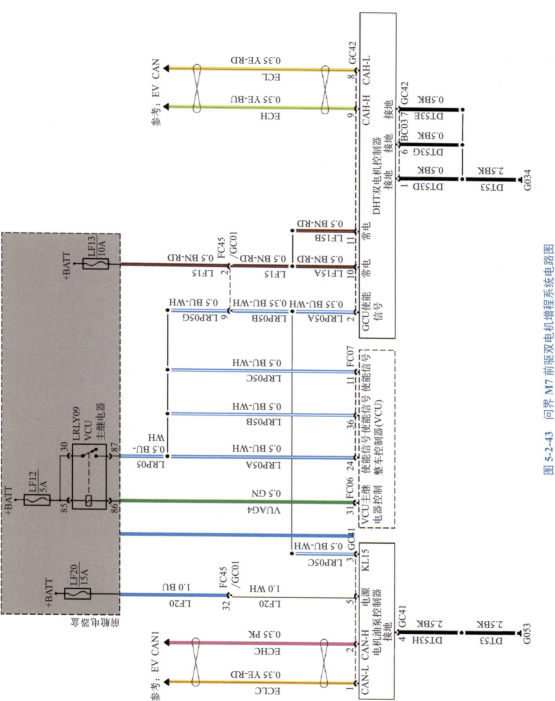

图 5-2-43 问界 M7 前驱双电机增程系统电路图

KL15 供电流程：当点火开关打开时，蓄电池的供电将通过前舱电器盒内的 LF12 5A 熔丝输送到主继电器的 85 和 30 端子。同时，整车控制器的 31 号端子将控制主继电器电磁线圈的搭铁，使主继电器吸合。蓄电池的供电将从主继电器的 87 号端子输出为 KL15 供电。KL15 的供电经过节点后将分为多个支路，其中供应 DHT 双电机控制器的供电将通过插接器 FC45 的 9 号端子输送到 DHT 双电机控制器的 2 号端子。此供电也被用作 GCU 的使能信号。

DHT 双电机控制器的接地是通过 1 号、6 号和 7 号端子在搭铁点 G034 处实现的。

整车控制器供电：主继电器 87 号端子输出的 KL15 供电经过节点后，形成多个支路，为各电控单元提供电源。供应整车控制器的 KL15 供电分别供应至整车控制器的 11 号、24 号和 36 号端子。同时，这三路供电也作为整车控制器的使能信号。

问界 M7 电机采用了油冷冷却系统，该系统内部配备了电机油泵控制器，如图 5-2-43 所示。

电机油泵控制器的常电供电流程：蓄电池供电经过前舱电器盒内的 LF20 15A 熔丝，然后通过插接器 FC45 的 32 号端子，最终供应至电机油泵控制器的 5 号端子。

电机油泵控制器的 KL15 供电流程：主继电器 87 号端子输出的 KL15 供电经过节点后被分为多个支路，其中一条支路将 KL15 供电输送至电机油泵控制器的 3 号端子。

（2）系统通信电路（EV CAN）

DHT 双电机控制器的 8 号和 9 号端子为 CAN 总线端子，与 EV CAN 总线连接。EV CAN 总线连接的控制单元包括诊断接口、网关控制器、电机油泵控制器、发电机控制器、电动压缩机总成、后驱动电机控制器、车载充电机总成、动力电池管理器、PTC、整车控制器、电子换挡开关、智能制动助力器以及发动机控制模块等。

5.2.4.4　问界 M7 后电机驱动系统电路图识读

问界 M7 后电机驱动系统电路图如图 5-2-44 所示。

（1）系统供电电路

后驱动电机控制器由两路常电供电和一路 KL15 供电。

常电供电流程：蓄电池供电经过行李箱电器盒内的 BF07 10A 熔丝，再经过插接器 CC32 的 45 号端子和 CC17 的 7 号端子，然后分为两路，分别供应至后驱动电机控制器的 10 号和 11 号端子。

KL15 供电流程：点火开关打开时，蓄电池供电由前舱电器盒内的 LF12 5A 熔丝供应到主继电器的 85 和 30 端子。同时，整车控制器的 31 号端子控制主继电器电磁线圈搭铁，主继电器吸合，蓄电池供电从主继电器的 87 端子输出为 KL15 供电。KL15 供电输出后经过节点分为多个支路，其中一个支路经过插接器 FC13 的 5 号端子和 CC17 的 10 号端子后供应至后驱动电机控制器的 2 号端子。

后驱动电机控制器的接地通过其 6 号和 7 号端子，经过节点再经过插接器 BC01 的 6 号端子后在搭铁点 G034 处实现接地。

（2）电机油泵电路

电机油泵的常电供电由蓄电池提供，经过行李箱电器盒内的 BF10 15A 熔丝供出，通过插接器 CC32 的 2 号端子，然后经过插接器 CC17 的 9 号端子，最终供应至电机油泵的 1 号端子。电机油泵的 2 号端子通过 LIN 总线与后驱动电机控制器连接并通信，后驱动电机控制器通过 LIN 总线感知电机油泵的工作状态。电机油泵的接地通过其 3 号端子，经过插接器 BC01 的 8 号端子，最终在搭铁点 G033 处实现。

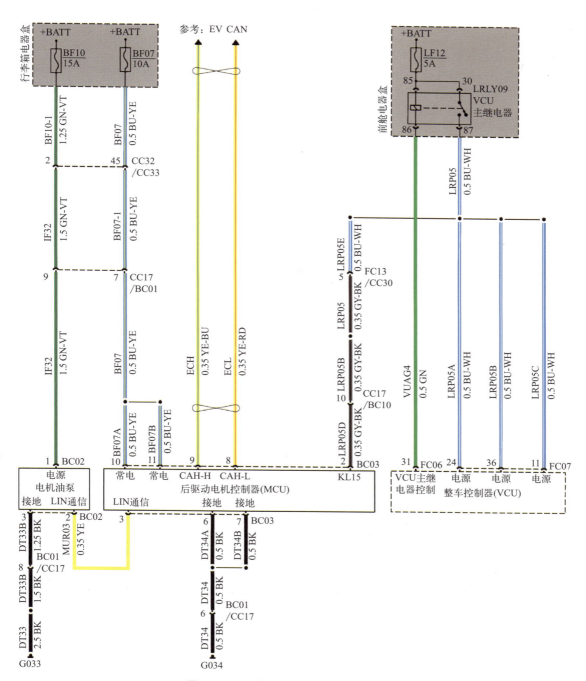

图 5-2-44 问界 M7 后电机驱动系统电路图

5.3 安全舒适系统电路图识读

5.3.1 安全气囊系统

5.3.1.1 安全气囊系统组成

安全气囊系统的组成部分分布在汽车的不同位置，各型汽车所采用部件的结构和数量有所不同，但其基本组成和工作原理都大致相同。安全气囊系统主要由碰撞传感器、安全气囊控制单元（ECU）、气体发生器和气囊等组成。安全气囊系统组成如图 5-3-1 所示。

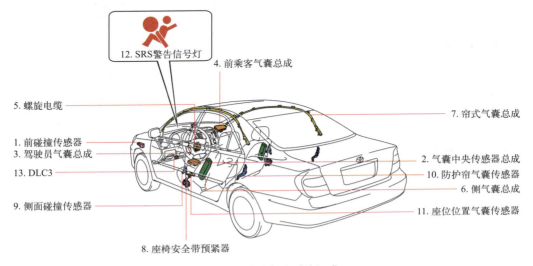

图 5-3-1　安全气囊系统组成

（1）碰撞传感器

碰撞传感器包括前碰撞传感器和侧面碰撞传感器，用来检测碰撞减速力、碰撞强度，将其作为电子控制装置计算气囊是否动作的参数。碰撞传感器组成如图 5-3-2 所示。

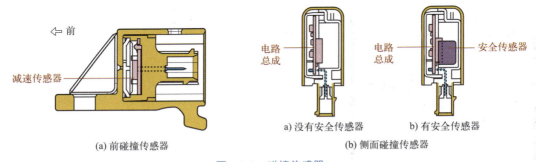

图 5-3-2　碰撞传感器

（2）安全气囊控制单元（ECU）

这是气囊系统的大脑，它接收传感器的信号，并决定是否需要启动气囊。

（3）气体发生器

当 ECU 决定启动气囊时，气体发生器会迅速产生大量气体，用于给气囊充气。气体发生器组成如图 5-3-3 所示。

（4）气囊

气囊安装在充气装置上部，用塑料盖板护住。气囊一般由尼龙制成，上面有一些排气孔。充气结束后，排气孔立即排气使气囊变软，这样起到缓冲作用，以减轻对驾乘人员的伤害。

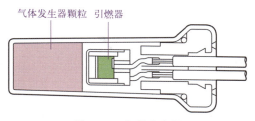

图 5-3-3　气体发生器

5.3.1.2　安全气囊工作原理

当汽车受到前方一定角度范围内的高速碰撞时，车体会强烈地振动，同时车速急剧下降，安装在汽车前端的前碰撞传感器和与 SRS ECU 安装在一起的侧面碰撞传感器（安全传感器）就会检测到汽车突然减速和撞击强度的信号，当达到规定的强度时，传感器即向 SRS ECU 发出信号。SRS ECU 接收到信号后，与其原存储信号进行比较，若达到气囊的展开条件，则由驱动电路向安全气囊组件中的气体发生器送去启动信号。气体发生器接到启动信号后，气囊系统就会引发某种类似微量炸药爆炸的化学反应，隐藏在车内的安全气囊就在瞬间充气弹出，在乘员的身体与车内零部件碰撞之前能及时到位，在人体接触到安全气囊时，安全气囊通过气囊表面的气孔开始排气，从而起到缓冲作用，减轻身体所受冲击力，最终达到减轻乘员所受伤害的效果。安全气囊点火条件如图 5-3-4 所示。

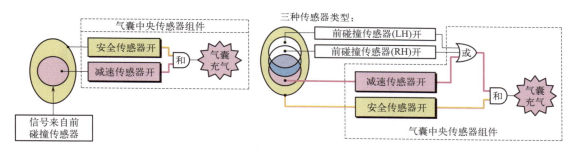

图 5-3-4　安全气囊点火条件

5.3.1.3　安全气囊系统电路图识读

（1）供电与碰撞传感器电路图识读

SRS 模块供电及碰撞传感器电路如图 5-3-5 所示。

① 安全气囊控制器供电。点火开关负责控制安全气囊控制器的 IG1 供电，具体流程如下：当点火开关打开时，蓄电池开始供电，经过仪表电器盒内的 IF7 10A 熔丝，然后通过插接器 IPBD L1 的 23 号端子，最终供应到安全气囊控制器的 13 号端子。在得到供电后，安全气囊控制器随即开始工作。

② 碰撞传感器电路。在车辆的左侧前方和右侧前方，各安装有一个碰撞传感器，用于监测左右两侧的碰撞情况。这两个传感器通过双绞线与安全气囊控制器进行连接，分别连接至控制器的 10 号、22 号、11 号和 23 号端子。这种连接方式能够确保信号传输的稳定性和可靠性，降低外界干扰对信号的影响。传感器的主要功能是传输左前和右前碰撞信号，为安全气囊控制器提供必要的碰撞信息。

左右侧面碰撞传感器分别安装在车辆的左右侧车门或 B 柱上，通过双绞线与安全气囊控制器进行连接，并分别连接到控制器的 34 号、33 号、32 号和 31 号端子。这些传感器的主要任务是检测车辆侧面的碰撞情况，为安全气囊系统的响应提供重要信息。

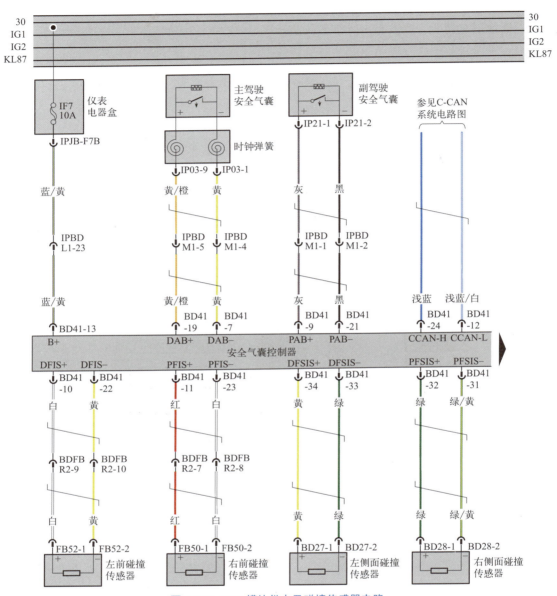

图 5-3-5　SRS 模块供电及碰撞传感器电路

③ 主副驾驶安全气囊电路。主驾驶安全气囊安装在转向盘上，通过时钟弹簧与安全气囊控制器的 19 号和 7 号端子连接。副驾驶安全气囊安装在副驾驶侧仪表台上，与安全气囊控制器的 9 号和 21 号端子连接。当安全气囊控制器检测到前方碰撞传感器发出的车辆碰撞信号时，分别从以上端子输出点火指令，电雷管引爆火药，产生大量高温气体，冲撞或粉碎气体发生剂，同时使高温气体降温并继续产生气体。经过多次过滤，除去烟雾及灰尘，从气体喷口喷入气囊，使气囊在车辆碰撞的瞬间充满气体。

(2) 侧气囊、侧气帘与安全带预紧器电路图识读

侧气囊、侧气帘与安全带预紧器电路图如图 5-3-6 所示。

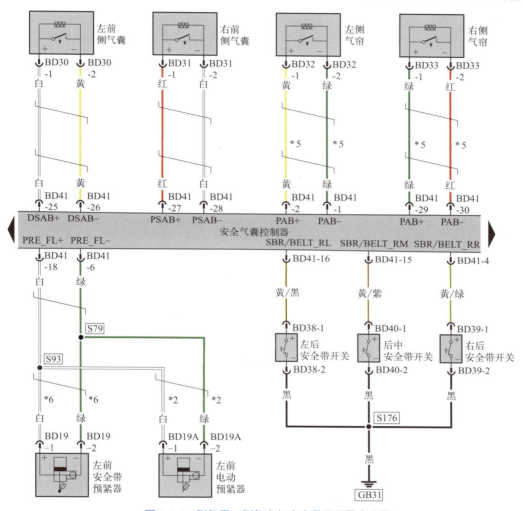

图 5-3-6 侧气囊、侧气帘与安全带预紧器电路图

① 侧气囊、侧气帘电路。左、右前侧气囊分别配置在主、副驾驶座椅的两侧，其连接方式为双绞线，与安全气囊控制器相连接。具体的端子连接编号为 25 号、26 号、27 号和 28 号，这些编号是左、右前侧气囊的关键连接点。另外，车辆的左右侧气帘则安装在车门上方，同样通过双绞线与安全气囊控制器相连接。具体的端子连接编号为 2 号、1 号、29 号和 30 号，这些编号是左右侧气帘的关键连接点。

当侧气囊传感器在左右车门或 B 柱上检测到碰撞信号时，安全气囊控制器会从上述端子发出点火指令。此时，侧气囊和侧气帘会迅速弹出，以保护车内乘员的腰部和头部，降低碰撞伤害的风险。

② 安全带预紧器电路。安全带预紧器电路如图 5-3-7 所示。

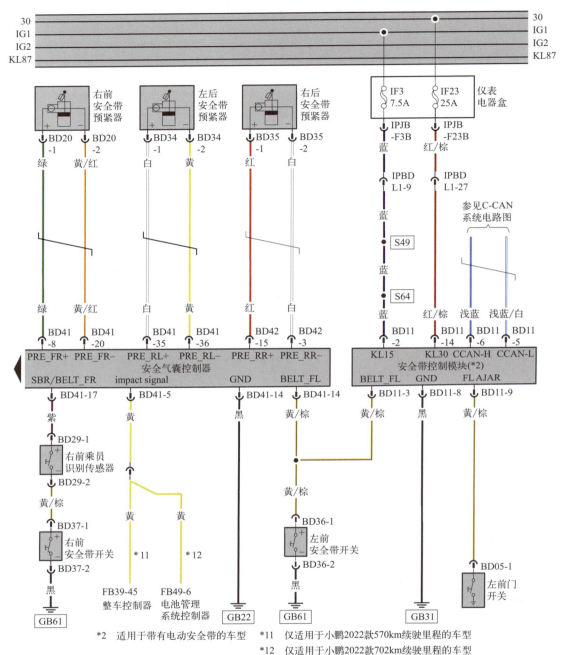

图 5-3-7 安全带预紧器电路图

在严重碰撞事故中，即使车内乘员已正确佩戴安全带，仍有可能与车内其他部位发生碰撞。为解决这一问题，安全带预紧器发挥了关键作用。安全带预紧器能在碰撞发生的瞬间迅速反应，自动拉紧安全带，使安全带缩短一定距离，从而减少乘员前冲的距离。这一设计结合安全气囊和预紧式安全带，为驾驶员和前排乘员提供了最高级别的保护。

如图 5-3-6 和图 5-3-7 所示，安全带预紧器通过双绞线与安全气囊控制器相连。在碰撞发生时，安全气囊控制器会从相应端子发出点火信号，激活预紧器内的充气机。充气机产生的高压气体推动气缸内的活塞，使安全带迅速收紧，以保障乘员的安全。

（3）安全带开关电路图识读

安全带开关具有检测功能，能够确认安全带是否被正确系上，并通过声光警报提示用户。如图 5-3-7 所示，副驾驶座椅已配备右前乘员识别传感器，专门用于监测右前座椅是否有人乘坐。若检测到右前座椅为空，则在右前侧发生碰撞时，副驾驶安全气囊将不会启动，从而确保安全。安全气囊控制器通过其 17 号端子向右前乘员识别传感器提供电源，并从其负极端子将电源输送到右前安全带开关，最后经搭铁点 GB61 接地，形成回路。

5.3.2 中控与防盗系统

中控门锁系统是中央控制门锁系统的简称，主要由控制部分和执行部分组成，如图 5-3-8 所示。中控门锁系统是通过门锁控制开关和钥匙的操作控制电动机，同时控制所有车门关闭与开启的装置，其作用是增加汽车使用的方便性和安全性。

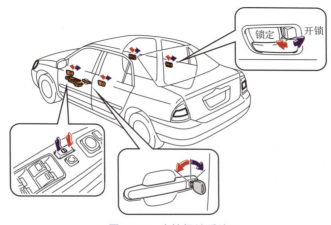

图 5-3-8　中控门锁系统

5.3.2.1 中控门锁系统组成

（1）门锁控制开关

门锁控制开关一般安装在驾驶员侧前门内的扶手上，通过门锁控制开关可以同时锁上和打开所有的车门，如图 5-3-9 所示。

（2）钥匙控制开关

钥匙控制开关装在左前门和右前门的外侧锁上。当从车外用车门钥匙开门或锁门时，钥匙控制开关便发出开门或锁门信号给门锁控制 ECU，实现车门打开或锁止。

（3）门控开关

门控开关用来检测车门开闭的情况。车门打开时，门控开关接通；车门关闭时，门控开关断开。

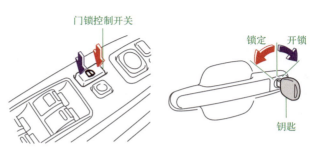

图 5-3-9　门锁控制开关与钥匙控制开关

（4）门锁执行机构

中控门锁用电磁驱动方式进行门锁的开启与关闭。目前门锁执行机构主要有电磁线圈式和直流电动机式。

电磁线圈式门锁执行器，锁门时，给电磁线圈加正向电流，衔铁带动连杆左移，扣住门锁舌片；开门时，给电磁线圈加反向电流，衔铁带动连杆右移，脱离门锁舌片。

直流电动机式门锁执行器（如图 5-3-10 所示）的连杆由可逆转的直流电动机驱动，利用电动机的正转和反转完成锁门和开门的动作。

（5）门锁连杆操纵机构

当门锁电动机（或其他执行机构）运转时，通过门锁连杆操纵门锁锁定或开启。

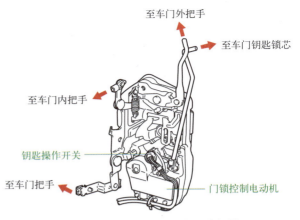

图 5-3-10　直流电动机式门锁执行器

5.3.2.2　遥控中控门锁系统组成

遥控中控门锁系统也称无钥匙进入系统，其作用是从远处锁止和解锁所有车门，为驾驶员提供便利。如图 5-3-11 所示，遥控中控门锁系统在普通中控门锁系统的基础上增加发射器（钥匙）、车门控制接收器、集成继电器（含有防盗 ECU）等部件。

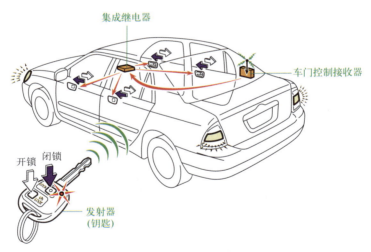

图 5-3-11　遥控中控门锁

遥控器有分开型和组合型 2 种。组合型遥控器的发射天线由钥匙板兼任。身份代码存储器中存储的身份代码通过输出部分经由发射天线发射出去。车门控制接收器对接收的信号进行放大和调制后，发送给防盗 ECU，防盗 ECU 检查身份代码是否相符，当代码一致时，确定继电器动作，控制相应执行器。

5.3.2.3　中控门锁系统电路图识读

如图 5-3-12 所示，中控门锁系统电路主要由中控开关（位于左前门内侧的左前中控开关）、车身控制器以及四个车门锁组成。当中控开关发出开锁或解锁的信号时，车身控制器会接收并处理这些信号。随后，车身控制器将控制四个车门锁的开启和关闭，确保车辆的安全性和便捷性。

（1）系统供电电路

如图 5-3-12 所示，中控门锁系统供电为常电供电，蓄电池供电经驾驶室电器盒内的 IF12 20A 熔丝供应到车身控制器的 14 号端子，此供电经车身控制器向四个车门锁提供 12V 供电。

（2）左前中控开关电路

如图 5-3-12 所示，左前中控开关为中控门锁系统的主开关，向车身控制器发送开锁和解锁信号。

在车身控制器的 25 号端子，左前中控开关接收供电。此供电进一步传输至左前中控开关的 3 号端子，为其提供所需电能。根据车门锁的状态和驾驶员的操作，左前中控开关从其 1 号和 2 号端子发送解锁或闭锁信号至车身控制器的 49 号和 5 号端子。一旦车身控制器检测到闭锁信号，它从其 11 号端子向左前中控开关的 4 号端子发送上锁指示灯信号，从而点亮该指示灯。最后，左前中控开关的接地通过其 5 号端子在搭铁点 G015 处实现。

（3）门锁电路

车身控制器通过特定的端子（20 号和 18 号）发出解锁和闭锁信号，这些信号经过线束节点传输到四个车门锁的 4 号和 3 号端子执行相应的操作。

当左前车门被打开时，车身控制器通过 39 号端子捕获到这一动作，随后通过 CAN 总线将此信息传达给仪表控制单元。仪表随即显示左前车门为开启状态。左前门锁的接地通过其 5 号端子在搭铁点 G015 处实现，右前门锁的接地则通过其 2 号端子在相同搭铁点实现。

值得注意的是，左后车门和右后车门均装备了儿童锁，这两处的儿童锁是相互联动的。当儿童锁需要被操作时，车身控制器通过 16 号端子向左右后门门锁的 2 号和 5 号端子发送相应的锁止或开锁信号。同时，儿童锁电机接收控制信号，完成儿童锁的锁定和解锁操作。随后，左右后门门锁通过其 1 号端子向车身控制器的 19 号和 6 号端子反馈儿童锁的状态信息。车身控制器将儿童锁的状态信息通过 CAN 总线发送给仪表控制单元，以便在仪表上显示儿童锁的状态。左后门门锁的接地通过其 5 号端子在搭铁点 G024 处实现，右后门门锁接地通过其 2 号端子在搭铁点 G034 处实现。

5.3.3　ABS/ASR/ESC 车辆制动控制系统

5.3.3.1　系统组成

（1）防抱死制动系统

汽车防抱死制动系统（Anti-lock Braking System,ABS）是汽车上的一种安全装置，其作用是在汽车制动时，防止车轮抱死在路面上滑拖，以提高汽车制动过程中的方向稳定性、转向控制能力和缩短制动距离，使汽车制动更为安全有效。

当汽车防抱死制动系统检测到车轮即将抱死（停止旋转），控制模块会迅速减小该轮的制动力。通过每秒多次的制动力调整，ABS 使车轮保持在最大附着力的范围内，防止车辆失去方向控制。

（2）驱动防滑转电子控制系统

汽车驱动防滑转电子控制（Anti Slip Regulation,ASR）系统，又称牵引力控制系统。其作用是以驱动力为控制对象，防止汽车在起步加速过程中驱动轮打滑，特别是防止汽车在非对称路面或转弯时驱动轮空转。

当系统检测到车轮打滑，控制模块通过减小发动机输出力或增加相应车轮的制动力来控制车辆的牵引力，防止打滑。

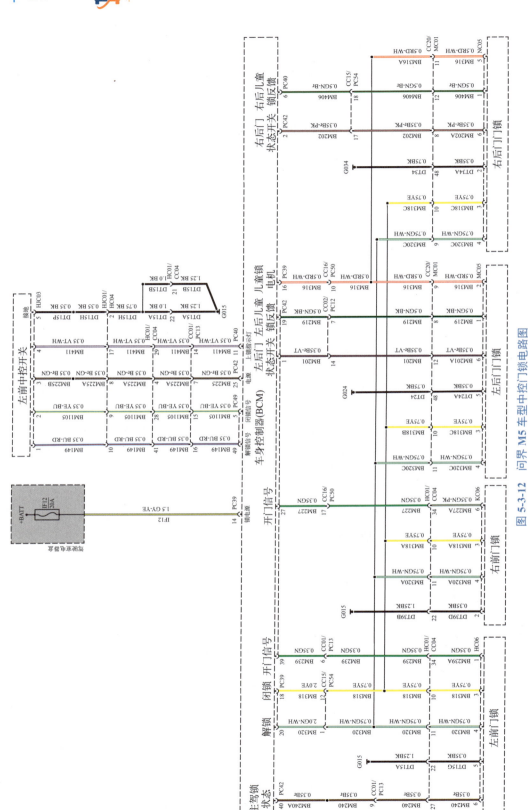

图 5-3-12 问界 M5 车型中控门锁电路图

(3) 车身电子稳定控制系统

车身电子稳定控制（Electronic Stability Controller, ESC）系统，是一种辅助驾驶者控制车辆的主动安全技术，同时也是汽车防抱死制动系统（ABS）和牵引力控制系统（TCS或ASR）功能的进一步扩展。在 ESC 上可以看到 ABS 和 TCS 功能的影子，可以说它是目前车辆安全电子设备的集大成者。ESC 主要对车辆纵向和横向稳定性进行控制，保证车辆稳定行驶，例如汽车在路滑时左拐过度转向（转弯右侧甩尾）会产生滑动，ESC 系统就会迅速制动右前轮使其恢复附着力，产生一种相反的扭矩而使汽车保持在原来的车道上。

ESC 系统一般主要由传感器（轮速传感器、横向加速度传感器、纵向加速度传感器、偏航率传感器、转向角传感器等）、电子控制单元（ECU）、执行器及警示装置组成，如图 5-3-13 所示。

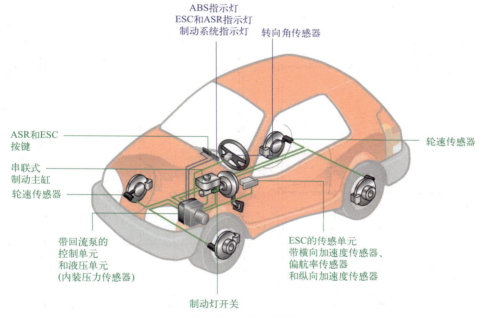

图 5-3-13　ESC 系统组成

5.3.3.2　ESC 系统电路图识读

ESC 系统电路图如图 5-3-14 所示。

(1) 系统供电电路识读

如图 5-3-14 所示，系统供电包括三路：电子稳定控制器供电、ESC 电机电源供电和 ESC 阀体电源供电。

电子稳定控制器供电类型为 IG 供电，当点火开关打开时，蓄电池供电经过前舱电器盒内的 LF24 5A 熔丝供出，再经过插接器 FCR02 的 28 号端子，最终供应至电子稳定控制器的 36 号端子。电子稳定控制器接地是通过其 14 和 46 号端子分别在搭铁点 G046 和 G045 处实现的。

ESC 电机电源供电和 ESC 阀体电源供电均为常电供电。蓄电池供电经过前舱电器盒内的 LSB01 40A 和 LSB02 40A 熔丝，再分别经过插接器 FCR02 的 22 号和 36 号端子，供应至电子稳定控制器的 1 号和 30 号端子，为 ESC 执行机构总成内的电机和阀体提供稳定的供电。

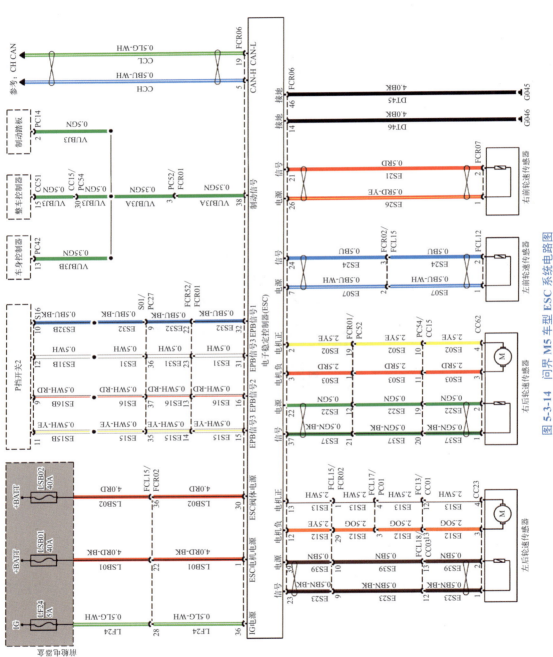

图 5-3-14 问界 M5 车型 ESC 系统电路图

(2) 轮速传感器电路识读

左前和右前轮速传感器采用的是霍尔式有源传感器技术，这种传感器具有信号稳定性高、抗干扰能力强的特点。在车辆的电子稳定控制器中，通过其 7 号和 26 号端子对两个轮速传感器进行供电，确保传感器正常工作。当车轮转动时，两个轮速传感器会通过其 2 号端子将转速信号传递至电子稳定控制器的 24 号和 21 号端子，这些信号经过处理后，可以实时监测两个前轮的运行状态。

左后和右后轮速传感器与 EPB（电子驻车制动器）电机安装在一起。两个传感器同样采用霍尔式有源传感器技术。电子稳定控制器分别通过其 39 号和 22 号端子输出供电至两个轮速传感器的 2 号端子。当车轮转动时，两个轮速传感器会通过其 1 号端子将转速信号传递至电子稳定控制器的 23 号和 37 号端子，这些信号经过处理后，可以实时监测两个后轮的运行状态。

(3) 制动信号电路识读

由制动踏板、车身控制器和整车控制器提供的制动信号通过节点传递至电子稳定控制器的 38 号端子，电子稳定控制器检测这一信号，对 ESC 执行机构总成内的电机和阀体做出相应的控制，为车辆提供制动力。

(4) EPB 电路识读

在车辆系统中，P 挡开关 2 通过向电子稳定控制器发送 EPB 信号来控制驻车制动。当 P 挡开关 2 处于 P 挡位置时，电子稳定控制器检测到该信号，并从其 13 号和 2 号端子向与左后和右后轮速传感器安装在一起的 EPB 电机输出正信号。接收到正信号后，EPB 电机正转，提供驻车制动。

如果 P 挡开关 2 移动至其他位置，电子稳定控制器则会检测到这一变化。此时，电子稳定控制器从其 12 号和 3 号端子向与左后和右后轮速传感器安装在一起的 EPB 电机输出负信号。接收到负信号后，EPB 电机反转，解除驻车制动。

5.3.4 电动助力转向系统

5.3.4.1 电动助力转向系统组成原理

电动助力转向系统（EPS）根据电机驱动部位和机械结构的不同，可分为转向轴助力式、齿轮助力式和齿条助力式。电动助力转向系统的主要组成部分有电动助力转向电机、转向传感器、电控单元、扭矩传感器、转向柱等。

(1) 电动助力转向电机

电动助力转向电机（图 5-3-15）是整个系统的核心部件。它根据电控单元（ECU）的指令产生相应的助力力矩。这个助力力矩经过减速机构放大后，作用在机械转向器上，辅助驾驶员克服转向阻力，实现车辆的转向。

(2) 扭矩传感器

扭矩传感器（图 5-3-16）是用来检测转向盘的转动角度、转向方向和转向力度的一种装置。当转向盘左转或右转时，扭矩传感器都会检测到。扭矩传感器将这些信息传送给电控单元，使系统能够准确地了

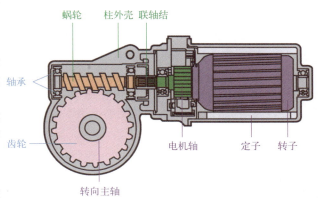

图 5-3-15 电动助力转向电机

解驾驶员的操纵意图，从而使汽车电控单元发出正确的转向指令。

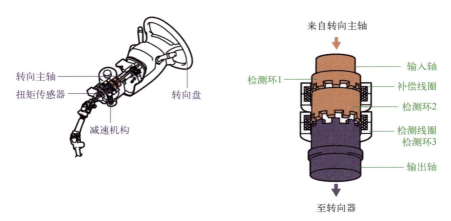

图 5-3-16　扭矩传感器

（3）电控单元

它是系统的控制中心，负责接收并处理来自传感器的信号，并根据驾驶员的操纵意图调节电动助力转向电机的输出。它还可以根据不同的驾驶条件进行适应性调节，提供更好的操控感受和安全性能。

（4）转向柱

转向柱是转向系统连接转向盘和转向器的元件。通过转向柱，驾驶员把扭矩传递给转向器，带动转向器实现转向。

5.3.4.2　电动助力转向系统电路图识读

电动助力转向系统及分线盒供电电路图如图 5-3-17 所示。

（1）供电电路识读

电动助力转向系统供电电路分为分线盒电源和 IG 两路。

分线盒电源供电流程：如图 5-3-17 右图所示，蓄电池的电力经过蓄电池正极熔丝盒内的 ANF04 200A 熔丝输出，然后经过分线盒熔丝盒内的 ANF08 80A 熔丝，供给至电动助力转向控制器插接器 FCL02 的 1 号端子，该供电在电动助力转向控制器的控制下供应至电动助力转向电机。电动助力转向控制器通过其 2 号端子与搭铁点 G001 连接，实现接地。

IG 供电流程：点火开关打开时，蓄电池供电经前舱电器盒内的 LF22 5A 熔丝向电动助力转向控制器插接器 FCL01 的 1 号端子，向电动助力转向控制器提供电源。

（2）扭矩传感器和转向电机电路识读

扭矩传感器所需的电源由电动助力转向控制器提供，该控制器会实时监测扭矩传感器传送的转向盘扭矩信号以及转向电机转速信号。在接收到这两个信号后，控制器会依据这些信息调整转向电机的运作，确保其能够准确跟随转向盘的转动方向，提供相应的助力。

5.3.5　空调系统

问界 M5 空调系统采用自动双区空调，高配车型装配了车内空气检测和净化系统，包括 PM2.5 传感器、负离子发生器等。

问界 M5 空调系统电路图如图 5-3-18 所示。

第 5 章 汽车电气系统电路图识读

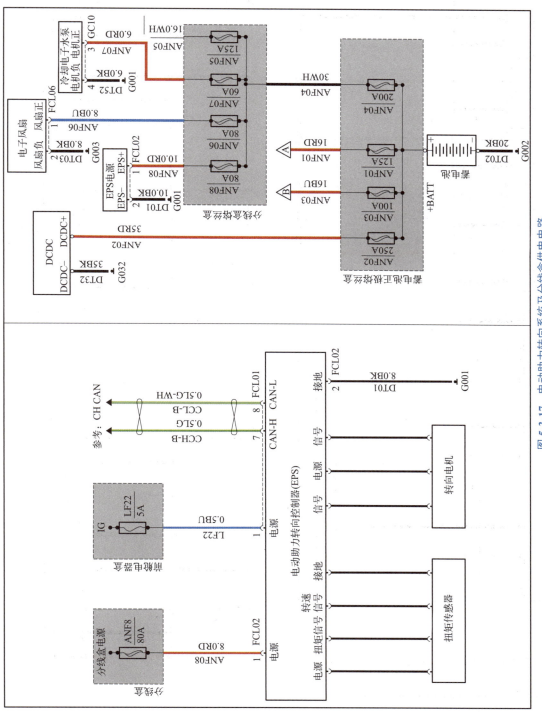

图 5-3-17 电动助力转向系统及分线盒供电电路

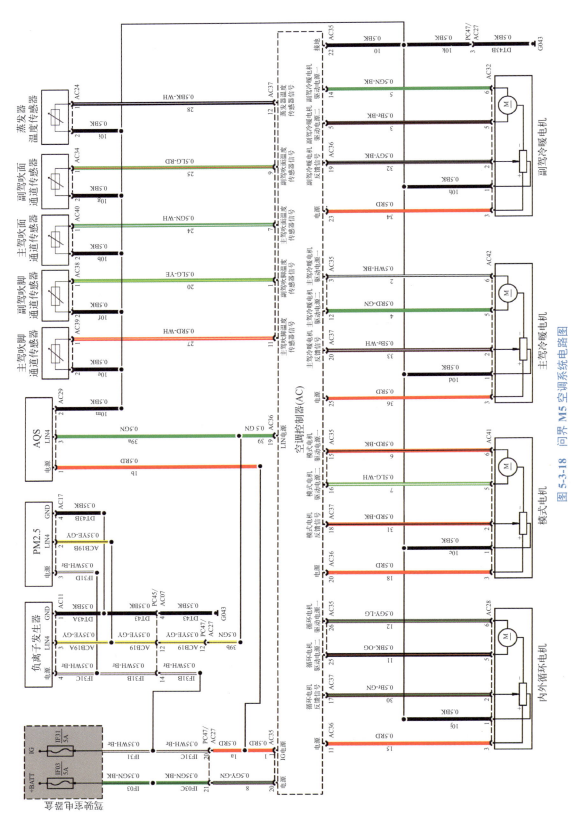

图 5-3-18 问界 M5 空调系统电路图

(1) 空调控制器供电电路

如图 5-3-18 左上方所示，空调控制器接收两路供电，一路为常电供电，另一路为 IG 电源供电。在常电供电流程中，蓄电池作为电源，通过驾驶室电器盒内的 IF03 5A 熔丝进行供电。该供电经过插接器 PC47 的 21 号端子，最终供应至空调控制器的 20 号端子。而在 IG 供电流程中，当点火开关处于打开状态时，IG 电源经过驾驶室电器盒内的 IF31 5A 熔丝进行供电。该供电同样经过插接器 PC47 的 20 号端子，最终供应至空调控制器的 1 号端子。

(2) 负离子发生器、PM2.5 传感器、AQS（空气质量）传感器电路

① 供电、接地电路。如图 5-3-18 所示，在供电方面，负离子发生器、PM2.5 传感器以及 AQS（空气质量）传感器均采用 IG 供电方式。当点火开关启动时，IG 供电会通过驾驶室电器盒内的 IF31 5A 熔丝进行供电。供电经过一个节点后分为两路。其中一路供电会进一步通过线束插接器 PC45 的 14 号端子，然后再经过一个节点，这次又分为两路。一路供电至负离子发生器的 4 号端子，另一路供电至 PM2.5 传感器的 3 号端子。而另一路供电则通过线束插接器 PC47 的 20 号端子，再经过一个节点后，供应至 AQS（空气质量）传感器的 1 号端子。

在接地方面，负离子发生器和 PM2.5 传感器通过共用搭铁点 G043 进行接地。这两者的 1 号和 4 号端子经过线束插接器 PC45 的 4 号端子，最终在搭铁点 G043 实现可靠接地。同时，AQS 传感器的 2 号端子经过线束插接器 PC47 的 3 号端子，也在搭铁点 G043 处实现了可靠的接地。

② 信号电路。根据提供的资料，负离子发生器、PM2.5 传感器以及 AQS（空气质量）传感器的信号电路采用了 LIN 总线传输方式。其中，负离子发生器和 PM2.5 传感器的信号通过各自的 3 号和 2 号端子输出，经过节点汇合成为一路。然后，经过 PC45（12 号端子）和 PC47（12 号端子）两个线束插接器后，与 AQS 传感器 3 号端子输出的信号再次汇合成为一路。最终，这些信号被传输至空调控制器的 19 号端子，以供后续处理和使用。

(3) 通道传感器和蒸发器温度传感器

如图 5-3-18 右上方所示，主驾吹脚通道传感器、副驾吹脚通道传感器、主驾吹面通道传感器和副驾吹面通道传感器为四个温度传感器，它们的主要功能是监测各通道的吹风温度。为了确保传感器的正常运作，空调控制器通过特定的端子为其供电，具体为 11 号、1 号、7 号和 9 号端子，这些端子直接为四个传感器的 1 号端子提供电力。

每个传感器通过 2 号端子进行接地，经过线束插接器 PC47 的 3 号端子，最后在搭铁点 G043 处实现接地。

当温度发生变化时，传感器的阻值也会随之改变。这一变化会直接影响与传感器连接的 11 号、1 号、7 号和 9 号端子的电压，使其产生相应的波动。空调控制器持续监测这些电压的变化，并与存储器中预设的逻辑进行比对，从而精确判断当前通道的出风温度。

蒸发器温度传感器的运作原理与这四个通道传感器相同，通过监测蒸发器表面温度变化来反映压缩机的制冷量，为空调系统的决策提供可靠依据。

(4) 温度风门电机

温度风门电机包括主驾冷暖电机和副驾冷暖电机。冷暖电机通过带动风道中的风门挡板改变冷风和暖风的混合比，以改变出风口的温度。冷暖电机主要由步进电机和传动齿轮组成，空调控制器控制步进电机使风门到达指定位置。

以主驾冷暖电机为例介绍风门电机电路图识读。

主驾冷暖电机由步进电机、传动齿轮和滑动变阻器精密装配而成。空调控制器通过特定的 25 号端子，向主驾冷暖电机的 3 号端子提供电源，确保滑动变阻器正常运作。步进电机的驱动过程由空调控制器的 12 号和 3 号端子控制。步进电机旋转时，带动滑动变阻器一同旋转。空调控制器持续监测滑动变阻器的电压变化情况，主要是通过其 12 号端子来感知，以准确判断风门挡板的具体位置。模式电机和内外循环电机的工作原理与之相同，这里不再介绍。

5.4 高级驾驶辅助系统（ADAS）电路图识读

5.4.1 ADAS 系统传感器类型

先进驾驶辅助系统（Advanced Driver Assistance System，ADAS）又称为高级驾驶辅助系统。其主要功能是利用安装在车上的各式各样的传感器提前感知车辆及其周围情况并进行分析处理，发现危险及时预警，提醒驾驶员或执行器介入汽车操作，保障车辆安全行驶。智能网联汽车先进驾驶辅助系统，如图 5-4-1 所示。

近年来 ADAS 市场增长迅速，原来这类系统局限于高端市场，而现在已经进入中端市场，与此同时，许多低技术应用在入门级乘用车领域更加常见，经过改进的新型传感器技术也在为 ADAS 系统的广泛应用创造新的机会与策略。

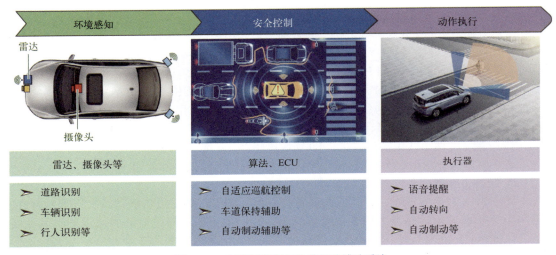

图 5-4-1　智能网联汽车先进驾驶辅助系统

ADAS 各系统使用的传感器和摄像头类型如图 5-4-2 所示。

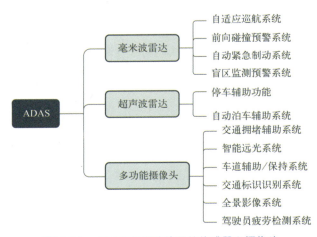

图 5-4-2　ADAS 各系统使用的传感器和摄像头

5.4.2 毫米波雷达系统

5.4.2.1 毫米波雷达系统概述

毫米波雷达，就是指工作频段在毫米波频段（76～77GHz）的雷达，测量原理跟一般雷达一样，把无线电波（雷达波）发出去，然后接收回波，根据收发之间的时间差测得目标的数据。主要有三个用途：测距、测速、测方位角。

① 测距：雷达通过给目标连续发送电磁波，然后用传感器接收天线接收从物体返回的电磁波，通过探测电磁波飞行（往返）时间来得到目标物距离。

② 测速：根据多普勒效应，通过计算返回接收天线的雷达波的频率变化就可以得到目标相对于雷达的运动速度，简单地说就是相对速度正比于频率变化量。

③ 测方位角：通过并列的接收天线收到同一目标反射的雷达波的相位差计算得到目标的方位角。

前置毫米波雷达总成安装与连接如图 5-4-3 所示。

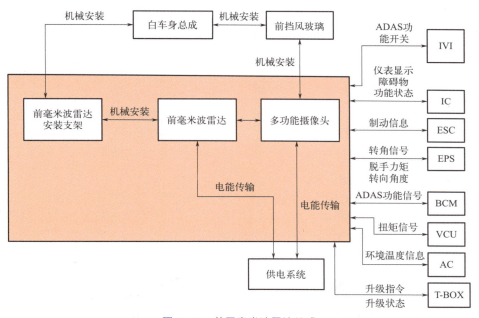

图 5-4-3　前置毫米波雷达总成

5.4.2.2 自适应巡航系统

自适应巡航（Adaptive Cruise Control，ACC）也可称为主动巡航，在自适应巡航系统中，系统利用毫米波雷达光束得到前车的确切位置，如果发现前车减速或监测到新目标，系统就会发送执行信号给发动机或制动系统来降低车速，从而使车辆和前车保持一个安全的行驶距离。当前方道路障碍清除后又会加速恢复到设定的车速，毫米波雷达系统会自动监测下一个目标。自适应巡航系统代替司机控制车速，避免了频繁取消和设定巡航控制。自适应巡航系统适合于多种路况，为驾驶者提供了一种更轻松的驾驶方式。

自适应巡航系统如图 5-4-4 所示，在自适应巡航系统工作状态下，当雷达侦测到前方有慢车时，开始减速至与前方车辆速度相同，并保持安全距离。当前方车辆离开后，将车速回到预先设定的值。

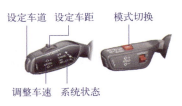

(a) 雷达发射和接收器　　　　　(b) 自适应巡航示意图　　　　　(c) 自适应巡航设置

图 5-4-4　自适应巡航系统

电动汽车 ACC 系统也是由信息感知单元、电子控制单元（ECU）、执行单元和人机交互界面等组成，如图 5-4-5 所示。电动汽车相对于燃油汽车，其 ACC 系统的信息采集单元没有节气门位置传感器，执行单元没有节气门控制器和挡位控制器，相应增加电动机控制器和再生制动控制器。信息感知单元将传感器测量的距离、速度和加速度等信号输入到电子控制单元；电子控制单元对主车行驶环境及运动状态进行分析、计算、决策，输出扭矩和制动压力信号；执行单元用于完成电子控制单元的指令，通过电动机控制器和制动控制器来调节主车的行驶速度；人机交互界面为驾驶员对系统的运行进行观察和干预控制提供操作界面。

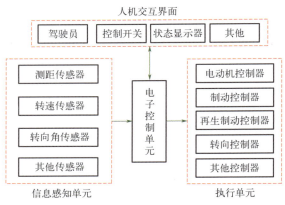

图 5-4-5　电动汽车 ACC 系统的组成

5.4.2.3　前向碰撞预警系统

前向碰撞预警（Forward Collision Warning，FCW）系统通过雷达或视觉传感器时刻监测前方车辆，判断本车与前车之间的距离、方位及相对速度，当存在潜在碰撞危险时对驾驶员进行警告。一般预警的方式有声音、视觉或触觉等，如图 5-4-6 所示。FCW 系统一般本身不会采取任何制动措施去避免碰撞或控制车辆，但也有一些前向碰撞预警系统提供不同程度的制动功能。

前向碰撞预警提示灯　　　　声音警示　　　　收紧安全带

图 5-4-6　前向碰撞预警系统

前向碰撞预警系统由信息采集、电子控制和人机交互三个单元组成，如图 5-4-7 所示。

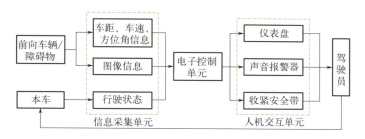

图 5-4-7　前向碰撞预警系统组成

5.4.2.4　自动紧急制动系统

自动紧急制动（Autonomous Emergency Braking，AEB），是指车辆在非自适应巡航的情况下正常行驶，如车辆遇到突发危险情况或与前车及行人距离小于安全距离时主动进行制动（但具备这种功能的车辆并不一定能够将车辆完全停住），避免或减少追尾等碰撞事故的发生，从而提高行车安全性的一种技术。自动紧急制动系统主要由行车环境信息采集单元、电子控制单元和执行单元等组成，如图 5-4-8 所示。

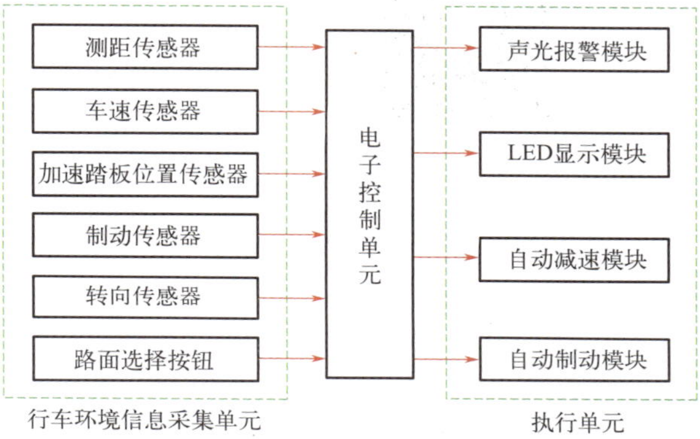

图 5-4-8　自动紧急制动系统的组成

5.4.2.5　盲区监测预警系统

盲区监测预警（BSD）系统，是通过超声波、摄像头、探测雷达等车载传感器检测视野盲区内有无来车，在左右两个后视镜内或其他地方通过声音、灯光等方式提醒驾驶员后方安全范围内有无来车，从而消除视线盲区，提高行车的安全性，如图 5-4-9 所示。盲区监测预警系统也称汽车并线辅助（LCA）系统，是汽车上的一款安全类的高科技配置。

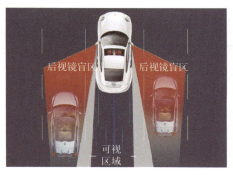

图 5-4-9　盲区监测预警系统

盲区监测预警系统一般由信息采集单元、电子控制单元和预警显示单元等组成，如图 5-4-10 所示。

图 5-4-10　盲区监测预警系统的组成

5.4.2.6　毫米波雷达电路图识读

问界 M5 毫米波雷达系统电路图如图 5-4-11 所示。

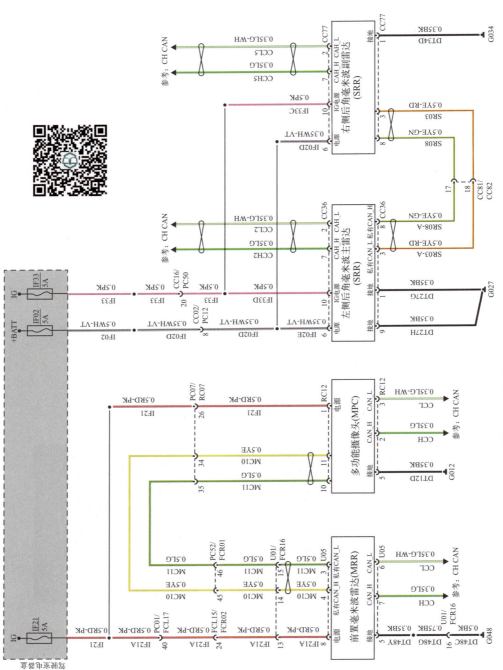

图 5-4-11 问界 M5 毫米波雷达系统电路图

(1) 前置毫米波雷达电路识读

① 供电接地电路识读：前置毫米波雷达的 IG 供电（点火开关打开时有电）由驾驶室电器盒内的 IF21 5A 熔丝提供，该电源通过插接器 U05 的 8 号端子供电至前置毫米波雷达。同时，该雷达的接地通过插接器 U05 的 5 号端子在接地点 G048 处实现接地。

② 通信电路：前置毫米波雷达通过插接器 U05 的 3 号和 4 号端子与多功能摄像头通过私有 CAN 总线通信并共享信号。同时 U05 的 6 号和 7 号端子通过 CH CAN 总线与信息娱乐系统、组合仪表、车身控制器、空调控制器、整车控制器、电子稳定控制系统、电动助力转向控制器等相互共享信息，从而实现自适应巡航、前向碰撞预警、自动紧急制动和盲区监测预警等系统的相关信息共享。前置毫米波雷达的信息共享参见图 5-4-3。

(2) 后置毫米波雷达电路识读

① 供电接地电路识读：左侧和右侧后角毫米波雷达供电有两路。常电供电由驾驶室电器盒内的 IF02 5A 熔丝提供，分别供应至左侧和右侧后角毫米波雷达的 6 号端子。左侧后角毫米波雷达的接地通过 1 号和 9 号端子在接地点 G027 处实现接地。右侧后角毫米波雷达的接地通过 1 号端子在接地点 G034 处实现接地。

② 通信电路：左侧后角毫米波雷达为主雷达，发出左侧和右侧的报警信息；右侧后角毫米波雷达经 3 号和 8 号端子通过私有 CAN 总线向左侧后角毫米波雷达报告右侧的报警信息或目标信息。同时两个毫米波雷达分别通过 2 号和 7 号端子经 CH CAN 总线与信息娱乐系统、组合仪表、车身控制器、空调控制器、整车控制器、电子稳定控制系统、电动助力转向控制器等相互通信，从而实现盲区监测（BSD）、并线辅助（LCA）、开门预警（DOW）、后方交通穿行提示（RCTA）四个功能。后置毫米波雷达通信如图 5-4-12 所示。

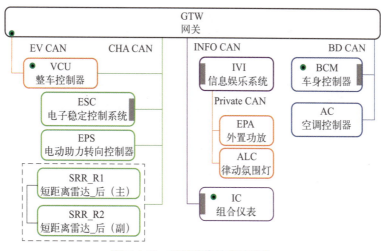

图 5-4-12 后置毫米波雷达通信

5.4.3 超声波雷达系统

5.4.3.1 超声波雷达原理

超声波雷达是利用超声波的特性研制而成的传感器，其利用超声波发射装置向外发出超声波，到通过接收器接收到反射回来的超声波的时间差来计算距离，即通过接收反射后的超声波探知周围的障碍物情况。它可以解决驾驶员泊车、倒车和启动车辆时前、后、左、右探视带来的麻烦，帮助驾驶员消除盲点和视线模糊缺陷，提高行车安全性，如图 5-4-13 所示。

常用超声波雷达（探头）的工作频率有 40kHz、48kHz 和 58kHz 三种。一般来说，频率越高灵敏度越高，但水平与垂直方向的探测角度就越小，目前应用比较广泛的是 40kHz 的超声波探头，其测距精度大约是 1～3cm。

图 5-4-13　超声波雷达示意图

5.4.3.2　自动泊车辅助系统

自动泊车辅助系统（PA）是利用超声波雷达探测有效泊车空间，并辅助控制车辆完成泊车操作的一种汽车先进驾驶辅助系统，如图 5-4-14 所示。相比于传统的电子辅助功能，比如倒车雷达、倒车影像显示等，自动泊车辅助系统智能化程度更高，减轻了驾驶员的操作负担，有效降低了泊车的事故率。

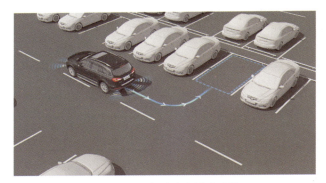

图 5-4-14　自动泊车辅助系统

自动泊车辅助系统主要由信息感知单元、电子控制单元和执行单元等组成，如图 5-4-15 所示。

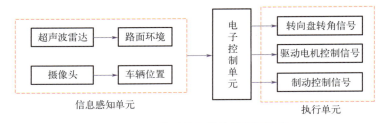

图 5-4-15　自动泊车辅助系统的组成

5.4.3.3　自动泊车辅助系统电路图识读

问界 M5 自动泊车辅助系统电路图如图 5-4-16 所示。

第 5 章 汽车电气系统电路图识读

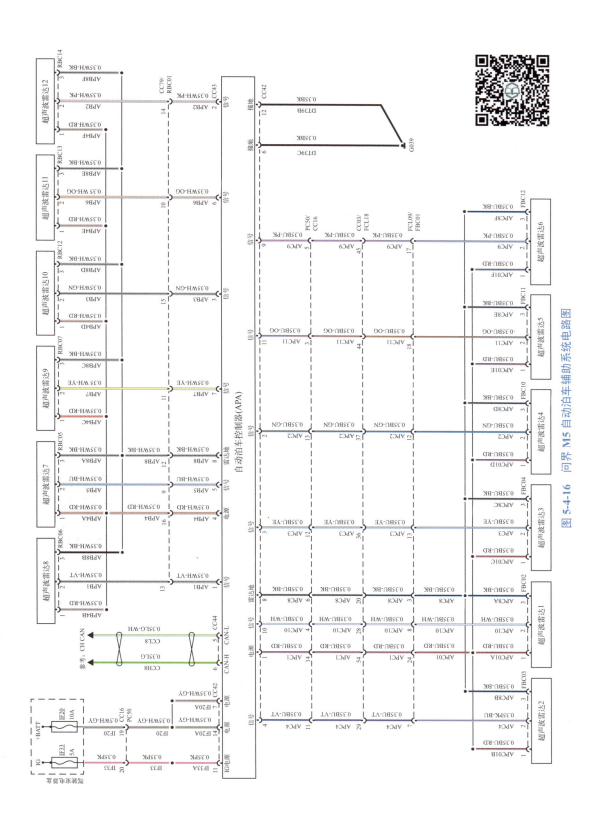

图 5-4-16 问界 M5 自动泊车辅助系统电路图

问界 M5 的自动泊车辅助系统采用了 12 个超声波雷达，通常称为探头。这些探头被分别安装在车辆的前后保险杠上，每侧保险杠上安装了 6 个。这些超声波雷达的主要功能是监测车辆的前后左右，以寻找可能存在的障碍物。

超声波雷达的最大优势在于其能够探测到低于保险杠位置的障碍物，这些障碍物可能是驾驶员从后视窗难以直接看到的。例如，花坛、蹲在车前或车后玩耍的小孩等。当超声波雷达探测到这些障碍物时，系统会发出报警音，以提醒驾驶员注意并采取相应的避障措施。

① 系统供电与接地电路图识读：自动泊车控制器的供电包括常电供电和 IG 供电两路。常电供电由驾驶室电器盒中的 IF20 10A 熔丝提供，经过插接器 CC16 的 19 号端子后，经过连接点分为两路，分别供应给自动泊车控制器的 7 号和 14 号端子。IG 供电由驾驶室电器盒内的 IF33 5A 熔丝提供，经过插接器 CC16 的 20 号端子后供应到自动泊车控制器的 11 号端子。自动泊车控制器的 6 号端子和 12 号端子通过接地点 G039 实现接地。

② 1 至 6 号超声波雷达电路图识读：1 至 6 号超声波雷达的电源线是共用的，其供电由自动泊车控制器的 1 号端子提供，经过连接点后，分别供应到各超声波雷达的 1 号端子。这些超声波雷达的 2 号端子是信号线，负责将返回的超声波信号分别输送到自动泊车控制器的 10 号、4 号、3 号、2 号、11 号和 9 号端子。此外，1 至 6 号超声波雷达还共用接地线，接地线由自动泊车控制器的 8 号端子提供。

③ 7 至 12 号超声波雷达电路图识读：7 至 12 号超声波雷达同样共用供电和接地线，供电由自动泊车控制器的 4 号端子提供，分别供应到 7 至 12 号超声波雷达的 1 号端子。7 至 12 号超声波雷达的 3 号端子为接地线，接地由自动泊车控制器的 8 号端子提供。这些超声波雷达的 2 号端子是信号线，负责将返回的超声波信号分别输送到自动泊车控制器的 5 号、1 号、7 号、3 号、6 号和 2 号端子。

④ 通信电路图识读：自动泊车控制器的 5 号和 6 号端子为 CAN 通信端子，通过 CH CAN 与信息娱乐系统、组合仪表、车身控制器、空调控制器、整车控制器、电子稳定控制系统、电动助力转向控制器等相互通信，共享信息，实现自动泊车功能。

5.4.4　多功能摄像头系统

5.4.4.1　多功能摄像头概述

摄像头也称视觉传感器，可以采集图像，将图像转换为二维数据；然后，对采集的图像（车道、行人、车道线、交通标志等）进行模式识别，通过图像匹配算法识别行驶过程中的车辆、行人、交通标志等；最后，依据目标物体的运动模式或使用双目定位技术，估算目标物体与本车的相对距离和相对速度。

车载摄像头主要用于检测路面的车道线、障碍物、交通标识牌、地面标识、交通信号和通行空间。

摄像头主要由镜头、感光传感器、模/数转换器、图像处理器、图像存储器等组成，如图 5-4-17 所示。摄像头一般具有视频摄像/传播和静态图像捕捉等基本功能，它是借由镜头采集图像后，由摄像头内的感光组件电路及控制组件对图像进行处理并转换成电脑所能识别的数字信号，然后借用并行端口或 USB 连接输入到电脑后由软件再进行图像还原，存储到存储介质当中。

ADAS 系统使用的摄像头一般有单目摄像头、双目摄像头和多目摄像头，如图 5-4-18 所示。

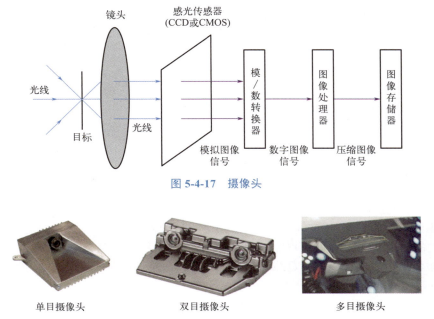

图 5-4-17 摄像头

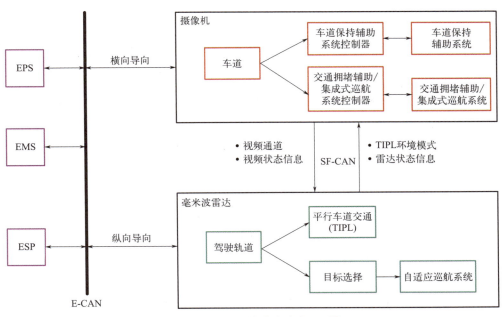

图 5-4-18 ADAS 系统使用的摄像头

5.4.4.2 交通拥堵辅助系统

交通拥堵辅助系统（Traffic Jam Assistant，TJA）可以在堵车时，为驾驶员提供一定的辅助，缓解驾驶员的疲劳。它是 ACC 功能的一个拓展版，可以跟 ACC 一样走走停停，但增加了轻微转向调整的功能，称之为集成式巡航系统（ICA）。毫米波雷达和前置摄像头将前方车辆流量、道路边界、车道宽度、前车车距、自车的转向角等信息反馈给车距控制单元。

TJA/ICA 采用雷达和摄像头的融合系统，其系统架构原理如图 5-4-19 所示。

图 5-4-19 交通拥堵辅助系统原理图示

TJA/ICA 功能在全速度范围内为驾驶员提供车辆的纵向和横向辅助。

纵向辅助由 ACC 系统实现，将自身车辆维持在固定的车速或者与前方道路使用者以固定时间间隔行驶。

横向辅助基于不同的速度区间提供不同的辅助方案。

① 在 TJA 速度区间（一般为 0～60km/h），如果车道线存在，车辆会被维持在车道之内行驶；否则车辆会跟随前方车辆的侧向移动行驶（TBD）。

② 在 ICA 速度区间（一般为 60km/h 以上，速度上限 130km/h），车辆会被维持在车道中心附近行驶（车道线存在且清晰）。

5.4.4.3 智能远光系统

智能远光灯（HMA）功能是根据交通和环境因素来请求开启或关闭远光灯，此功能可以在夜间行车中实现前照灯的优化使用。

系统识别的相关交通参与者包括 ECE48 定义的相向和同向行驶车辆，ECE50 定义的相向和同向行驶的摩托车以及相向行驶的自行车。

功能激活参考的环境包括充足照明，可以根据多个路灯存在、数字地图对城镇区域的指示以及外界环境亮度高于阈值来判断。

如图 5-4-20 所示，远光灯开启请求和非请求通过 CAN 信号由摄像头传输到车身控制单元（BCM）。此 BCM 要保证驾驶员的请求为最高等级，可以随时手动更改灯光的分配，例如通过远光灯拨杆。远近光切换时：一旦条件满足，系统会立即建议切换到近光灯；但系统会遵循一定的延时机制发出远光的开启请求。基于此，在不干扰其余交通参与者的前提下，HMA 实现了远光灯的优化使用。除此之外，HMA 还可以避免频繁的灯光切换，从而提高了驾驶的舒适性。

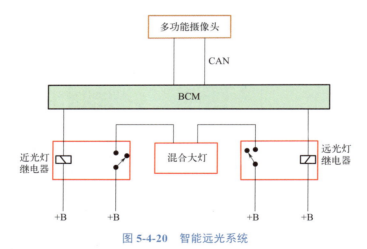

图 5-4-20 智能远光系统

5.4.4.4 车道辅助系统

车道辅助系统（LAS）包含车道偏离预警（LDW）、道路偏离辅助（RDP）。

车道偏离预警功能在自身车辆发生了无意识车道偏离的情况下对驾驶员进行告警。无意识的车道偏离既包括已经发生的车道偏离，也包括即将发生的车道偏离。对驾驶员的告警可以减少侧向碰撞以及其他相关事故的发生。

道路偏离辅助通过控制电动助力转向系统为驾驶员提供转向控制并阻止车辆在驾驶员未意识到的情况下偏离自身车道。RDP 可以在车辆即将到达车道边界的时候预先作用，因此，可以减少侧向碰撞以及其他相关事故。此功能不支持自动驾驶，所以驾驶员脱手驾驶会触发警告。

在车道边线可见的情况下，车道辅助系统使用视频系统的车道边线探测系统测量自身车辆与车道两侧边缘线的相对距离与方位。除了使用这些几何信息触发告警之外，环境因素也会被检查用以抑制相关的警告。车道辅助系统如图 5-4-21 所示。

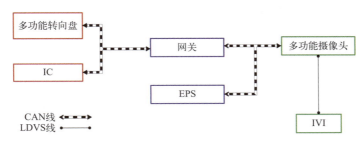

图 5-4-21　车道辅助系统

5.4.4.5　交通标识识别系统（TSR/SLA）

TSR/SLA 监视道路上与车辆限速关联的交通标志，识别后发送提示驾驶员。该信息也可以与来自导航系统的限速信息进行融合，得出最终限速显示给驾驶员。限速信息通过车辆总线发送，并且通过仪表盘或者抬头显示提醒驾驶员。在超速情况下，此功能可以通过提供限速信息或超速报警来提醒驾驶员。

5.4.4.6　全景影像系统

全景影像系统是由前 APA 摄像头、后 APA 摄像头、外后视镜摄像头（左、右 APA 摄像头）、全景泊车控制器、影音娱乐系统、中控显示屏等组成，如图 5-4-22 所示。

全景影像系统通过安装在车辆前后左右的四颗鱼眼摄像头采集车辆四周影像，经过实时图像畸变还原对接技术对图像进行处理，最终形成一幅无缝完整的车周全景鸟瞰图，并通过中控显示屏显示出来。该系统能减小视野盲区，帮助用户顺利泊车入位，提高窄路、窄巷等场景的通过性。

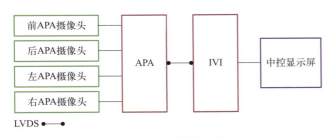

图 5-4-22　全景影像系统

5.4.4.7　驾驶员疲劳检测系统

驾驶员疲劳检测系统（Driver Fatigue Monitor System）是指驾驶员精神状态不佳或进入浅层睡眠时，系统会依据驾驶员精神状态指数分别给出语音提示、振动提醒、电脉冲警示等，警告驾驶员已经进入疲劳状态，需要休息。其功用是监视并提醒驾驶员自身的疲劳状态，减少驾驶员疲劳驾驶的潜在危害。图 5-4-23 所示为通过摄像头监视驾驶人的面部特征来进行疲劳监测的系统。

驾驶员疲劳检测系统也称为防疲劳预警系统、疲劳识别系统、注意力警示辅助系统、驾驶员安全警告系统（DAC）等。

问界 M5 驾驶员疲劳检测系统控制原理和逻辑如图 5-4-24 所示。

系统通过人脸识别摄像头输出视频信号到 IVI，IVI 对视频进行处理，通过相应算法进行疲劳检测。车内监控摄像头提供视频信号到 IVI，IVI 对视频进行处理，通过相应算法进行车内监控。行车记录仪摄像头提供视频信号到 IVI，IVI 对视频进行处理，视频和图片的处理信息传输到 DVR 存储接口进行存储。

图 5-4-23　驾驶员疲劳检测系统

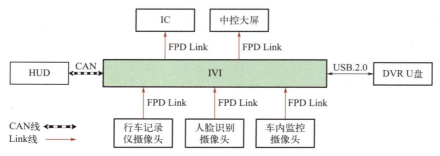

图 5-4-24　问界 M5 驾驶员疲劳检测系统控制原理和逻辑

5.4.4.8　全景影像系统电路图识读

问界 M5 全景影像系统电路图如图 5-4-25 所示。

自动泊车控制器采集安装在车辆前方、后方和左右外后视镜下方的四颗鱼眼摄像头（鱼眼摄像头可独立实现大范围无死角的 360°监控）图像，并对采集的图像进行处理，形成一幅完整的全车鸟瞰拼接图，并在中控显示屏上显示出来。

（1）系统供电

自动泊车控制器供电：自动泊车控制器的供电包括常电供电和 IG 供电两路。常电供电由驾驶室电器盒中的 IF20 10A 熔丝提供，经过插接器 CC16 的 19 号端子后，经过连接点分为两路，分别供应给自动泊车控制器的 7 号和 14 号端子。IG 供电由驾驶室电器盒内的 IF33 5A 熔丝提供，经过插接器 CC16 的 20 号端子后供应到自动泊车控制器的 11 号端子。自动泊车控制器的 6 号端子和 12 号端子通过接地点 G039 实现接地。

影音娱乐系统控制器供电：影音娱乐系统控制器的供电也包括常电供电和 IG 供电两路。常电供电由驾驶室电器盒中的 IF06 15A 熔丝提供，供应到影音娱乐系统控制器的 1 号端子。IG 供电由驾驶室电器盒内的 IF28 5A 熔丝提供，供应到影音娱乐系统控制器的 10 号端子。

（2）系统工作原理

自动泊车控制器通过 F1、F2、F3、F4 端子采集四个鱼眼摄像头的图像，经过处理后，通过 CH CAN 总线与影音娱乐系统控制器进行通信。影音娱乐系统控制器接收处理后的环境图像信号，进一步处理后传输给中控显示屏，最终在显示屏上显示完整的全车鸟瞰拼接图。

5.4.4.9　驾驶员疲劳检测系统电路图识读

问界 M5 驾驶员疲劳检测系统功能集成在影音娱乐系统中，电路图如图 5-4-26 所示。

（1）影音娱乐系统控制器供电

影音娱乐系统控制器接收两路供电：常电供电和 IG 供电。常电供电由驾驶室电器盒内的

IF06 15A 熔丝提供，并直接供应到影音娱乐系统控制器的 1 号端子。而 IG 供电则由驾驶室电器盒内的 IF28 5A 熔丝提供，并供应到影音娱乐系统控制器的 10 号端子。此外，影音娱乐系统控制器的 5 号端子在搭铁点 G016 处实现接地。

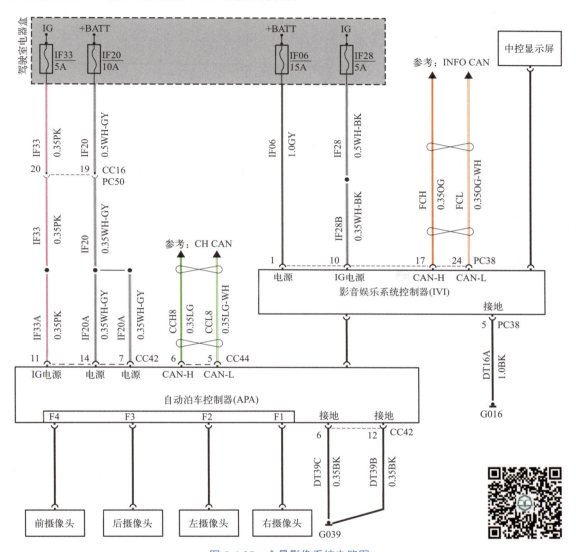

图 5-4-25　全景影像系统电路图

（2）中控显示屏供电

中控显示屏的供电由驾驶室电器盒内的 IF14 10A 熔丝提供，该路供电为常电供电。而中控显示屏的接地则通过其 4 号端子在搭铁点 G019 处实现。

（3）驾驶员疲劳检测系统工作原理

人脸识别摄像头实时检测驾驶员面部状态，并从人脸识别摄像头的 1 号和 2 号端子输出视频信号至影音娱乐系统控制器 J6 插接器的 5 号和 6 号端子，影音娱乐系统控制器对视频进行处理，通过相应算法进行疲劳检测。检测到驾驶员处于疲劳状态时会通过声光电等多种形式提醒驾驶员注意休息。车内监控摄像头（CMS）进行车内监控。行车记录仪（DVR）摄像头协助人脸识别摄像头进行监控视频的存储，将监控视频通过插接器 J13 存储到 DVR 储存内。

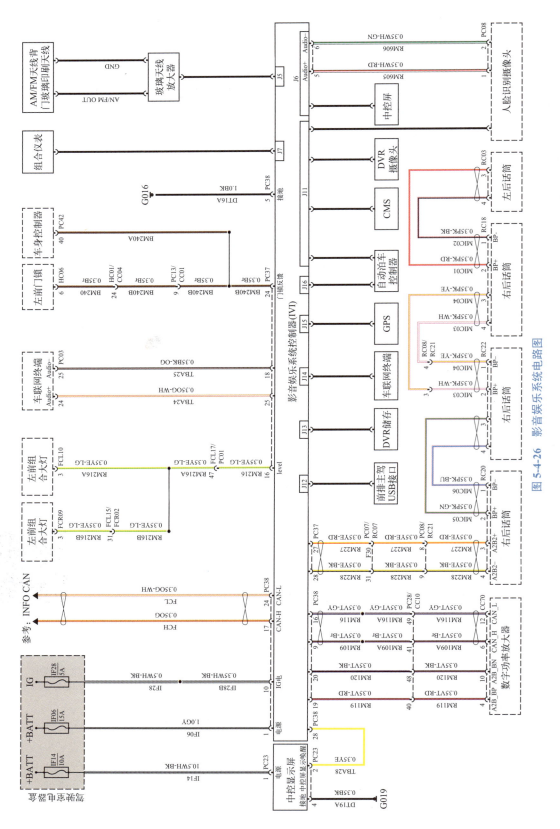

图 5-4-26 影音娱乐系统电路图

5.4.5 车联网（T-BOX）系统

5.4.5.1 车联网系统组成

5T-BOX 系统具备车辆数据采集、故障诊断、远程车辆控制、车辆定位、驾驶行为分析、轨迹查询、I-CALL、B-CALL、E-CALL 等功能，并预留配置备用电源。通过 GPS 和 CAN 总线采集车辆的当前位置信息和车辆数据，然后进行打包，通过 LTE 将相关信息传输到平台，实现车辆信息的远程采集、车辆的远程监控、驾驶行为分析等功能。T-BOX 通过外部 MIC 和内置扬声器实现紧急通话功能。T-BOX 内置 G-sensor 传感器，当车辆发生碰撞或者翻车时，自动向平台发出紧急报警信号。车联网系统组成如图 5-4-27 所示。

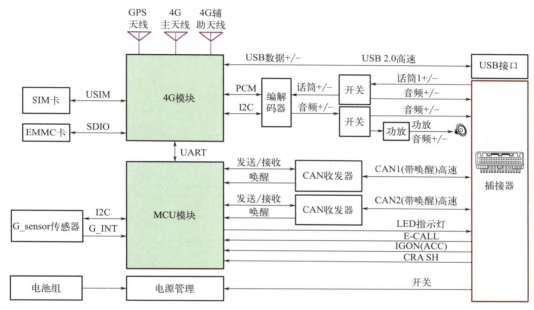

图 5-4-27 车联网（T-BOX）系统组成

5.4.5.2 车联网系统电路图识读

问界 M5 车联网系统电路图如图 5-4-28 所示。

（1）供电电路

车联网终端模块的供电系统由常电供电和 IG 供电两部分组成。常电供电由驾驶室电器盒内的 IF04 10A 熔丝提供，通过 15 号端子供应到车联网终端。而 IG 供电则由驾驶室电器盒内的 IF32 5A 熔丝提供，通过 21 号端子供应到车联网终端。车联网终端模块的接地通过其 16 号端子在搭铁点 G056 处实现。

（2）4G 与 GPS 功能

车联网终端模块通过集成 GPS 的 4G 模块，实现了联网和位置信息功能。同时，4G 模块还为影音娱乐系统提供了在线娱乐通道，同时也通过 4G 网络实现车辆远程监控、在线远程启动等功能。GPS 功能实时向车联网终端提供车辆的位置信息，这些位置信息也将反馈到在线平台，为事故救援提供了基础。

（3）碰撞紧急救援功能

车联网终端通过内置的 G-sensor 传感器检测到车辆发生碰撞时，会从其 20 号端子输出碰撞信号至电池管理系统、整车控制器以及安全气囊控制器等系统。电池管理系统接收到碰撞信号后，会立即断开高压接触器，以实现高压断电。整车控制器接收到碰撞信号后，会与车身控制器协同控制门锁解锁。此外，如果发生碰撞或翻车，车联网终端还会控制前阅读灯 A 和 B 闪烁，分别实现在线紧急通话指示和 SOS 指示，并激活影音娱乐系统的通话功能，与在线平台进行紧急通话。

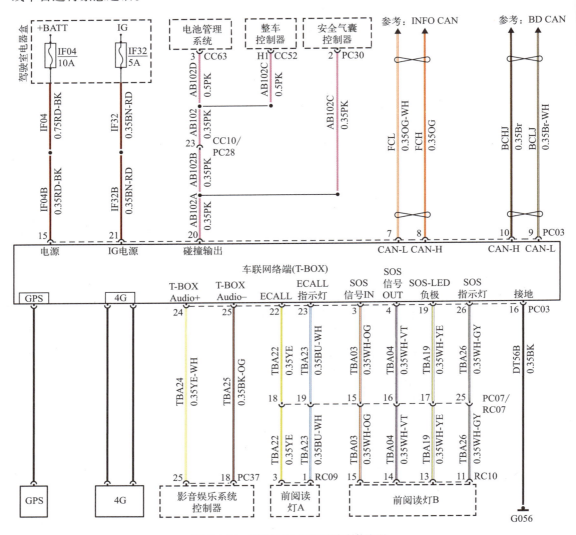

图 5-4-28 问界 M5 车联网系统电路图

（4）通信功能

车联网终端的 7 号和 8 号端子是 INFO CAN 总线端子，主要用于与诊断口、组合仪表、时钟弹簧、影音娱乐系统、抬头显示系统等设备进行通信和数据交换。

车联网终端的 9 号和 10 号端子是 BD CAN 总线端子，主要用于连接诊断口、车身控制器、组合开关、驾驶员座椅控制器、副驾驶员座椅控制器、背门灯带、NFC 进入控制器、四门外拉手控制器、后排加热控制器、电动门控制器、左右后组合灯等设备。这些设备通过 BD CAN 总线实现车门解锁、座椅加热断开、座椅位置调节等功能。